国家社科基金
GUOJIA SHEKE JIJIN HOUQI ZIZHU XIANGMU
后期资助项目

新价值秩序研究

A Study of New Value Order
in Contemporary China

周丹　著

社会科学文献出版社
SOCIAL SCIENCES ACADEMIC PRESS (CHINA)

国家社科基金后期资助项目
出版说明

后期资助项目是国家社科基金设立的一类重要项目，旨在鼓励广大社科研究者潜心治学，支持基础研究多出优秀成果。它是经过严格评审，从接近完成的科研成果中遴选立项的。为扩大后期资助项目的影响，更好地推动学术发展，促进成果转化，全国哲学社会科学工作办公室按照"统一设计、统一标识、统一版式、形成系列"的总体要求，组织出版国家社科基金后期资助项目成果。

全国哲学社会科学工作办公室

目　录

导论　新时代与新价值秩序

中国特色社会主义进入新时代，是改革开放以来我国经济社会发展的必然结果，也是社会主要矛盾运动、变化的必然结果，同时在社会意识和价值观层面呼唤一种符合新时代发展的新价值秩序。党的十八大以来，社会主义核心价值观逐渐成为中国社会普遍的价值共识，并且被写入宪法，这意味着以社会主义核心价值观为主体内容的当代中国新价值秩序正逐步形成。同时，当代中国新价值秩序又不局限于社会主义核心价值观，中国梦、以人民为中心、生态文明、人类命运共同体、"五大发展理念"（创新、协调、绿色、开放、共享）等价值理念与社会主义核心价值观内在一致却又各有侧重。因此，基于中国现实和中国实践，以社会主义核心价值观为主体内容，融合其他先进价值理念，共同构成当代中国新价值秩序。用新价值秩序引领时代发展，为夺取新时代中国特色社会主义伟大胜利提供精神支撑。

一　新时代呼唤新价值秩序

党的十九大报告指出："经过长期努力，中国特色社会主义进入了新时代，这是我国发展新的历史方位。"① 对新时代的科学论断是全方位的，涵盖经济、社会、文化、军事、外交等各方面。新时代意味着新使命，同时也意味着一种与之适应、表征时代精神的新价值秩序的形成和确立。

其一，新时代条件下发展有了新目标。2012 年 11 月 29 日，习近平总书记在参观"复兴之路"展览时首次提出"中国梦"，实现中华民族伟大复兴是中华儿女近代以来最伟大的梦想。中国梦包含三个维度：国家富强、民族振兴、人民幸福，具体说就是要实现"两个一百年"奋斗

① 习近平：《决胜全面建成小康社会　夺取新时代中国特色社会主义伟大胜利——在中国共产党第十九次全国代表大会上的报告》，人民出版社，2017，第 10 页。

目标。关于"两个一百年"奋斗目标，党的十五大首次提出："到建党一百年时，使国民经济更加发展，各项制度更加完善；到世纪中叶建国一百年时，基本实现现代化，建成富强民主文明的社会主义国家。"① 党的十六大、十七大对"两个一百年"奋斗目标都做了明确安排。"根据十五大提出的到二〇一〇年、建党一百年和新中国成立一百年的发展目标，我们要在本世纪头二十年，集中力量，全面建设惠及十几亿人口的更高水平的小康社会……到本世纪中叶基本实现现代化，把我国建成富强民主文明的社会主义国家。"② 党的十八大继续强调："只要我们胸怀理想、坚定信念，不动摇、不懈怠、不折腾，顽强奋斗、艰苦奋斗、不懈奋斗，就一定能在中国共产党成立一百年时全面建成小康社会，就一定能在新中国成立一百年时建成富强民主文明和谐的社会主义现代化国家。"③

在继承和发展的基础上，党的十九大提出，2020 年全面建成小康社会后，我们将会向第二个百年奋斗目标前进，这又分为两个阶段。第一个阶段是从 2020 年到 2035 年，在全面建成小康社会的基础上，通过 15 年的努力，基本实现社会主义现代化；第二个阶段是从 2035 年到本世纪中叶，在基本实现现代化的基础上，通过 15 年的努力，把我国建成富强民主文明和谐美丽的社会主义现代化强国。从上述提法我们可以得出，第二个百年奋斗目标将在 2035 年实现，即新中国成立一百年时基本实现现代化、把我国建成社会主义现代化国家的目标往前提了 15 年。因此，党的十九大以来，实现中国梦的具体步骤有了新变化，即从全面建成小康社会，到基本实现现代化，再到建成社会主义现代化强国，这是新时代中国特色社会主义发展的重大战略部署。

其二，新时代条件下社会主要矛盾有了新变化。党的十九大报告做出重要判断："中国特色社会主义进入新时代，我国社会主要矛盾已经转化为人民日益增长的美好生活需要和不平衡不充分的发展之间的矛盾。"④ 我国社会主要矛盾的变化，是中国特色社会主义进入新时代的重要依据，

---

① 《十五大以来重要文献选编》（上），人民出版社，2000，第 4 页。
② 《十六大以来重要文献选编》（上），中央文献出版社，2005，第 14～15 页。
③ 胡锦涛：《坚定不移沿着中国特色社会主义道路前进　为全面建成小康社会而奋斗——在中国共产党第十八次全国代表大会上的报告》，人民出版社，2012，第 16 页。
④ 习近平：《决胜全面建成小康社会　夺取新时代中国特色社会主义伟大胜利——在中国共产党第十九次全国代表大会上的报告》，人民出版社，2017，第 11 页。

也是新时代更好开展工作，推动中国特色社会主义事业发展的重要依据。1956 年，《中国共产党第八次全国代表大会关于政治报告的决议》提出："我们国内的主要矛盾，已经是人民对于建立先进的工业国的要求同落后的农业国的现实之间的矛盾，已经是人民对于经济文化迅速发展的需要同当前经济文化不能满足人民需要的状况之间的矛盾。这一矛盾的实质，在我国社会主义制度已经建立的情况下，也就是先进的社会主义制度同落后的社会生产力之间的矛盾。"① 这一重要论断是符合当时中国国情的，是实事求是的，是客观的、准确的。然而，后来这个论断一度没有坚持好，甚至错误地提出了"以阶级斗争为纲"。

改革开放以来，我们重新恢复和坚持了党的八大的科学论断。1981 年十一届六中全会讨论通过的《中国共产党中央委员会关于建国以来党的若干历史问题的决议》指出："在社会主义改造基本完成以后，我国所要解决的主要矛盾，是人民日益增长的物质文化需要同落后的社会生产之间的矛盾。党和国家工作的重点必须转移到以经济建设为中心的社会主义现代化建设上来，大大发展社会生产力，并在这个基础上逐步改善人民的物质文化生活。我们过去所犯的错误，归根到底，就是没有坚定不移地实现这个战略转移……今后，除了发生大规模外敌入侵（那时仍然必须进行为战争所需要和容许的经济建设），决不能再离开这个重点。党的各项工作都必须服从和服务于经济建设这个中心，全党干部特别是经济部门的干部要努力学习经济理论、经济工作和科学技术。"② 从党的八大算起，至今已经 60 多年，特别是自改革开放以来，我国经济社会各项事业取得突飞猛进的成绩，发生翻天覆地的变化。一方面，我国社会生产力水平显著提高，国内生产总值（GDP）自 2010 年开始稳居世界第二位③，社会生产能力在很多方面都位居世界前列，很显然"落后

---

① 中共中央党校党史教研室选编《中共党史参考资料（八）生产资料所有制的社会主义改造和国民经济第一个五年计划时期》，人民出版社，1980，第 524 页。

② 《中国共产党中央委员会关于建国以来党的若干历史问题的决议》，人民出版社，1981，第 54 ~ 55 页。

③ 按照世界银行（World Bank）"购买力平价"（PPP）计算看，2016 年美国国内生产总值（GDP）为 17.4 万亿美元，而中国是 18 万亿美元，已经成为全球第一大经济体。〔参见〔英〕肯尼·科伊尔《中国新时代及其意蕴》（上），《世界社会主义研究》2018 年第 5 期〕

的社会生产"是不符合实际的；另一方面，人民生活水平显著提高，不仅解决了温饱，而且全面建成小康社会取得决定性成就，不仅对物质文化生活有了新要求，而且在民主、法治、公平、正义、安全、环境等方面的要求日益增长，很显然只讲"物质文化需要"就局限了。"仓廪实而知礼节，衣食足而知荣辱"，对美好生活的向往必然提出新的价值需求。

其三，新时代要有新方略，新方略体现新价值秩序。践行社会主义核心价值观，首先要在顶层设计中充分体现出来。党的十九大报告提出"十四条基本方略"，社会主义核心价值观的理念都反映在其中。从中国特色社会主义事业的主体来说，必须坚持党对一切工作的领导和坚持以人民为中心。想要建成富强民主文明和谐美丽的社会主义现代化强国，必须有坚强的领导核心。中华民族近代百年的屈辱史、抗争史告诉我们，落后就要挨打，国家羸弱百姓就会遭殃。中国共产党挽救民族危亡，拯救人民于水火。培育和践行社会主义核心价值观，引领价值潮流和社会风尚，离不开中国共产党的坚强领导，离不开人民群众的广泛参与。在这一过程中，坚持党的领导，发挥人民群众的主体力量，至关重要。民主的本质内涵是人民当家作主。邓小平深刻地指出："什么是中国人民今天所需要的民主呢？中国人民今天所需要的民主，只能是社会主义民主或称人民民主，而不是资产阶级的个人主义的民主。"[1] 中国特色社会主义坚持工人阶级领导的、以工农联盟为基础的人民民主专政，坚持人民当家作主的人民代表大会制度，坚持中国共产党领导的多党合作和政治协商制度，坚持民族区域自治制度，加强基层民主政治建设，坚持党的领导、人民当家作主和依法治国的有机统一，尊重和保障人权。通过多种多样的方式方法，确保人民群众当好家做好主，社会主义民主"不玩虚的"，是实实在在的民主。"全面依法治国是中国特色社会主义的本质要求和重要保障。"[2] 马克思曾对资产阶级法权进行了无情的批判，资本主义的法律和法治只是维护资产阶级利益的工具。中国特色社会主义法治体系要求依法治国和依规治党的有机统一。社会主义法治更好地成就个人的自由和社会的正义，社会主义现代化的最终利益落脚点是不断促

---

① 《邓小平文选》第 2 卷，人民出版社，1994，第 175 页。

② 习近平：《决胜全面建成小康社会　夺取新时代中国特色社会主义伟大胜利——在中国共产党第十九次全国代表大会上的报告》，人民出版社，2017，第 22 页。

进人的自由全面发展和全体人民的共同富裕。社会主义核心价值观从根本上说是"社会主义的",人民立场是其根本立场。共产主义远大理想和中国特色社会主义共同理想是一致的,"十四条基本方略"归根到底是为了实现人民对美好生活的向往。恩格斯曾提出:"我们的目的是要建立社会主义制度,这种制度将给所有的人提供健康而有益的工作,给所有的人提供充裕的物质生活和闲暇时间,给所有的人提供真正的充分的自由。"① 对这种美好生活做价值观念层面的提炼、凝练,构成当代中国新价值秩序的基本内容。

二　新价值秩序的特征

社会主义核心价值观的提出和走向成熟,是中国特色社会主义事业前进与发展的必然要求。党的十八大报告提出:"倡导富强、民主、文明、和谐,倡导自由、平等、公正、法治,倡导爱国、敬业、诚信、友善,积极培育和践行社会主义核心价值观。"② 在党的十九大报告中,"培育和践行社会主义核心价值观"以单独段落的"总起句"和"概括句"出现,明确提出:"社会主义核心价值观是当代中国精神的集中体现,凝结着全体人民共同的价值追求。"③ 因此,我们要更好地培育和践行社会主义核心价值观,更好地筑牢中华民族的"价值长城""精神长城",为中国人民提供最好的价值指引、精神指引。以社会主义核心价值观为主体的当代中国新价值秩序呈现出以下特征。

一是鲜明的时代性。每个时代都有自己的特色,不同的历史境遇、社会环境、发展阶段、主要矛盾决定了不同的时代精神。能否真实反映时代精神、引领时代潮流,从根本处说在于能否真正切中这个时代现实。所谓"现实"并不是"现象"。黑格尔认为:"现实是本质与实存或内与外所直接形成的统一。现实事物的表现就是现实事物本身。"④ 现实是某

① 《马克思恩格斯全集》第21卷,人民出版社,1965,第570页。
② 胡锦涛:《坚定不移沿着中国特色社会主义道路前进　为全面建成小康社会而奋斗——在中国共产党第十八次全国代表大会上的报告》,人民出版社,2012,第31~32页。
③ 习近平:《决胜全面建成小康社会　夺取新时代中国特色社会主义伟大胜利——在中国共产党第十九次全国代表大会上的报告》,人民出版社,2017,第42页。
④ 〔德〕黑格尔:《小逻辑》,贺麟译,商务印书馆,1980,第295页。

事物如其所是，是本质与实存的统一。马克思延续并超越了黑格尔对"现实"的认识。"社会现实的发现，是黑格尔与马克思在哲学思想上最为本质也最为切近的联系线索。通过批判德国古典哲学中的主观思想和把现实理解为本质与实存的统一，黑格尔将深入社会现实当作一项根本的哲学任务提示出来。"① 他用历史的内涵逻辑取代黑格尔的思想的内涵逻辑，从现实的人及其历史发展出发，在具体实践中确证了现实的真理。社会主义核心价值观是这个时代的精神精华，既来源于现实又高于现实，是理想性与现实性的统一。人的现实世界具有二重性，既不像自在自然，一切都服从于因果必然性的支配；也不像"理想世界"，凭借目的和应然性去安排一切。它既是现实性的又是理想性的，既是因果性的又是目的性的，既是必然的又是自由的。社会主义核心价值观是对新时代条件下中国人民的现实生活所反射出的精神世界、价值理念的科学表达，既不会脱离实际、好高骛远，也不会落后于实际、亦步亦趋，是理想与现实、真理与道义的有机融合，反映出新时代中国特色社会主义事业发展的理想目标和价值追求。

二是丰富的民族性。从价值主体来说，社会主义核心价值观是全体中国人的价值观，中华民族的独特精神品质必然要反映其中。中华优秀传统文化蕴含着丰富的思想观念、人文精神和道德规范，构成中华民族的文化基因。英国生物学家理查德·道金斯在《自私的基因》中首次用meme 表示文化基因，他认为在不同文化中也存在像生物基因一样的，具备可复制、可遗传的基本传递单位。夏兴有在《中国道路的文化基因》中认为，中华文明是一个拥有五千多年发展史且唯一未曾中断过的人类优秀文明。与重利轻义、个人主义的西方文化不同，中华文明重义轻利，是集体主义的。② 譬如："以民为本"；"民为贵，社稷次之，君为轻"；"民如水，君如舟，水可载舟，亦可覆舟"；"天下兴亡，匹夫有责"；"先天下之忧而忧，后天下之乐而乐"；"和而不同"；"和为贵"；"厚德载物、天人合一"；"天下为公"；"天下大同"……社会主义核心价值观中的"民主""和谐""平等""公正""爱国""友善"等，无一不能在中

---

① 吴晓明：《社会现实的发现：黑格尔与马克思》，《马克思主义与现实》2008 年第 2 期。
② 参见夏兴有主编《中国道路的文化基因》，广西人民出版社，2017，第 4~7 页。

华优秀传统文化中找到根据，而且中华文明的沃土培养了中国人的价值观念，奠定了社会主义核心价值观的深厚人文基础。"抚今追昔，中国特色社会主义是在改革开放四十多年的伟大实践中得来的，是在新中国成立七十年的持续探索中得来的，是在我们党领导人民进行伟大社会革命九十多年的实践中得来的，是在近代以来中华民族由衰到盛一百七十多年的历史进程中得来的，是在世界社会主义五百年波澜壮阔的发展历程中得来的，是在对中华文明五千多年的传承发展中得来的。"① 往历史最深处追溯，中华文明五千多年的传承发展，连绵不绝，生生不息，打下了深厚根基。习近平总书记提出中华优秀传统文化的创造性转化和创新性发展，为我们指明出路。发展社会主义先进文化首先要不忘本来，高度重视从中华文明的历史积淀中吸收养分，更好地构筑中国精神、中国价值和中国力量。

三是深刻的学理性。社会主义核心价值观是价值与真理的统一，其深刻的学理性体现在它的基本内容及其逻辑关系当中。"三个倡导"分属三个不同的层面——国家的、社会的、个人的，并且每个层面的四个价值概念又相互联系、相互影响。国家层面的富强民主文明和谐与中国特色社会主义事业的奋斗目标一一对应，并且每个价值概念都对应着实际领域，清楚地表明了社会主义经济建设、政治建设、文化建设、社会建设的价值目标。② 社会层面的自由平等公正法治，每个价值概念都有丰富的思想内涵，中国特色社会主义"自由"是什么？如何实现这种自由？中国特色社会主义"平等"是什么？如何实现这种平等？中国特色社会主义"公正"是什么？如何实现这种公正？中国特色社会主义"法治"是什么？如何实现这种法治？它们和西方标榜的以"自由、民主、人权"为主要口号的所谓"普世价值"有着本质区别。弄清中国特色社会主义的自由平等公正法治，才能揭示西方错误价值思潮的虚伪性、虚假性和荒诞性，也为我们自己"强身健体"，掌握意识形态工作领导权管理权话语权提供学理支撑。公民个人层面的爱国敬业诚信友善，不是

---

① 《习近平新时代中国特色社会主义思想学习纲要》，学习出版社、人民出版社，2019，第 24~25 页。

② 党的十九大提出，建设富强民主文明和谐美丽的社会主义现代化强国，"美丽"对应着"五位一体"中的生态文明建设。

后天的理论假设或者设定，而是从中华文明当中提取的"文化基因"，并且这种文明的传承在当今时代又创造出新意蕴，培育出新内涵。譬如以爱国主义为核心的民族精神贯穿中华优秀传统文化、革命文化、社会主义先进文化当中，在以和平与发展为主题的现时代如何发扬这种爱国主义精神？再如"诚信"与市场经济碰撞出新火花，传统的修身原则与现代的市场原则发生奇妙的"化学反应"。社会主义核心价值观在基本内容上环环相扣，在思想内涵上相互交织，形成一个完整的"价值链闭环"。

四是深远的世界意义。社会主义核心价值观既是民族的，也是世界的，具有海纳百川的气度和包容开放的胸襟。党的十九大报告指出，中国特色社会主义进入新时代"意味着中国特色社会主义道路、理论、制度、文化不断发展，拓展了发展中国家走向现代化的途径，给世界上那些既希望加快发展又希望保持自身独立性的国家和民族提供了全新选择，为解决人类问题贡献了中国智慧和中国方案"。① 一方面，中国特色社会主义道路、理论、制度、文化在精神层面的集中反映就是核心价值观；另一方面，中国特色社会主义道路、理论、制度、文化为广大发展中国家（"既希望加快发展又希望保持自身独立性的国家"）提供了有效的中国智慧和中国方案。因此，社会主义核心价值观就是中国智慧和中国方案蕴含的"中国价值"，对世界各国，特别是发展中国家，对人类社会的进步和发展都具有重要的借鉴和示范作用。譬如，作为外交方略的重大理论创新，"人类命运共同体"为建设持久和平、普遍安全、共同繁荣、开放包容、清洁美丽的世界做出重要贡献，而这一思想的价值内涵与"和谐""友善"等价值理念是内在一致的。社会主义核心价值观从本质上说是先进社会形态——社会主义社会的价值理念，中国特色社会主义也正在开创一条不同于西方文明的发展道路，"青山遮不住，毕竟东流去"，因此它的世界意义正随着新时代发展而越发磅礴。

三　用新价值秩序引领时代发展

社会主义核心价值观是习近平新时代中国特色社会主义思想的重要

---

① 习近平：《决胜全面建成小康社会　夺取新时代中国特色社会主义伟大胜利——在中国共产党第十九次全国代表大会上的报告》，人民出版社，2017，第10页。

内涵，"坚持社会主义核心价值体系"是新时代坚持和发展中国特色社会主义的"十四条基本方略"中的重要一条。在"坚定文化自信，推动社会主义文化繁荣兴盛"中强调"培育和践行社会主义核心价值观"，要"牢牢掌握意识形态工作领导权"。社会主义核心价值观是真理的力量和道义的力量的辩证统一。

在当代中国，改革开放和现代化进程，特别是市场经济与经济全球化、互联网与社会信息化，在给经济社会发展带来巨大推动力的同时，也使我们遭遇到现代性语境中的社会价值危机。一方面，经济成分、组织形式、就业方式的多样化必然带来利益主体的多样化。个人利益与公共善的矛盾一直是社会伦理学的基本矛盾。在市场经济条件下，这一矛盾越发突出，表现的首要形态是理性人（经济人）的道德困境。在物质利益、资本财富、功名利禄的"引诱"下，人心发生变化，导致个人主义、功利主义等社会价值观危机。另一方面，与传统传播方式不同，网络传播具有自由性、快捷性、交互性、开放性、海量性等特点。借助互联网（移动互联网）平台，我国的意识形态和社会价值观宣传获得了新的技术载体、新的传播渠道和新的言论空间，有助于人们的主体意识的觉醒，有助于增强社会主义核心价值观的传播力、吸引力和凝聚力，然而同时在一定程度上也给不良价值观念和行为提供了传播、扩散的便利条件，造成"三俗"（庸俗、低俗、媚俗）文化沉渣泛起，对社会主流价值文化和主流价值观造成冲击和危害。利用互联网，一些西方国家（以美国为代表）利用自身技术优势和强势（不平等）的国际政治经济地位，大搞价值观外交和意识形态输出。在北非、西亚爆发的"阿拉伯之春"，现代移动通信技术和互联网社交媒体就起到了推波助澜的作用。我们要旗帜鲜明反对和抵制各种错误思潮和错误观点，加强价值观和理想信念的教育和引导，筑牢社会价值观防线，确保社会主义根本方向不动摇，掌握工作主动权。

在现实的社会生活中，价值观的矛盾是错综复杂的，其中主要的是社会的价值理想、价值规范和价值导向与个人的价值期待、价值认同和价值取向的矛盾。通俗地说，就是"我们到底要什么"与"我到底要什么"的矛盾。个人作为社会性的存在，在价值选择、价值行为等方面必然会受社会价值秩序的影响。社会的价值理想、价值规范和价值导向，规定着社会基本价值观的性质和方向。如果"我们到底要什么"扑朔迷离，那么"我到底要什么"就会无所适从。① 社会主义核心价值观集中体现了当代中国人民的根本利益，是当代中国价值认同上的最大公约数，这是它成为广大人民群众自觉追求的深层根据。

在新时代，人民群众的需求是多方面多层次的，如更好的教育、更稳定的工作、更满意的收入、更可靠的社会保障、更高水平的医疗卫生服务、更舒适的居住条件、更优美的环境，大家的民主意识、平等意识、社会公正意识、法治意识、监督意识、维权意识等都在不断增强。这就需要在寻求价值广泛共识的基础上，以社会主义核心价值观为主导，构建良善的社会价值秩序，规范和引领人们的社会行为。② 从社会主义核心价值观的基本内容来说，国家层面的富强民主文明和谐是新的历史条件下中国特色社会主义的总体发展目标。"我国物质文明、政治文明、精神文明、社会文明、生态文明将全面提升，实现国家治理体系和治理能力现代化，成为综合国力和国际影响力领先的国家，全体人民共同富裕基本实现，我国人民将享有更加幸福安康的生活，中华民族将以更加昂扬的姿态屹立于世界民族之林。"③ 这一伟大梦想和宏伟目标正是新时代社会价值秩序的总依据。社会层面的自由平等公正法治，充分体现了现代文明价值成果。社会主义是现代文明的先进形态，是超越以往任何社会形态的。只有在社会主义条件下，人的自由全面发展才能真正实现。个人层面的爱国敬业诚信友善，是做好"小我"、服务"大我"的重要价值基础和道德规范，是个人价值与社会价值达成一致的"我"的基本行为准则。在以社会主义核心价值观为主体的新价值秩序的规范和引导下，国家理想、社会理想和个人理想三者一致，有力地推动全面建设社会主义现代化国家和实现中华民族伟大复兴的中国梦。

---

① 参见孙正聿《共产党人的世界观和方法论》，《求是》2015 年第 8 期。
② 参见李建华等《社会主义核心价值观构建与践行研究》，人民出版社，2017，第 157 页。
③ 习近平：《决胜全面建成小康社会　夺取新时代中国特色社会主义伟大胜利——在中国共产党第十九次全国代表大会上的报告》，人民出版社，2017，第 29 页。

第一章　培育和践行社会主义核心价值观的现状

　　培育和践行社会主义核心价值观，既是一项实践工程，也是一项理论工程。关于社会主义核心价值观的研究，是理论界的热点，是极富生命力的理论增长点。为什么在当今中国要培育和践行社会主义核心价值观？作为概念的"社会主义核心价值观"从何而来，走过哪些历程？当前研究、践行社会主义核心价值观的现实情况如何？只有从宏观上、整体上对这些问题有一个准确的了解和把握，才能为深化社会主义核心价值观研究，构建当代中国新价值秩序奠定良好基础。

一　社会主义核心价值观的凝练过程

　　社会主义核心价值观是一个内涵丰富、体系缜密、学理深刻的思想结晶。它并非一朝一夕养成的，而是经历了复杂的演变进化。社会主义核心价值观与社会主义核心价值体系一脉相承、关系密切。它是社会主义核心价值体系的内核，体现社会主义核心价值体系的根本性质和基本特征，反映社会主义核心价值体系的丰富内涵和实践要求，是社会主义核心价值体系的高度凝练和集中表达。

（一）从社会主义核心价值体系到社会主义核心价值观

　　2006 年 10 月，党的十六届六中全会通过的《中共中央关于构建社会主义和谐社会若干重大问题的决定》指出："建设和谐文化，是构建社会主义和谐社会的重要任务。社会主义核心价值体系是建设和谐文化的根本。"① 这是党的文献首次提出"社会主义核心价值体系"概念。

　　2007 年 10 月，党的十七大报告指出："建设社会主义核心价值体

---

① 《十六大以来重要文献选编》（下），中央文献出版社，2008，第 660 页。

系，增强社会主义意识形态的吸引力和凝聚力。社会主义核心价值体系是社会主义意识形态的本质体现。要巩固马克思主义指导地位，坚持不懈地用马克思主义中国化最新成果武装全党、教育人民，用中国特色社会主义共同理想凝聚力量，用以爱国主义为核心的民族精神和以改革创新为核心的时代精神鼓舞斗志，用社会主义荣辱观引领风尚，巩固全党全国各族人民团结奋斗的共同思想基础。"① 社会主义核心价值体系是在马克思主义中国化理论不断丰富发展、社会主义理论与实践逐步完善的条件下提出来的，是中国特色社会主义思想理论建设的有机组成部分，是创造"中国特色、中国风格、中国气派的马克思主义"新形态的新课题。

2011 年 10 月，党的十七届六中全会指出，社会主义核心价值体系是"兴国之魂"，建设社会主义核心价值体系是推动文化大发展大繁荣的根本任务。提炼和概括出简明扼要、便于传播践行的社会主义核心价值观，对于建设社会主义核心价值体系具有重要意义。

社会主义核心价值体系的基本内容包括如下几个方面。

（1）马克思主义指导思想。"马克思主义指导思想是社会主义核心价值体系的灵魂。建设社会主义核心价值体系，最根本的是坚持马克思主义的指导地位。"② 只有坚持马克思主义指导思想，才能形成科学的世界观，心往一块想、拧成一股绳，才能形成正确的人生观和价值观；才能把全国各族人民的聪明才智聚集起来，真正运用到社会主义现代化建设中来。

（2）中国特色社会主义共同理想。"中国特色社会主义共同理想是社会主义核心价值体系的主题。理想体现了人们对美好生活的向往和追求，是一个国家和民族奋勇前进的精神动力。……这个共同理想，就是在中国共产党领导下，走中国特色社会主义道路，实现中华民族的伟大复兴。"③ 中国特色社会主义共同理想既体现了历史观和价值观的统一、合规律性与合目的性的统一，又体现了共性和个性的统一、人类发展的普遍规律和民族发展道路的统一。

---

① 《十七大以来重要文献选编》（上），中央文献出版社，2009，第 26 页。
② 《十六大以来重要文献选编》（下），中央文献出版社，2008，第 788 页。
③ 《十六大以来重要文献选编》（下），中央文献出版社，2008，第 789 页。

（3）以爱国主义为核心的民族精神和以改革创新为核心的时代精神。"民族精神和时代精神是社会主义核心价值体系的精髓。"① 民族精神和时代精神辩证统一，相互衬托、相互依存。缺失民族精神，时代精神就没有载体；缺失时代精神，民族精神就会固化，失去活力。以爱国主义为核心的民族精神和以改革创新为核心的时代精神已经融入经济、政治、文化、社会和生态文明建设的方方面面，成为不断创造中国特色社会主义新成就的精神力量。

（4）社会主义荣辱观。"社会主义荣辱观是社会主义核心价值体系的基础。……以'八荣八耻'为主要内容的社会主义荣辱观，是对与社会主义市场经济相适应、与社会主义法律规范相协调、与中华民族传统美德相承接的社会主义思想道德体系全面系统、准确通俗的表达，它旗帜鲜明地指出了在社会主义市场经济条件下，应当坚持和提倡什么、反对和抵制什么，为全体社会成员判断行为得失、作出道德选择、确定价值取向提供了基本的价值准则和行为规范。"② 社会主义荣辱观彰显了爱国主义、集体主义、社会主义的时代风尚和主旋律，达到了时代性、规律性、创新性的有机统一。

（二）社会主义核心价值观的基本内容

党的十八大报告指出："社会主义核心价值体系是兴国之魂，决定着中国特色社会主义发展方向。要深入开展社会主义核心价值体系学习教育，用社会主义核心价值体系引领社会思潮、凝聚社会共识。……倡导富强、民主、文明、和谐，倡导自由、平等、公正、法治，倡导爱国、敬业、诚信、友善，积极培育和践行社会主义核心价值观。"③ 这 24 个字、12个词是社会主义核心价值观的基本内容，为培育和践行社会主义核心价值观提供了基本遵循。积极培育和践行社会主义核心价值观，对于建设中国特色社会主义核心价值体系，扎实推进社会主义文化强国建设，实现中华民族伟大复兴的"中国梦"，具有重要的理论价值和时代意义。

---

① 《十六大以来重要文献选编》（下），中央文献出版社，2008，第 789～790 页。
② 《十六大以来重要文献选编》（下），中央文献出版社，2008，第 790 页。
③ 胡锦涛：《坚定不移沿着中国特色社会主义道路前进　为全面建成小康社会而奋斗——在中国共产党第十八次全国代表大会上的报告》，人民出版社，2012，第 31～32 页。

2013 年 12 月，中共中央办公厅印发《关于培育和践行社会主义核心价值观的意见》指出："培育和践行社会主义核心价值观，是推进中国特色社会主义伟大事业、实现中华民族伟大复兴中国梦的战略任务。党的十八大提出，倡导富强、民主、文明、和谐，倡导自由、平等、公正、法治，倡导爱国、敬业、诚信、友善，积极培育和践行社会主义核心价值观。这与中国特色社会主义发展要求相契合，与中华优秀传统文化和人类文明优秀成果相承接，是我们党凝聚全党全社会价值共识作出的重要论断。"①

（1）"富强、民主、文明、和谐是国家层面的价值目标。"中国共产党是中国特色社会主义事业的领导者，也是社会主义核心价值观重要的实践者。"两个一百年"奋斗目标即"中国共产党成立一百年时全面建成小康社会"和"新中国成立一百年时建成富强民主文明和谐的社会主义现代化国家"，是我们党对全国各族人民的庄严承诺。实现富强、民主、文明、和谐，是我国社会主义经济建设、政治建设、文化建设、社会建设和生态文明建设的奋斗目标，是国家意志的价值呈现，是凝心聚力的宏伟目标和价值理想。

（2）"自由、平等、公正、法治是社会层面的价值取向。"倡导自由、平等、公正、法治，反映了社会主义社会的基本属性，体现了现代社会的基本精神要素和价值追求，是马克思主义和中国国情相结合的伟大产物。如果没有社会层面的自由、平等、公正、法治，就不能保证国家的富强、民主、文明、和谐，也不能保障个人的爱国、敬业、诚信、友善。

（3）"爱国、敬业、诚信、友善是公民个人层面的价值准则。"践行价值观，最终还是要落实到每一位公民个体。"爱国、敬业、诚信、友善"这 8 个字对我们每个人都提出了明确要求，是我国公民的基本价值追求和道德准则，是公民基本道德规范的核心要求，体现了社会主义价值追求和公民道德行为的本质属性。从个人层面培育社会主义核心价值观，其基本目标是构建民间社会的伦理规则，包括两个方面：一是确立公民的本分，二是提倡基本的职业道德。

---

① 《关于培育和践行社会主义核心价值观的意见》，人民出版社，2013，第 3～4 页。

十八届中共中央政治局就培育和弘扬社会主义核心价值观、弘扬中华传统美德进行第十三次集体学习。习近平总书记指出："培育和弘扬核心价值观，有效整合社会意识，是社会系统得以正常运转、社会秩序得以有效维护的重要途径，也是国家治理体系和治理能力的重要方面。历史和现实都表明，构建具有强大感召力的核心价值观，关系社会和谐稳定，关系国家长治久安。"① 培育和践行社会主义核心价值观，坚定共产主义价值理想，增强理论自觉性，树立与中国特色社会主义实践相适应的核心价值观，以引领社会思潮，尊重差异，包容多样，最大限度地形成社会思想共识，牢牢掌握意识形态的领导权管理权话语权。中国的历史和现实告诉我们，社会主义核心价值观是中华民族生命之所需，是中国人民的共同价值追求。在经济全球化、政治多极化、文化多元化的世界格局中，社会主义核心价值观是中国共产党、中华民族、中国人民的价值主张的系统化表达，要不断扩大中华文明的国际影响力，形成与我国大国地位相称的思想文化软实力。

党的十九大报告 6 次提到"社会主义核心价值观"，并且在"坚定文化自信，推动社会主义文化繁荣兴盛"中单独列出、集中表述："培育和践行社会主义核心价值观。社会主义核心价值观是当代中国精神的集中体现，凝结着全体人民共同的价值追求。要以培养担当民族复兴大任的时代新人为着眼点，强化教育引导、实践养成、制度保障，发挥社会主义核心价值观对国民教育、精神文明创建、精神文化产品创作生产传播的引领作用，把社会主义核心价值观融入社会发展各方面，转化为人们的情感认同和行为习惯。"② 在"四个自信"中，文化自信是更基础、更广泛、更深厚的自信；而文化自信的核心是价值观自信。培育和践行社会主义核心价值观，以文化人、以价值观育人，要融入社会发展各方面，转化成当代中国人的思想自觉和行动自觉。

2018 年 3 月 11 日，第十三届全国人民代表大会第一次会议通过《中华人民共和国宪法修正案》，将"国家提倡爱祖国、爱人民、爱劳动、爱科学、爱社会主义的公德"修改为"国家倡导社会主义核心价值

① 《习近平谈治国理政》，外文出版社，2014，第 163 页。
② 习近平：《决胜全面建成小康社会　夺取新时代中国特色社会主义伟大胜利——在中国共产党第十九次全国代表大会上的报告》，人民出版社，2017，第 42 页。

观，提倡爱祖国、爱人民、爱劳动、爱科学、爱社会主义的公德"。① 宪法是国家根本大法，将社会主义核心价值观写入宪法，用法律的形式使其成为全体中国人的普遍意志，集中体现了新时代精神。

（三）关于社会主义核心价值观与文化、文艺、哲学社会科学的重要论述

价值观不是孤立存在的，在宽泛的意义上它与经济、政治、社会、文化等方面都有普遍联系；在聚焦的意义上它与文化的关系最为紧密，培育和践行社会主义核心价值观是社会主义文化建设的重要内容。

（1）社会主义核心价值观与文化软实力的关系问题。"核心价值观是文化软实力的灵魂、文化软实力建设的重点。"② 文化是一棵参天大树，核心价值观就是这棵大树的根，核心价值观决定文化的性质和文化发展的方向。2014 年 5 月 4 日，习近平总书记来到北京大学，与北大青年共度五四青年节，纪念五四运动 95 周年。他在同北京大学师生座谈时指出："人类社会发展的历史表明，对一个民族、一个国家来说，最持久、最深层的力量是全社会共同认可的核心价值观。核心价值观，承载着一个民族、一个国家的精神追求，体现着一个社会评判是非曲直的价值标准。"③ 核心价值观一方面连接"天线"，体现一个国家的核心价值诉求和发展理念；另一方面连接"地气"，反映社会民众的价值认同和日常行为准则。中国的历史和现实告诉我们，社会主义核心价值观是中华民族生命之所需，是中国人民的共同价值追求。提高国家的文化软实力，就要传播当代中国价值观念，社会主义核心价值观是其最集中的反映和表达。

（2）社会主义核心价值观与中华传统文化的关系问题。中华传统文化是中华民族的"根"和"魂"。2013 年 11 月 26 日，习近平总书记专程来到山东曲阜，参观考察孔府、孔子研究院。他指出："中华优秀传统文化是中华民族的突出优势，中华民族伟大复兴需要以中华文化发展繁

---

① 《中华人民共和国宪法（最新修正版）》，法律出版社，2018，第 64 页。
② 《习近平谈治国理政》，外文出版社，2014，第 163 页。
③ 《习近平谈治国理政》，外文出版社，2014，第 168 页。

荣为条件，必须大力弘扬中华优秀传统文化。"① 他多次强调："培育和弘扬社会主义核心价值观必须立足中华优秀传统文化。"② 中华优秀传统文化涵养了中国人的民族性格。譬如"自强不息"的奋斗精神，"精忠报国"的爱国情怀，"天下兴亡，匹夫有责"的担当意识，"舍生取义"的牺牲精神，"革故鼎新"的创新思想，"扶危济困"的公德意识，"国而忘家，公而忘私"的集体主义精神；再如"天人合一""天下为公"的社会理想，"以人为本""民惟邦本"的治国理念，"载舟覆舟""居安思危"的忧患意识，"止戈为武""协和万邦"的和平思想，"与人为善""己所不欲，勿施于人"的处世之道，"儒法并用""德刑相辅"的治理思想，"和为贵""和而不同"的东方智慧，等等。这些优秀的精神品质如何在新的历史条件下发挥更好的作用？这就需要紧跟时代步伐，做好传统文化的"创造性转化、创新性发展"。

（3）关于如何践行社会主义核心价值观的问题。如何把好的价值观内化为精神追求、外化为自觉行动，这是培育和践行社会主义核心价值观的关键。教育引导、舆论宣传、文化熏陶、实践养成、制度保障，涉及社会生活方方面面，必须一点一滴去抓、去落实。对于广大青年朋友，习近平总书记提出四点要求：一是要勤学，下得苦功夫，求得真学问；二是要修德，加强道德修养，注重道德实践；三是要明辨，善于明辨是非，善于决断选择；四是要笃实，扎扎实实干事，踏踏实实做人。③ 对于广大少年儿童，他殷切希望：第一，记住要求，就是要把社会主义核心价值观的基本内容熟记熟背，让它们融化在心灵里、铭刻在脑子中；第二，心有榜样，就是要学习英雄人物、先进人物、美好事物，在学习中养成好的思想品德追求；第三，从小做起，就是要从自己做起、从身边做起、从小事做起，一点一滴积累，养成好思想、好品德；第四，接受帮助，就是要听得进意见，受得了批评，在知错就改、越改越好的氛围中健康成长。④ 对于广大教师和教育工作者，他提出，学为人师，行为世范。做好老师，要有理想信念。做好老师，要有道德情操。老师是

---

① 《习近平总书记系列重要讲话读本》，学习出版社、人民出版社，2014，第 99～100 页。
② 《习近平谈治国理政》，外文出版社，2014，第 163～164 页。
③ 参见《习近平谈治国理政》，外文出版社，2014，第 172～173 页。
④ 参见《习近平谈治国理政》，外文出版社，2014，第 182～183 页。

学生道德修养的镜子。好老师应该取法乎上、见贤思齐，不断提高道德修养，提升人格品质，并把正确的道德观传授给学生。同时，他特别强调高校在学习研究宣传马克思主义、培养中国特色社会主义事业建设者和接班人的重大职责。加强党对高校的领导，加强和改进高校党的建设，是办好中国特色社会主义大学的根本保证。办好中国特色社会主义大学，要坚持立德树人，把培育和践行社会主义核心价值观融入教书育人全过程。

（4）关于弘扬核心价值观与文艺发展的关系问题。2014 年 10 月 15 日，习近平总书记在文艺工作座谈会上发表重要讲话。一部好的作品，应该是把社会效益放在首位，同时也应该是社会效益和经济效益相统一的作品。文艺不能当市场的奴隶，不要沾满了铜臭气。广大文艺工作者要高扬社会主义核心价值观的旗帜，把社会主义核心价值观生动活泼、活灵活现地体现在文艺创作之中，用栩栩如生的作品形象告诉人们什么是应该肯定和赞扬的，什么是必须反对和否定的，做到春风化雨、润物无声。要把爱国主义作为文艺创作的主旋律，引导人民树立和坚持正确的历史观、民族观、国家观、文化观，增强做中国人的骨气和底气。

（5）关于发挥哲学社会科学作用与加强价值观引领的问题。2016 年 5 月 17 日，习近平总书记在哲学社会科学工作座谈会上发表重要讲话，为我国哲学社会科学的发展指明了方向。"面对社会思想观念和价值取向日趋活跃、主流和非主流同时并存、社会思潮纷纭激荡的新形势，如何巩固马克思主义在意识形态领域的指导地位，培育和践行社会主义核心价值观，巩固全党全国各族人民团结奋斗的共同思想基础，迫切需要哲学社会科学更好发挥作用。"① 社会主义核心价值观是真理性和价值性的统一，需要我们的哲学社会科学工作者开展深入的理论研究。马克思说过："理论一经掌握群众，也会变成物质力量。理论只要说服人［ad homi-nem］，就能掌握群众；而理论只要彻底，就能说服人［ad hominem］。"② 社会主义核心价值观要真正扎根人民群众，内化于心、外化于行，就需要哲学社会科学的研究、助推和引领。

---

① 习近平：《在哲学社会科学工作座谈会上的讲话》，人民出版社，2016，第 6 页。
② 《马克思恩格斯选集》第 1 卷，人民出版社，2012，第 9～10 页。

二 当前中国社会价值观存在的主要问题及原因

改革开放以来，我国经济社会发展取得巨大成就，同时也伴随深刻的社会变化，中国的文化、价值观以及人们的社会心理等都经历着激烈的碰撞。由于当前国际形势和具体国情的错综复杂性，我国社会价值观现状呈现"多元，多变，主流价值观受冲击，价值观建设亟待加强"的特点。物质生产生活的巨大成就掩盖不了人的精神生活的种种问题，"耻言理想、蔑视道德、躲避崇高、拒斥传统、不要规则、怎么都行"的社会思潮不断冲击、侵蚀着人们的精神家园。① 当前我国社会价值观状况不容乐观，主要问题表现为以下六个方面。

（1）新自由主义和泛自由论。新自由主义是美英主流意识形态，体现着国际垄断资本主义的价值观念。新自由主义以"自由"理念标榜自居，宣扬自由化、私有化和全球化，反对社会主义、公有制和国家干预。仅就"自由"概念本身而言，马克思认为人类社会发展的最高理想是实现"自由人的联合体"，这也是社会主义核心价值观的重要内涵和题中之义。然而，新自由主义的"自由"走向了自由之绝对和泛自由论。诚然每个人都有支配自己意志的权利，但同时也有承担自己行为后果的责任。这种单纯占领道德制高点的做法，在现实中难以"兑现"，并且常常沦为某种政治口号或外交辞令。例如，某国干涉他国内政和发动战争，总是冠以"免遭他国恐怖袭击"之"消极自由"的理由。新自由主义和泛自由论从根本上说只是资产阶级政治国家的虚假意识形态，某些人的"自由"以牺牲大多数人的自由为前提，导致财富两极分化、社会严重不公、公民权利受损、社会矛盾激增、伦理道德丧失等一系列问题。

（2）个人主义。资本主义和社会主义在价值观层面的根本区别在于：前者是个人主义的，后者是集体主义的。个人主义价值观在经济生活领域表现为唯利是图、利己主义；在政治生活领域表现为极端自由主义、虚无主义；在社会生活领域表现为享乐主义、拜金主义；在道德生活领域表现为责任感缺失、诚信意识下降等。集体主义价值观以人民为

---

① 参见孙正聿《理想信念的理论支撑》，吉林人民出版社，2014，第1页。

主体，全心全意为人民服务，吃苦在前享受在后，在市场经济条件下既追求经济效益又注重社会效益，并且经济效益最终要服务于社会效益。在新一轮国有企业改革中，我们既要通过市场化手段释放活力，又要确保国有资产保值增值。如果改革成果最终落入某些人或某些利益集团手中，那么我们就"走了邪路"，改革就"失败了"。

（3）历史虚无主义。要想搞乱一个国家，必先搞乱一个国家的历史；搞乱一个执政党，必先搞乱一个执政党的历史，从而动摇这个国家、这个执政党的合法性基础。历史虚无主义是一种唯心主义的历史观，妄图消解和否定主流意识形态，搞乱人们思想。它处理历史事实的手段主要有两种："一是罔顾实际的历史进程，抽象地假设、推演，乃至否定和歪曲历史事实；二是借助反讽性和戏谑性解释，恶搞、贬损和诋毁已有定论的正面历史人物和崇高历史事件及其意义，或者彰显反面人物的'人性'，以图为之翻案。"① 历史虚无主义者借"反思""重写""揭秘""解密""解码""还原"历史真相，博人眼球、混淆视听，把自己打扮成可怜巴巴的"受害者"或者包装成正义凛然的"圣斗士"，歪曲历史事实、否定革命、丑化甚至妖魔化中国共产党、矮化中国人、贬损中华文明。历史虚无主义的要害，是从根本上否定马克思主义指导地位和中国走向社会主义的历史必然性，否定中国共产党的领导。

（4）拜金主义。现代社会是资本占据统治地位的社会，资本的增殖逻辑是支配现代社会的主逻辑，资本家和资产阶级是人格化的资本，唯利是图、金钱至上是资本家和资产阶级的"犹太精神""拜物教"。马克思在《论犹太人问题》中指出："犹太人的社会解放就是社会从犹太精神中获得解放。"② 在追求财富和资本的途中，很多人放弃了思想和灵魂的底线，沦为金钱的奴隶。"宁肯坐在宝马车里哭，也不坐在自行车上笑"，"为小三正名"之类的奇谈怪论不绝于耳，笑贫不笑娼，"拜金女郎"在网络推手的作用下"风生水起"，泛娱乐化、情色化充斥互联网、"两微一端"、电视广播、报纸杂志等新兴媒体和传统媒体。这不仅是一场道德危机，深层折射的是社会整体价值取向正一步步受侵蚀，扭曲

---

① 韩炯：《破解历史虚无主义的理论陷阱》，《中国社会科学报》2013 年 7 月 5 日。
② 《马克思恩格斯全集》第 3 卷，人民出版社，2002，第 198 页。

变形。

（5）官本位思想。中国经历了两千多年的封建宗法等级社会，在传统文化中深深烙下官本位思想。它是一种以官为本、以权为纲的价值观。中国共产党的宗旨是全心全意为人民服务，然而在实际工作中，一些党员干部却骑在老百姓头上作威作福，"门难进、脸难看、事难办"的衙门作风严重影响和破坏党群、干群关系。为官一任，不是造福一方，而是祸害一方。权钱交易，权色交易，贪污腐败，欺压百姓，民不聊生。另外，中国的官本位思想在一定意义上也有"基层土壤"。"朝为田舍郎，暮登天子堂"，出人头地，光宗耀祖，衣锦还乡，以官为大、以官为上，这套封建社会的"金科律令"至今仍有市场。这也正好解释为何有的人一旦走上领导岗位就腐化变质，为何"从群众中来易，回群众中去难"，为何所谓官场厚黑学在坊间被人津津乐道，为何愤恨潜规则却又希望被潜规则。权力欲望无限膨胀，祸患无穷。

（6）平均主义。邓小平指出："社会主义的目的就是要全国人民共同富裕，不是两极分化。"[①] 习近平总书记强调："全面深化改革必须以促进社会公平正义、增进人民福祉为出发点和落脚点。"[②]"共同富裕""社会公平正义""平等、公正"的社会主义核心价值观，这些都是由社会主义本质属性决定的。然而，这里有一个思想误区，把"平等"等同于"平均"，在社会中下层民众当中反映比较普遍。马克思主义劳动价值论告诉我们，每个人的能力有大小，社会分工有区别，创造的财富也不一样，因此每个人获得的劳动报酬也不相同。平均主义看似公平，实则不公平，更不符合正义。它会让老实人吃亏，让埋头苦干的人吃亏，会极大地削弱和打击人们的劳动积极性和创造力。马克思曾批评"粗陋的共产主义不过是这种忌妒心和这种从想像的最低限度出发的平均主义的完成"。[③] 社会主义反对一切不平等的剥削和压迫，同样也反对"粗陋的共产主义"，反对"江湖式劫富济贫"。

随着时代发展和社会深刻变化，东西方之间、古今之间、社会主义与资本主义及封建主义之间，不同文化和价值观的碰撞和冲突越来越显

---

① 《邓小平文选》第3卷，人民出版社，1993，第110～111页。
② 习近平：《切实把思想统一到党的十八届三中全会精神上来》，《求是》2014年第1期。
③ 马克思：《1844年经济学哲学手稿》，人民出版社，2000，第79页。

现，造成当前社会价值观诸多问题的主要原因有如下几点。

（1）在经济方面，改革开放和市场经济条件下产生不同社会利益主体，导致价值观多元多样多变。一方面，自改革开放以来，中国取得了巨大成就，经济社会快速发展；另一方面，经济成分、组织形式、就业方式的多样化必然带来利益主体的多样化。有的人以社会利益为主，有的人则以个人利益为上；有的人崇尚集体主义，有的人则选择个人功利；有的人重义轻利，有的人则唯利是图；有的人舍己奉献，有的人则拜金享乐；有的人重理想，有的人则重现实。市场经济和利益驱动原则，一方面激发了人们的生产积极性和创造热情，另一方面也导致个人主义、功利主义、拜金主义、享乐主义、道德失范、贪污腐败等负面价值效应。

（2）在政治方面，当前国际形势和意识形态斗争依然严峻、激烈。虽然"和平与发展"是当今时代的主题，但冷战思维、霸权强权仍然存在，意识形态领域的斗争依然十分复杂。全球化仍然是以美国为首的西方主导下的全球化，为他们强制推行其现代化模式、"国际"准则和规范，譬如霸权主义、单边主义、贸易保护主义等，提供了历史性机遇，也为其推行思想文化、价值观念、生活方式等提供了便利条件。西方发达国家借助经济上的优势，也借助后发国家相当普遍的羡慕心理，宣扬、鼓吹资本主义"普世价值"，大搞思想渗透、"和平演变"、"颜色革命"，导致社会主义理想信念淡化、社会主义价值取向扭曲。

（3）在文化方面，传统与现代、中国与西方等多元文化价值观相互交织。当前我国处于"时空压缩"阶段，一只脚已经迈入后工业化（信息化）和生态文明的时代，另一只脚却仍然滞留在工业文明甚至农业文明之中。我们有五千多年悠久灿烂的中华文明，同时也残留了一些封建落后思想；我们有拥抱世界、海纳百川的气魄，同时也对"舶来品"有各种不适应。"橘生淮南则为橘，生于淮北则为枳。"文化的变迁和差异，在一定时期内必然造成价值观的冲突，进而形成"各占山头"的局面。

（4）在科技方面，互联网（移动互联网）对社会价值观的传播和发展是一把双刃剑。互联网的发展和广泛应用重塑着媒体格局和舆论生态，越来越多的人把互联网作为获取信息的主渠道，互联网已成为舆论斗争的主战场。与传统传播方式不同，网络传播具有自由性、快捷性、交互性、开放性、海量性等特点。以互联网（移动互联网）为代表的信息革命和科技革命，一方面对大众的社会价值观产生了深刻影响，另一方面为某些国家搞价值观外交和意识形态输出提供了便利。另外，从互联网硬件和技术条件来看，尽管我国发展速度很快，并且在很多领域已经从"跟跑"到"并跑"，甚至到"领跑"，但是美国主导世界网络的格局还没有发生根本性改变。以互联网根服务器为例，全球共 13 台，其中 1 台为主根服务器放置在美国，其余 12 台辅根服务器中有 9 台在美国。近年来，美国在 5G 通信领域对华为、中兴等中国高科技企业不断进行恶意打压，其目的之一就是想维护美国在移动通信网络、人工智能等高科技领域的领先地位。

三 研究、践行社会主义核心价值观的总体情况

任何重大的思想和理论问题，都源于重大的时代和现实问题。"社会主义核心价值观"，集中体现和表征了当代中国的价值诉求，同时也反映了当代中国和当今世界在思想价值领域的复杂现状。一方面，随着经济政治文化全球化和中国特色社会主义事业蓬勃发展，多元价值观的碰撞、冲突甚至斗争日趋常态化、严峻化；另一方面，由于我国正处在改革开放、建设社会主义市场经济的急剧变化时期，文化价值观变革与转型的广度和深度显得尤其突出。从理论和实践两方面着手，研究、践行社会主义核心价值观，引领时代潮流和社会风尚。

（一）社会主义核心价值观的理论研究和思想宣传

据不完全统计，2012 年以来，截至 2020 年 6 月，各类报纸杂志共发表"社会主义核心价值观"相关主题文章 61900 多篇。其中《人民日报》刊登相关文章 357 篇，先后发表评论员文章五论"如何培育和践行社会主义核心价值观"、五论"弘扬社会主义核心价值观"、三论"着力培育和践行社会主义核心价值观"等，权威、及时、有效地引领社会价值观，传播社会正能量。《光明日报》刊登相关文章 670 篇，组织专家学者对社会主义核心价值观的理论内涵、思想功能以及如何培育和践行等问题进行深入探讨，凝聚思想家、理论界及广大人民群众共识。《求是》

发表"社会主义核心价值观"主题文章68篇,既有权威解读,又有笔谈共讨,理论面对面、思想硬碰硬,取得良好社会反响,赢得了人民群众信任。《中国社会科学》发表《核心价值观的合理性与道义性社会认同》(江畅)、《"中国价值"的文化发现及其实践意义》(袁祖社)、《意识形态自觉与价值理性认同》(成长春、张廷干、汤荣光)、《国家认同视域下的公民道德建设》(李兰芬)等研究论文,《哲学研究》发表《社会主义核心价值观的表述与逻辑:一种可能的思路》(吴向东)、《价值观的力量——论习近平新时代中国特色社会主义思想的价值表达》(孙伟平)、《倡导社会主义核心价值观的理论前提》(兰久富)、《中国道路与社会主义核心价值观的凝练》(余在海)、《论社会主义核心价值观的生成逻辑》(刘社欣)等研究论文,产生比较重要的影响。

中央广播电视总台以节目为载体通过各种形式,加强宣传力度。《新闻联播》持续推出"践行社会主义核心价值观"专栏,深入报道国际"南丁格尔"奖章获得者姜小鹰、"中国核潜艇之父"黄旭华的先进事迹。《新闻直播间》等重点新闻栏目推出"践行社会主义核心价值观"系列报道,深入报道了"为国效力义不容辞"的中国电分析化学领军人物汪尔康、"国之所需,我之所向"的中国稀有金属工业奠基人李东英、"为富国强民而探索真理"的著名经济学家刘国光、"坚守高原,守护生命"的高原医学专家吴天一,三代人治沙造林的八步沙林场"六老汉"等人的先进事迹,有力塑造了践行社会主义核心价值观的人物群像。《百家讲坛》推出"社会主义核心价值观讲坛"系列节目。央视网开通"培育和践行社会主义核心价值观"特别报道,推出"社会主义核心价值观"系列微访谈,邀请政府官员、专家学者、先进个人,通过央视网、新浪、腾讯等微博平台,与网友分享对社会主义核心价值观的理解,以及践行社会主义核心价值观的故事。"读书"推出一系列主题多样、风格各异的公益广告,多角度诠释社会主义核心价值观。"弘扬孝道"主题公益广告相继推出"下棋篇""别让等待成为遗憾篇""快递篇""爱的延续篇"等,将中国孝文化巧妙运用到公益广告创作中,以含蓄优美的表现手法号召人们继承发扬亲老、敬老和养老的传统美德。"文明中国人"主题公益广告集中推出"电梯篇""电影院篇""开车篇""过马路篇""地铁篇"等,倡导杜绝不文明行为,争做文明中国人。

2012 年以来，截至 2019 年 12 月，国家社科基金立项 "核心价值观" 相关课题共计 269 项，涵盖哲学、马克思主义、政治学、社会学、管理学、新闻传播学、国际关系学、民族学等多个学科。其中国家社科基金重大项目 12 项，分别是："社会主义核心价值观研究"（吴向东）、"我国传统价值观涵养社会主义核心价值观研究"（陈秉公）、"社会主义核心价值观研究"（孙伟平）、"当代中国价值观念的国际传播策略研究"（项久雨）、"培育和践行社会主义核心价值观研究"（袁银传）、"近现代中国价值观念史"（张曙光）、"传播当代中国价值观念与加强我国对外话语体系建设研究"（单世联）、"中国传统价值观变迁史"（李景林）、"'一带一路'背景下中国价值观的国际传播研究"（唐润华）、"智能时代的信息价值观引领研究"（陈昌凤）、"代际社会学视野下中国新生代的价值观念与行为模式研究"（李春玲）、"代际社会学视野下中国新生代的价值观念与行为模式研究"（周怡）。国家社科基金重点项目 27 项，譬如 "社会主义核心价值观的传统文化根基研究"（何锡蓉）、"社会主义核心价值观研究"（袁银传）、"社会主义核心价值观引领民生新闻发展走向研究"（欧阳宏生）、"社会主义核心价值观的认识发展研究"（杨永志）、"中国社会核心价值观变迁历程研究"（邱吉）、"'新市民阶层'核心价值观问题研究"（黄进）、"培育和践行社会主义核心价值观的法治化路径及实现机制研究"（杨福忠）、"社会主义核心价值观的公民认同培育研究"（郭建新）、"社会主义核心价值观的深度凝练与传播、认同对策研究"（陈延斌）、"当代中国价值观念对外话语体系的建构与传播研究"（吴学琴）、"创新当代大学生社会主义核心价值观培育模式研究"（郑少南）、"社会主义核心价值观'跟进式'引领大学生思想的理论与实践研究"（浦玉忠）、"少数民族社会主义核心价值观培育研究"（潘忠宇）、"湘学在中华民族核心价值观凝聚过程中的作用研究"（陈代湘）、"社会主义核心价值观引领司法公正研究"（王淑荣）、"新时代大学生社会主义核心价值观培育和践行研究"（曲建武）等。

在教育部项目立项方面，仅 2013 年、2014 年两年，关于 "核心价值观" 的人文社会科学研究项目共计 47 项。其中，教育部人文社会科学重点研究基地重大项目 3 个，分别是："中国特色社会主义价值观念研究"（李翔海）、"价值观视域下的公民身份与国家认同问题研究"（吴玉军）、"当代大学生社会主义核心价值观培育的机制与路径研究"（史宗恺）。教育部人文社会科学研究专项任务项目 8 个，分别是："榜样文化建设与培育践行社会主义核心价值观研究"（张爵宁）、"当代中国的核心价值观国际传播研究"（张华）、"社会主义核心价值观引导网络文化建设研究"（肖香龙）、"红色文化资源在培育和践行社会主义核心价值观中的应用研究"（向国华）、"中国共产党培育践行社会主义核心价值观的发展历程与基本经验研究"（李玉峰）、"第二课堂视域下的 90 后大学生社会主义核心价值观培育与践行研究"（金晓明）、"社会主义核心价值观视野下公民网络素养培育研究"（赵崇峰）、"基于思想政治教育文化载体培育践行社会主义核心价值观研究"（朱景林）。从高校分布看，既有北京大学、清华大学、中国人民大学、北京师范大学等重点大学，也有徐州工程学院、怀化学院、景德镇陶瓷学院等普通大学，反映出社会主义核心价值观研究的范围广、积极性高、参与性强等特点，更好发挥高校教书育人的社会功能。

（二）各行业、领域积极培育和践行社会主义核心价值观

习近平总书记指出，每个时代都有每个时代的精神，每个时代都有每个时代的价值观念。在当代中国，我们应该坚守什么样的核心价值观，这既是一个理论问题，也是一个实践问题。社会主义核心价值观实际上回答了我们要建设什么样的国家、建设什么样的社会、培育什么样的公民的重大问题。因此，培育和践行社会主义核心价值观不仅关系国家、民族前途大业，而且和每个行业、每个具体建设领域、每一个人都息息相关。

（1）广泛开展坚定理想信念主题教育活动。"坚定理想信念，坚守共产党人精神追求，始终是共产党人安身立命的根本。……'对马克思主义的信仰，对社会主义和共产主义的信念，是共产党人的政治灵魂，是共产党人经受住任何考验的精神支柱。'"① 党的十八大以来，党中央强调要抓好思想理论建设这个根本、党性教育这个核心、道德建设这个基础，解决好广大党员干部世界观、人生观、价值观这个"总开关"问题，全党的马克思主义水平有了新的提高。以各级党校（行政学院）、

---

① 《习近平总书记系列重要讲话读本》，学习出版社、人民出版社，2014，第 159～160 页。

党员干部培训机构为主阵地，通过中心组学习、集中培训、专题讨论等多种方式开展对习近平新时代中国特色社会主义思想的深入学习。

强化理想信念和宗旨意识教育，引导党员干部牢固树立正确的世界观、权力观、事业观。从制度机制上研究加强党员干部党性教育的有效办法，对党性教育的责任主体、教育对象、方式载体和教育资源保障做出约束性规定，经常性开展党性体检活动，持续增强党的意识和党员意识。引导党员干部从自己做起，从身边小事做起，弘扬共产党人的正气，坚定理想信念，坚守共产党人精神家园，做先进文化和优秀文化的践行者，做健康情趣和高尚情操的引领者，努力使社会主义核心价值观内化为广大党员干部的信仰追求。

（2）在经济发展和社会治理中培育、践行社会主义核心价值观。《关于培育和践行社会主义核心价值观的意见》指出："与人们生产生活和现实利益密切相关的具体政策措施，要注重经济行为和价值导向有机统一，经济效益和社会效益有机统一，实现市场经济和道德建设良性互动。"[1] 2014年3月，中宣部、中央文明办、国家网信办、工信部、工商总局、新闻出版广电总局召开电视电话会议，部署深化"讲文明树新风"公益广告宣传，重点做好中华优秀传统文化、雷锋精神、诚实守信、勤劳节俭、孝敬之风、文明旅游、保护环境、法制观念八个选题，大力培育和弘扬社会主义核心价值观。

党的十八届四中全会指出："全面深化改革、完善和发展中国特色社会主义制度，提高党的执政能力和执政水平，必须全面推进依法治国。"[2] 依法治国不仅体现在科学立法、严格执法、公正司法方面，更应该体现在全民懂法、守法、尊法上。法治精神和法治思维是社会主义核心价值观的重要内容。最高人民法院开通"全国法院失信被执行人名单信息公布与查询平台"，统一对外公布"失信者黑名单"信息，供社会公众查询，从而对失信被执行人的生产经营及日常生活产生实实在在的不利影响，迫使其为消除影响而主动履行义务。向政府相关部门、金融监管机构、金融机构、承担行政职能的事业单位及行业协会、征信机构

---

① 《关于培育和践行社会主义核心价值观的意见》，人民出版社，2013，第9页。
② 《中国共产党第十八届中央委员会第四次全体会议公报》，人民出版社，2014，第3~4页。

等有关单位定向通报失信被执行人名单信息。

（3）以重大节日、纪念日为契机，弘扬新中国成立以来特别是改革开放以来形成的宝贵精神财富。2014 年 2 月 27 日，十二届全国人大常委会第七次会议决定，将 9 月 3 日确定为中国人民抗日战争胜利纪念日，将 12 月 13 日确定为南京大屠杀死难者国家公祭日。2014 年 8 月 31 日，十二届全国人大常委会第十次会议通过了把 9 月 30 日设立为烈士纪念日的决定，并规定每年 9 月 30 日国家举行纪念烈士活动。2014 年 11 月 1 日，十二届全国人民代表大会常务委员会第十一次会议通过了把 12 月 4 日设立为国家宪法日的决定。通过"五四""七一""八一""十一"等政治性节日，激发全社会的爱党爱国爱社会主义热情；通过春节、清明、端午、中秋、重阳等传统节日，充分发挥传统文化怡情养志、涵养文明的重要作用；通过"三八""五一""六一"等国际性节日，把爱国主义、集体主义、社会主义教育嵌入其中。

在革命、建设、改革事业过程中，我国还形成了内涵丰富的民族精神和时代精神，譬如：井冈山精神、长征精神、大庆精神、红旗渠精神、焦裕禄精神、雷锋精神、抗震救灾精神、载人航天精神、北京奥运精神等。这些优秀精神品质与社会主义核心价值观内在一致，从不同方面聚焦社会主义核心价值观的基本内容。各个行业、部门、建设领域结合自身特点，竞相学习、践行这些优秀精神品质，对培育、巩固、弘扬社会主义核心价值观具有重要作用。

四　践行社会主义核心价值观的典型分析

社会主义核心价值观建设属于思想领域、道德领域、价值观领域的建设，想要落地抓实，需要创新方法和手段。在这一过程中，各地各部门展开生动丰富的实践，摸索出许多好的方式和方法，积累了一些有益经验。在此简要介绍两种具有代表性的举措和典型。①

第一个典型是社会主义核心价值观"进教材、进课堂、进头脑"。

---

① 笔者曾参加《党的建设研究报告》（党建蓝皮书）的调研和写作，其中，关于践行社会主义核心价值观的两个典型——"社会主义核心价值观'进教材、进课堂、进头脑'"和"'最美系列'引发社会热烈反响"由此得来。

习近平总书记指出："培育和弘扬社会主义核心价值观，教育引导是基础性工作。"① 教育部聚焦"青年要自觉践行社会主义核心价值观"，把它作为一项基础工程，统筹规划、全面实施，取得了比较好的成效。具体表现在以下四个方面。

（1）构建大中小学有机衔接的课程和教材体系。社会主义核心价值观不是"虚"的，是"实"的，对大中小学教育来说，就是要融入学生全面发展的总目标总要求当中。譬如"爱国"，中华民族爱国主义精神的内涵是什么，在新时代如何更好地爱国，这需要融入学生的教材编写、课程设计、考试评价当中。近年来，"港独"思想侵蚀、危害香港的一少部分年轻人，这也折射出香港的教育问题，特别是爱国主义教育、价值观教育弱化、缺失，导致被西方"洗脑""操纵"的问题。因此，香港地区的教育改革势在必行，必须向祖国看齐。

（2）修订学生守则，把核心价值观变成学生的日常行为准则。对广大中小学生，特别是小学生来说，社会主义核心价值观是比较抽象的，难以完全理解。这需要把核心价值观的基本内容转化成学生易于理解、易于接受、易于遵循的日常行为规范。譬如把"诚信"写入学生守则"不撒谎、要诚实"，建立学生诚信小档案，养成诚实守信的好习惯好品德。譬如把"民主"以积极开展班会活动，"争做小主人"的形式贯穿学生教育当中，从小培养民主意识和团队意识。

（3）分学段有序推进中华优秀传统文化教育。小学阶段，同学们对中华优秀传统文化处于感性认知、情感认同阶段，主要是培养感情，全面接触、了解中华优秀传统文化。初中阶段，逐渐开始了理性认知，培养同学们对中华优秀传统文化的价值认同。高中阶段，在价值认同的基础上培养同学们对中华优秀传统文化的价值自信。大学阶段，同学们对中华文明传统已经具备丰富的知识，开始形成自己的独立判断，这时更要坚定理想信念，坚定使命和责任，使中华优秀传统文化代代传承、永续发展。

（4）加强教师队伍职业道德建设。教育不仅是学生的事情，教师作为实施教育的主体，同样需要加强自身建设，特别是教师的道德教育和职

---

① 《习近平总书记系列重要讲话读本》，学习出版社、人民出版社，2014，第94页。

业教育。社会主义核心价值观进入和反映在教师职业道德规范当中，把师德师风建设贯穿岗前培训、职中培训、教师管理、教师考评的全过程。

教育关系到国家和民族的未来，把社会主义核心价值观融入国民教育当中，"进教材、进课堂、进头脑"，潜移默化、生生不息，培育健全的人格、良好的品格，培育中华文明的传承者，培育中国特色社会主义的接班人。

第二个典型是"最美系列"引发社会热烈反响。习近平总书记指出："榜样的力量是无穷的，要充分发挥广大党员、干部的带头作用，用他们的模范行为和高尚人格感召群众、带动群众。"① 近年来，中央电视台发起"寻找最美乡村教师""寻找最美孝心少年"等系列活动，通过身边平凡人物的不平凡事迹，深深打动、感染了无数中国人。

自2012年起，"寻找最美乡村教师"由中央电视台和光明日报社共同主办。石兰松、薛跃娥、李修雄、庄巧真、杜顺、徐其军、张桂梅、任影、达芳、孙影共10位教师入选2011年度"最美乡村教师"。蒋国珍（江西）、阿力甫夏（新疆）、张彩青（河南）、邹桂芬（湖北）、刘习聪（贵州）、吴述玲（河南）、吉拉（西藏）、田育才（湖北）、杨贤生（湖南）、林子闳（四川）10位教师获得2012年度"最美乡村教师"称号。阿力太（新疆）、仲威平（黑龙江）、格桑德吉（西藏）、廖乐年（广东）、廖占富和张兴琼（四川）、吉思妞（云南）、王金花（海南）、杨元松（贵州）、刘坤贤（重庆）、潘立华（安徽）以及由7位"80后"乡村教师组成的团体"会泽七子"（云南）获得2013年度"最美乡村教师"称号。朱敏才和孙丽娜（贵州）、曾维奋（海南）、周丽娜（新疆）、刘月升（天津）、张美丽和张秀丽（内蒙古）、张伟（河南）、秦开美（湖北）、陈腊英（江西）、王偏初（四川）、胡清汝（河北）获得2014年度"最美乡村教师"称号。老师们把自己的一生都献给了乡村教育事业，献给了渴求文明的孩子们。正如有位老师说的："老师就是孩子们的标杆，你立得多高，学生的目光就能看得多远。"师者，传道授业解惑也，是人类灵魂的工程师。"寻找最美乡村教师"温暖人心，尊重教师，弘扬社会正能量，培育社会新风尚。

---

① 《习近平总书记系列重要讲话读本》，学习出版社、人民出版社，2014，第94～95页。

2013 年 4 月 18 日，中央电视台启动"寻找最美孝心少年"大型公益活动。社会主义核心价值观建设是一项灵魂工程、筑梦工程，需要从孩子们抓起。孝敬父母、尊重长辈，是中华民族的传统美德。"寻找最美孝心少年"，引导少年儿童培养良好美德，树立积极、正确的道德价值观。黄凤（安徽）、吴林香（重庆）、邵帅（江苏）、龙花（湖南）、徐沁烨（浙江）、赵文龙（内蒙古）、路玉婷（四川）、高雨欣（黑龙江）、林章羽和何秀巡姐弟（湖北）、王芹秀（福建）等 11 位少年荣获 2013 年度"最美孝心少年"称号。王丹（吉林）、张俊兄弟（河南）、梁蓉（内蒙古）、梁维月（甘肃）、许卓婧（天津）、钟岳峰（辽宁）、游柘楠（湖南）、袁德旗（安徽）、向娜（湖南）、吴金棋（黑龙江）等荣获 2014 年度"最美孝心少年"称号。

"最美系列"不仅成为中央电视台的一个活动品牌，而且带动各个系统、各个地方的"最美系列"活动。例如，"湖北最美警察""最美辽宁工人""甘肃最美人物""最美衢州人""长沙十大最美女性人物""寻找最美三亚人"等，通过发掘人民群众身边的好人好事、平凡英雄，展示最美人物身上的优秀品质，使社会主义核心价值观具体化、生活化，春风化雨、润物无声。

第二章 国家层面的价值目标解析

社会主义核心价值观在国家层面提出"富强、民主、文明、和谐"的价值目标。从概念发展过程来看，在 1980 年 12 月 20 日召开的中央工作会议上，邓小平在题为《贯彻调整方针，保证安定团结》的讲话中指出："我们要建设的社会主义国家，不但要有高度的物质文明，而且要有高度的精神文明。"[①] 物质文明建设和精神文明建设是我国的两大建设。党的十三大提出"把我国建设成为富强、民主、文明的社会主义现代化国家"。"富强"对应于经济建设，"民主"对应于政治建设，"文明"对应于文化建设。党的十六届六中全会通过《中共中央关于构建社会主义和谐社会若干重大问题的决定》，党的十七大提出"建成富强、民主、文明、和谐的社会主义现代化国家"，在"三大建设"的基础上，增加了"社会建设"。党的十八大明确有了社会主义核心价值观的具体表述，2013 年 12 月中共中央办公厅印发《关于培育和践行社会主义核心价值观的意见》明确提出"富强、民主、文明、和谐是国家层面的价值目标"。党的十九大报告提出，要把我国建设成为富强民主文明和谐美丽的社会主义现代化强国。"美丽"是社会主义生态文明建设的重要价值目标。

一 富强是社会主义经济建设的目标

1978 年党的十一届三中全会做出了实行改革开放的重要决策，纠正"以阶级斗争为纲"的"左"倾错误方针，把党和国家工作的重心转移到经济建设上来。"富强"这一价值概念重新焕发出生命和活力。对"富强"的追求，反映了社会主义初级阶段的最大国情，我们的生产力总体水平还不高，地区发展还不均衡，自主创新能力还不强，结构性矛盾依然突出，粗放型增长付出了过大的资源和环境代价。"富强"也体现

---

① 《邓小平文选》第 2 卷，人民出版社，1994，第 367 页。

在以经济建设为中心，转变经济发展方式，坚持走生态优先、绿色发展之路。2020 年，现行标准下农村贫困人口全部脱贫，832 个贫困县全部摘帽，绝对贫困现象历史性消除，全面建成小康社会取得历史性成就。2020 年，我国克服新冠肺炎疫情的不利影响，在世界主要经济体中率先实现正增长，全年国内生产总值突破 100 万亿元人民币，经济实力、综合国力跃上新台阶。摆脱贫弱，走向富强，每个中国人都有切身感受。

党的十九大报告指出，"新时代我国社会主要矛盾是人民日益增长的美好生活需要和不平衡不充分的发展之间的矛盾"[①]。2017 年 1 月 20 日，国家统计局发布数据显示，2016 年中国居民收入基尼系数[②]为 0.465。虽然中国基尼系数总体呈下降趋势，但其数值依然比较高。不平衡和不充分的发展反映在三个方面。

（1）城乡差距。一是城乡居民收入差距。近年来，在国家采取多种惠农措施的情况下，城乡收入比维持在 2.72∶1。如果把城市居民收入中一些非货币因素，如住房、教育、医疗、社会保障等社会福利考虑在内，城乡居民的收入差距可能更高。二是城乡教育差距。城镇高中、中专、大专、本科、研究生学历人口的比例分别是乡村的 3.4 倍、6.1 倍、13.3 倍、43.8 倍、68.1 倍。在九年义务教育阶段，还存在农村学生辍学、流失现象。三是城乡消费差距。农业生产资料价格高，农村生活资料的质量低，假冒伪劣横行。四是就业差距。城市劳动人口的登记失业率为 4.5% 左右，农村劳动人口的失业率较难计算，抛开进城务工的 1.3 亿劳动力不算，留在农村的 4 亿劳动力的利用率只有 50% 左右。[③]

（2）区域差距。经济社会发展历来受地理环境影响较大，在我国，东部、中部、西部发展不平衡问题比较突出。"中国内部各地区之间发展不平衡的矛盾越来越突出，尤其是 20 世纪 90 代以来，地区收入差距呈

① 习近平：《决胜全面建成小康社会 夺取新时代中国特色社会主义伟大胜利——在中国共产党第十九次全国代表大会上的报告》，人民出版社，2017，第 19 页。
② 基尼系数，是意大利经济学家基尼（Corrado Gini）于 1922 年提出的，定量测定收入分配差异程度。其值在 0 和 1 之间。越接近 0 就表明收入分配越趋向平等，反之，收入分配越趋向不平等。按照国际一般标准，0.4 以上的基尼系数表示收入差距较大，当基尼系数达到 0.6 以上时，则表示收入差距很大。
③ 参见张正河《中国的城乡差距到底有多大?》，《人民日报》（海外版）2006 年 11 月26 日。

现逐渐扩大之势。从东中西部人均 GDP 和人均可配收入差距来看，1980年中、西部人均 GDP 按各省区加权平均值相当于东部的 65% 和 53%，到 2008 年，它们占东部的比例分别降到了 45% 和 41%。"① 从收入数额分析，2016 年上海、北京、浙江、江苏、广东等省市的城镇居民人均可支配收入位列前茅，其中上海最高，达 57692 元，甘肃省城镇居民人均可支配收入仅为 25668 元。全面深化改革不仅要做大蛋糕，更要分好蛋糕，平衡区域发展。更为严重的是，区域发展不平等与城乡发展不平等叠加，造成中西部很多偏远农村经济社会发展非常落后，与东部沿海发达城市的差距非常大。富者更富，贫者更贫，这种马太效应造成的阵痛越发显现。

（3）行业差距。劳动价值论指出，商品的价值量由生产商品的社会必要劳动时间决定；商品交换以价值量为基础，遵守等量社会必要劳动相交换的原则。供求关系影响价格围绕价值上下波动。然而随着金融资本的发展，行业之间、企业之间、企业内部不同岗位之间的收入差别逐渐扩大。"行业、企业间工资差距扩大。2010 年，全国城镇单位就业人员平均工资 36539 元；全国城镇私营单位就业人员平均工资 20759 元。平均工资最高的行业是金融业，70146 元；最低的农林牧渔业，16717元。最高与最低之比为 4.2∶1。上世纪 80 年代，我国行业间工资收入差距基本保持在 1.6—1.8 倍左右。世界上多数国家行业间差距在 1.5—2倍左右。企业间工资差距更大。据统计，上市公司高管年薪平均值 2010年为 66.8 万元，是当年全国平均工资的 18 倍多。而部分私营企业、简单劳动者的工资偏低。2010 年，城镇私营单位中的住宿餐饮业、农林牧渔业、公共管理社会组织三个行业中就业人员月均工资收入在 1461 元以下，不到城镇单位企业在岗职工的一半。"② 另外，行业发展不平等与城乡居民收入不平等相互影响，换言之，城市居民能够更好地选择行业且获得相对可观的收入，农村居民多数只能被行业选择且收入相对较低。"1990—2008 年我国行业收入的基尼系数由 0.058 上升至 0.181，扩大了两倍多，年均增幅达 6.5%；而同期城镇居民收入差距仅扩大了 44%，

---

① 　张文武、梁琦：《劳动地理集中、产业空间与地区收入差距》，《经济学》2011 年第 2 期。

② 　白天亮：《行业收入差距达 4.2∶1——既要反对平均主义，也要警惕贫富分化》，《人民日报》2011 年 12 月 2 日。

年均增幅 2.0%。这意味着在城镇居民收入差距的增加值中行业收入差距增量的贡献是最主要部分。"①

想要解决社会主要矛盾，改变不平衡不充分的发展的现状，从根本上讲还是要依靠发展。中国特色社会主义牢牢抓住生产资料公有制为主体的所有制形式，为发展以人民为中心的社会主义市场经济奠定基础。生产关系作为必需的环节，一方面以所有制形式规定经济基础，以此限定和规范国家的主体性逻辑运动；另一方面通过经济关系、社会关系等向生产力进行"力"传导，以此适应或推动生产力的客体性逻辑运动。公有资本是中国特色社会主义市场经济和中国现代化的实践创造，是马克思主义中国化的理论创新。它以资本的内在否定性为反思对象，把资本批判作为前提而非目标，按照辩证法的本性，从资本逻辑的内在矛盾入手"反向操作"，提出关于资本批判的批判，即在社会主义条件下驾驭资本何以可能。公有制经济和公有资本抓住了生产关系这一中介，一方面激活"资本的文明面"，另一方面避免资本主体化和资本形而上学。公有资本的逻辑，适应和促进社会生产力的发展，加速资本的自我否定自我超越，确保社会主义的本质属性，维护和实现绝大多数人的根本利益。

中国特色社会主义市场经济的独特优势表现为"有效市场"和"有为政府"的有机统一。一方面，企业追求的是利润，只有在充分竞争、完善有效的市场体系之下形成的价格信号，才能使企业家按照当时要素禀赋所决定的比较优势进行技术、产业的选择，从而使整个国家具有竞争优势。另一方面，经济发展是一个技术、产业、基础设施和制度结构不断变迁的过程，随着技术不断创新、产业不断升级，基础设施和上层制度安排也必须随之不断完善。基础设施和上层制度的完善不是一个企业家单独能推动的，必须由政府发挥因势利导的作用，来组织协调相关企业的投资或由政府自己来推进。转变政府职能，更好地服务市场主体，因势利导，激活企业家、科研人员、劳动者的创造力和活力，实现国家利益、社会利益和个人利益的共赢。

从根本上说，社会主义的财富观是集体主义的，而资本主义的财富

---

① 周云波、武鹏、沈扬扬：《分租、让租与行业收入差距》，北京师范大学中国收入分配研究院，2014 年 5 月 9 日。

观是个人主义的。对于富强的理解同样如此,只有社会主义条件下的富强,才是真正的国富民强。西方发达资本主义创造了巨大的社会财富。但是我们应该看到,一方面它经历了漫长的资本积累和发展过程,就算从 1640 年英国资产阶级革命算起,资本主义也已经走过了 380 年;另一方面在这一过程中,全球性的侵略、殖民、掠夺与之相伴随,并且资本主义依靠先发优势控制着国际经济政治秩序。更重要的是资本主义自身的内在矛盾和固有危机即使经过调节和调整,也无法根本消除。2008 年美国次贷危机引发的全球金融危机和经济大衰退的阴霾仍未散去。分析其原因,简言之,资本主义制度下的资本逻辑从根本上讲是生产性矛盾,而非分配性矛盾,因此即便构建所谓"福利型国家"也不会改变这一根本性矛盾。要想对生产性矛盾做一个彻底"诊疗",就必须从生产入手,从生产资料所有制入手。我们不能把"资本""市场"等同于"资本主义",也不能用"财产权"问题替换"所有制"问题。公有资本是社会主义制度条件下驾驭资本的具体形态,它既要充分利用市场,又是政府发挥引导、调控的重要手段,使社会效益和经济效益达到辩证统一。社会主义市场经济之所以是"社会主义的",从表现形式看在于国家、政府在资本面前能够掌握话语权,在其背后是强大的公有资本作为后盾和支撑,从而能够驾驭资本,实现"国富民强"。

二　民主是社会主义政治建设的目标

"民主"是中华民族百年来不断探索、孜孜以求的价值理想,人民民主是社会主义社会生活的基本组织形式和活动方式。2014 年 9 月 21 日,习近平总书记在中国人民政治协商会议成立 65 周年大会上说:"民主不是装饰品,不是用来做摆设的,而是要用来解决人民要解决的问题的。"[①] 社会主义民主的先进性和优越性,关键体现在人民当家作主,"找到全社会意愿和要求的最大公约数,是人民民主的真谛"。[②] 他还告诫道,世界上不存在完全相同的政治制度,也不存在适用于一切国家的

---

① 《习近平总书记系列重要讲话读本 (2016 年版)》,学习出版社、人民出版社,2016,第 172 页。

② 《习近平谈治国理政》第二卷,外文出版社,2017,第 292 页。

政治制度模式。照抄照搬他国的政治制度行不通，会水土不服，会画虎不成反类犬，甚至会把国家前途命运葬送掉。现代政治文明，如果用一个词来形容或者定义的话，那就是"民主"，然而具体的民主发展道路是多样的。自中国近代以来，关于符合中国实际的民主道路探索，一直是无数革命家、思想家及仁人志士孜孜不倦的努力方向。

1919年5月4日，在北京爆发一场以青年学生为主，社会各阶层（特别是中下阶层）广泛参与的学生爱国反帝运动，这就是五四运动。五四运动在中国近现代史上具有特殊意义，是中国人民彻底反对帝国主义、封建主义的爱国运动，是中国旧民主主义革命到新民主主义革命的转折点，促进了马克思主义在中国的传播。热血青年高举"民主"和"科学"两大旗帜，激励着一代又一代中国人追求进步和光明。五四运动和新文化运动被誉为近代中国的思想启蒙运动。历史学家陈旭麓认为："民主思想史是近代政治思想史的脊梁。"民主的观念和主张，成为中国自近代以来思想启蒙、思想革命、思想解放的重要内涵。正是基于历史的演进逻辑，我们所弘扬的作为社会主义核心价值观重要内容的"民主"理念，才真正根植并且随着时代进步而继承性发展、创造性发展。中国特色社会主义民主道路是现代政治文明的最高成就。

民主的要义是代表大多数人的利益，实现大多数人的权利。邓小平曾经深刻指出："什么是中国人民今天所需要的民主呢？中国人民今天所需要的民主，只能是社会主义民主或称人民民主，而不是资产阶级的个人主义的民主。"[①] 中国特色社会主义民主是为了实现中国人民的根本利益，维护中国人民的权利。我们坚持工人阶级领导的、以工农联盟为基础的人民民主专政，坚持人民当家作主的人民代表大会制度，这就使民主的国体与民主的政体达到了高度统一。民主的主体是全体人民。人民是最广大的群众，而不是某些人或某一阶级的代名词。民主只能是人民内部的民主，没有超阶级的民主。对人民民主，对敌人专政，两者是统一的。房宁研究员认为，在中国特色社会主义民主制度下，国家政权具有高度的稳定性，国家政策具有明显的连续性。中国作为一个发展中国家，要在经济、文化上追赶发达国家，就必须制定科学周详的发展战略，

---

① 《邓小平文选》第2卷，人民出版社，1994，第175页。

并经过长期坚持不懈的努力，最终才有可能实现跨越式发展。当代中国的快速、持续、健康、全面发展，充分证明了中国特色社会主义民主制度的优越性。

社会主义民主的根本出发点和落脚点是人民当家作主。"发展社会主义民主政治，必须以保证人民当家作主为根本"①，国家是人民的国家，是人民自我规定的载体，只是人民的一个定在环节。国家的一切权力属于人民，人民有管理国家的权利。毛泽东指出："人民，只有人民，才是创造世界历史的动力。"② 人民群众作为实践的主体，是历史的主人，是社会发展的决定力量。"一切都是了群众，一切依靠群众，从群众中来、到群众中去"，群众路线是党的生命线和根本工作方法；群众观点是马克思主义政党的根本观点；全心全意为人民服务是党的根本宗旨。人民利益至上，坚持人民主体地位，切实保证人民当家作主的合法权益。同时，对于广大人民群众自身来说，应该拥有一种民主意识，一种当家作主的意识，一种主人翁意识。民主，是对广大人民群众都平等有效的价值原则。

对于一个政党，特别是长期执政的政党来说，"党内民主是党的生命"。③ 党内民主，是指全体党员在党内生活中当家作主的权利以及平等地享有参与管理和决定党内事务的权利。充分发挥党内民主，最大限度地调动全党的积极性、主动性、创造性，增强党员的"主人翁"意识。党内民主是党内政治生活积极健康的重要基础，是马克思主义政党的本质要求。

实现民主是有条件的。民主不是抽象的概念，必须存在具体的社会历史当中。民主政治是一种上层建筑，是统治阶级组织国家政权的一种形式，不存在超阶级的民主政治制度。所以，在资本主义社会，民主只是资产阶级的民主，只是少数人的民主。"工人革命的第一步就是使无产阶级上升为统治阶级，争得民主。"④ 马克思主义"民主"理念的终极合法性就在于实现大多数人的民主，维护大多数人的权利。恩格斯在《共

---

① 《中共中央关于全面深化改革若干重大问题的决定》，人民出版社，2013，第 28 页。

② 《毛泽东选集》第 3 卷，人民出版社，1991，第 1031 页。

③ 胡锦涛：《坚定不移沿着中国特色社会主义道路前进　为全面建成小康社会而奋斗——在中国共产党第十八次全国代表大会上的报告》，人民出版社，2012，第 51 页。

④ 《马克思恩格斯选集》第 1 卷，人民出版社，2012，第 421 页。

产主义原理》中曾给出更为详细的正反两面的说明："首先无产阶级革命将建立民主的国家制度，从而直接或间接地建立无产阶级的政治统治。……如果不立即利用民主作为手段实行进一步的、直接向私有制发起进攻和保障无产阶级生存的各种措施，那么，这种民主对于无产阶级就毫无用处。"① 民主是具体的、历史的、变化的，从来就没有抽象的、超阶级的、超历史的、永恒的、普世的民主。西方资本主义国家往往只讲政体而否认国体，把资产阶级民主说成超阶级、超金钱、超意识形态的和普适的，掩饰甚至否认其资产阶级专政的阶级本质。尽管资本主义国家的多党制和三权分立制度表面上看似乎是很民主的，但由于私人占有制度依然是当代资本主义社会的基础，所以，不论哪个党派执政，不论三权如何分立，维护资本家少数人的根本利益依然是当代资本主义的本质属性。因此，只有在社会主义和共产主义条件下，真正实现人与人之间的平等，才能实现真实的民主，实现人民当家作主的权利。

三　文明是社会主义文化建设的目标

"文明"概念的内涵非常丰富。广义"文明"，是指人类创造的物质财富和精神财富的总和，包括"经济"文明、"政治"文明、"文化"文明、"社会"文明、"生态"文明等方方面面。人们常说有四大文明古国：古巴比伦、古埃及、古印度、古代中国。两河流域出现了世界上最早的城市（死海边上的耶利哥城、叙利亚首都大马士革），古埃及出现了世界上最早的几何学，印度河流域出现了阿拉伯数字，中国出现了世界上最早的农业（水稻种植）和酿酒技术等，这些都是使之成为"文明古国"的重要内容和载体。狭义"文明"，与经济、政治、社会、自然生态等并列，特指人类社会生活的思想理论、道德风尚、文学艺术、教育和科学等精神方面内容。② 社会主义是人类社会发展的高级形态，需要有先进的文化作为内在支撑。大力发展社会主义文化，建设高水平的精神文明，不断满足人民群众日益增长的精神文化需要，提升国家文化

---

① 《马克思恩格斯选集》第 1 卷，人民出版社，2012，第 304～305 页。
② 参见社会主义核心价值观专题讲座《第三讲 富强、民主、文明、和谐：国家层面的价值理想》，《新长征》（党建版）2014 年第 3 期。

软实力和竞争力。同时，积极培育和践行社会主义核心价值观，是中国特色社会主义文化建设的重要内容，是和谐文化建设、精神文明建设的根本。社会主义文化建设，只有通过不断汲取中华优秀传统文化，不断吸收世界优秀文明成果，才能实现"文明"的价值理念。

弄清文明与文化的关系问题，是搞好社会主义文化建设、实现文明价值理念的重要前提。文化是人的存在方式。文化不过是"人化"，即相应主体及其活动的文化呈现、文化创造，同时，文化反过来又"化人"，即培养人、塑造人、变革人，因而特定的文化总是与相应主体及其主体特质相联系，是一定主体历史活动积淀下来、共同认可和遵循的行为规范和价值体系。文化是宗教、民族、国家、地区之魂。任何宗教、民族、国家、地区都有自己的文化，这种文化经过历史的积淀形成文化传统，构成人们生活实践的既在的社会历史条件，对相应主体的存在、活动具有先在的给定性和约束性。马克思深刻地指出："人们自己创造自己的历史，但是他们并不是随心所欲地创造，并不是在他们自己选定的条件下创造。"① 任何人都不可能"从零开始"从事新的价值创造，而总是生活在某种既定的文化传统中，总是在前人的创造成果的基础上，从既定的历史条件出发去进行创造。现代社会的首要前提是人的理性解放和主体性自觉，而这种从"前现代"到"现代"的过渡和跨越正是基于"文化"。

文化既是文明的载体，又与文明有着显著差别。换言之，人的"意识""目的""历史"也并不意味着事事皆好，必然进步。人类文明史上也出现过（甚至层出不穷）文明倒退的现象，但它依然标示了特定的文化样态。法兰克福学派认为，在现代文化中人们聚集在一起，构成"常人状态"，沉溺于狭隘的和平面化的生活中，消解了内心的精神生活和超越性的理想，从而也丧失了构造出一个不同于生存范围之内的另一个世界的能力。与文化概念相比较而言，文明的概念是进步主义的、乐观主义的、未来走向的。所以在这个意义上，审美现代性展开对现代文化的反思和自救。文化不必然导向文明，文明却必然依赖于文化而发展，因此，发展和繁荣社会主义先进文化不仅是复兴中华文明的内在要求，而

---

① 《马克思恩格斯选集》第 1 卷，人民出版社，2012，第 669 页。

且能够开创一条人类文明新路。

不同的国家、不同的民族，基于不同的历史、不同的传统，发展出不同的文明。赵汀阳认为，在自然秩序的可能性上建立的人为秩序，包括物质生活和精神世界的秩序，都是文明。这意味着文明是多元的。不同文明之间可以相互学习、相互借鉴，但这并不意味着文明是"九九归一"的。文明始终对外、对己都保持着开放的状态。汤因比指出："对历史统一性的误解——包括这样一种假设，即只有我们自己的西方文明一条河流，所有其他河流要么是它的支流，要么就是消失在沙漠中的内陆河。"① 文明如果只有一种，那么人类离死亡就不远了。全球化进程中蕴含着生产力的发展、社会的进化、文明的传播等积极内涵，而不只是西方政治、经济和文化势力单向扩张的一个流程。学习和追随人类文明发展的积极成果，即使这种成果是西方创造的，也不等于西方化，更不等于从属于西方。

"文明"概念的独特魅力在于，它不仅表现为具体的文明样态，而且本身体现为对文明样态的文明态度。文明态度的核心是包容和开放。一方面，文明必然生发出民族性和国民性的东西，这是一个国家、一个民族的性格和基因，流淌在血液之中。面对以西方化为代表的全球化，可能会做出某种文明"自卫"，这非常正常，而且民族性从来都是与世界性共融的。另一方面，文明"自卫"不能走向封闭，保持文明个性不是抱残守缺，唯吾独尊。顺应时代潮流，古老文明才会发出新枝。中华文明之所以能够连绵五千多年而生生不息，就在于始终保有面向不同文明的文明态度。以包容和开放的文明态度，主动地融入世界经济、政治、文化一体化中去，主动参与世界文化之全球化进程，从而对世界文化的多样化发展、维护文化生态平衡、建设人类命运共同体做出贡献。

四　和谐是社会主义社会建设的目标

"和谐"思想源自中国，古已有之，源远流长。早在《尚书·舜典》中就有"八音克谐，无相夺伦，神人以和"，《左传·襄公十一年》中也

---

① 〔英〕汤因比：《历史研究》上册，郭小凌等译，上海人民出版社，2010，第39页。

有"如乐之和，无所不谐"。老子曰："人法地，地法天，天法道，道法自然。"（《老子·二十五章》）天人合一的思想不仅是个人修身养性，而且是国家治理的最高境界。孔子曰："君子和而不同。"（《论语·子路》）以和为贵是中国人传承几千年的为人处世原则。"天时不如地利，地利不如人和""和气生财""家和万事兴"等广泛运用于老百姓的日常生活语言当中，"和谐"理念深入人心，具有良好的群众基础。

2004年党的十六届四中全会首次明确提出"和谐社会"的概念。和谐作为中国共产党的执政理念，"民主法治、公平正义、诚信友爱、充满活力、安定有序、人与自然和谐相处"是和谐社会的主要内容。2006年党的十六届六中全会通过了《中共中央关于构建社会主义和谐社会若干重大问题的决定》，指出要切实把构建社会主义和谐社会作为贯穿中国特色社会主义建设全过程的长期历史任务和全面建设小康社会的重大现实课题抓紧抓好。2012年党的十八大报告提出"两个一百年"奋斗目标，把"必须坚持促进社会和谐"作为在新的历史条件下，夺取中国特色社会主义新胜利必须牢牢把握的八项基本要求之一，并指出，必须坚持民主法治，促进社会生活法制化、规范化，逐步形成社会公平保障体系，促进社会公平正义。就实现和谐的层次和范围来说，它包括每个人自身的和谐；人与人之间的和谐；社会方方面面、各阶层、各系统之间的和谐；个人、社会与自然的和谐；国家与外部世界的和谐。

社会建设，从根本上说是处理人的事情，首先要求社会当中的每个个体自身是和谐的。人自身的和谐关键在精神和谐与思想和谐，拥有健康积极的心态和精神状态。《礼记·大学》曰："古之欲明明德于天下者，先治其国；欲治其国者，先齐其家；欲齐其家者，先修其身；欲修其身者，先正其心；欲正其心者，先诚其意；欲诚其意者，先致其知，致知在格物。物格而后知至，知至而后意诚，意诚而后心正，心正而后身修，身修而后家齐，家齐而后国治，国治而后天下平。"格物致知，诚意正心，修身齐家治国平天下，个人只有不断修炼自身，加强自己的道德修养，才有可能做好家国天下事。所谓修炼自身，就是要达到个人自身的和谐，拥有良好的心态性格和意志品质。

马克思说，人是一切社会关系的总和。在社会的网状结构中，每一个节点都是人与人的相遇和交汇。作为外部反映的和谐社会，其内在的一个重要尺度是人与人的和谐相处。《中庸》曰："中也者，天下之大本也。和也者，天下之达道也。"中庸之道也就是中和之道。人与人相处，要以和为贵，要懂得利他之道，有利于他人就是成就自己，方便他人就是方便自己。孟子主张"推己及人"，"老吾老，以及人之老；幼吾幼，以及人之幼，天下可运于掌。……故推恩足以保四海，不推恩无以保妻子"（《孟子·梁惠王上》）。又如明道先生所言："以己及物，仁也；推己及物，恕也。忠恕一以贯之。"① 有益他人的生活，并不是自我牺牲，而是自我实现。在每个人的实际生活中，人与人相逢共处是一种缘分，多从对方角度考虑，换位思考，彼此宽容，相互关心相互支持，就能够形成人与人之间和谐相处的良好局面。

　　社会是一个复杂的有机整体，建设社会主义和谐社会，要正确处理社会方方面面的矛盾，阶层与阶层之间、地域与地域之间、行业与行业之间……可以说矛盾无处不在、无时不有。和谐的智慧不仅是关于人与人的，而且是关于事与事的，关于一切社会因素之间的。建设社会主义和谐社会，是一个不断认识和处理各种社会矛盾的过程。认为有矛盾就不和谐，建设和谐社会就要消除矛盾，这都是对"矛盾"与"和谐"关系的误读。和谐的实质是"和而不同"。在中国古代，和谐社会和理想社会的模型是"天下大同"。《礼记·礼运》曰："大道之行也，天下为公，选贤与能，讲信修睦，故人不独亲其亲，不独子其子，使老有所终，壮有所用，幼有所长，鳏寡孤独废疾者皆有所养；男有分，女有归，货恶其弃于地也不必藏于己，力恶其不出于身也不必为己，是故谋闭而不兴，盗窃乱贼而不作，故外户而不闭，是谓大同。"马克思在《共产党宣言》中建构了"自由人的联合体"作为未来社会的理想模型，消灭了阶级之间、城乡之间、脑力劳动和体力劳动之间的对立和差别，社会财富极大丰富，人的精神境界极大提升，每个人的自由全面发展是一切人自由全面发展的前提。社会主义现代化建设就是要把世界的"现实性"变成"非现实性"，把人的"理想性"变成"现实性"。建设社会主义和谐社会，需要尊重差异、包容多样，增加共识、化解矛盾，协调利益、促进公平，逐步建立良性的社会机制，使社会发展更加和谐有序。

---

① 《二程集》，王孝鱼点校，中华书局，2004，第 124 页。

第三章　社会层面的价值取向解析

在社会层面，社会主义核心价值观的基本内容是自由、平等、公正、法治。这些价值理念与现代西方文明颇有思想渊源，容易引发分歧和争议。我们有必要把这四个概念阐述清楚，把它们之间的逻辑关系厘清，从而展示社会主义核心价值观对现代西方文明的批判性借鉴和内在性超越。

一　自由是马克思主义的终极追求

《共产党宣言》明确提出，共产主义要建立"自由人的联合体"。"每个人的全面而自由的发展"成为共产党人的奋斗目标。全面建成小康社会、实现中国梦，在本质上是一个发展的问题，经济进入新常态之后，这个发展的主要内涵是提质增效、促进人的全面自由发展。社会主义核心价值观在社会层面首先把自由作为其核心价值，是饱含深意的。

以往，对自由的讨论常常陷入一种误区，以为自由是西方文明、资本主义的专利品，把自由与资本主义捆绑起来，只有资本主义有自由，自由一定就是资本主义的。在根本上，这是西方（以美国为中心）主导的话语霸权和文化中心主义造成的"幻相"。从人类文明发展史看，自由是全人类共同的精神财富和价值理想。恩格斯曾说："我们的目的是要建立社会主义制度，这种制度将给所有的人提供健康而有益的工作，给所有的人提供充裕的物质生活和闲暇时间，给所有的人提供真正的充分的自由。"[1] 从资本主义形态史看，它从来没有根本解决自由的"逻各斯肉身化"难题，现实和观念的差别甚至"触目惊心"，所以韦尔默才会如此感慨："如何在现代世界实现自由的问题鼓舞和萦绕欧洲政治哲学达数世纪之久。"[2] 社会主义核心价值观旗帜鲜明地把"自由"彰显出来，

---

[1] 《马克思恩格斯全集》第 21 卷，人民出版社，1965，第 570 页。

[2] 〔德〕韦尔默：《后形而上学现代性》，应奇、罗亚玲编译，上海译文出版社，2007，第 189 页。

这是一种对人类文明的探索和坚守，是一种对自我价值追求的认同和自信，是一种对现代话语体系的回应和重建。

（一）不自由的根源：资本逻辑与人的异化

在现代社会，资本和劳动的二元对立并不直接表现出来，甚至在表面上也极其符合资产阶级政治经济学的等价交换原则。资本不是作为生产要素进入人类生产领域，劳动被资本化，资本成为支配一切社会活动的"主人"。马克思在《经济学手稿（1861—1863年）》中援引穆勒《略论政治经济学的某些有待解决的问题》中的话："严格说来，资本并不具有生产力。唯一的生产力是劳动力，当然，它要依靠工具并作用于原料……资本的生产力不外是指资本家借助于他的资本所能支配的实际生产力（劳动）的数量。"① 严格来讲，只有劳动创造价值，劳动力是唯一的生产力。资本自身并不能劳动，不是劳动力；资本不能直接充当劳动的对象和工具；资本不能天然地提供和参与某种活动。资本的生产力并不是资本本身所具有的生产能力，而是指资本组织和支配各种生产力要素所具备的实际能力。

马克思在《经济学手稿（1857—1858年）》中对资本的生产力的现实运动过程进行了具体阐述，它表现为资本和劳动交换的两个过程，并且这两个过程无论从性质上还是从形式上都各不相同，甚至彼此对立。"（1）工人拿自己的商品，劳动，即作为商品同其他一切商品一样也有价格的使用价值，同资本出让给他的一定数额的交换价值，即一定数额的货币相交换。（2）资本家换来劳动本身，这种劳动是创造价值的活动，是生产劳动；也就是说，资本家换来这样一种生产力，这种生产力使资本得以保持和倍增，从而变成了资本的生产力和再生产力，一种属于资本本身的力。"② 两个过程不仅在逻辑上相互分离，而且在时间上也可以彼此分开。对于第一个过程，工人出卖劳动给资本家，而资本家支付给工人的是作为劳动力价格的工资，"在资本和劳动的交换中第一个行为是交换，它完全属于普通的流通范畴"。但是，"第二个行为是在质上

---

① 《马克思恩格斯全集》第47卷，人民出版社，1979，第262页。
② 《马克思恩格斯全集》第30卷，人民出版社，1995，第232页。

与交换不同的过程，只是由于滥用字眼，它才会被称为某种交换。这个过程是直接同交换对立的；它本质上是另一种范畴"。① 资本家通过支付工人工资，实际获取的是工人全部的劳动价值，资产阶级政治经济学利用劳动力价格掩盖劳动价值，从而使劳动资本化。资本的生产力在《资本论》中具体地表达为这样一个公式：G—W—G′（G 表示货币，W 表示商品），与之对应的还有一个公式：W—G—W′。

在公式 G—W—G′中，货币作为资本存在；在公式 W—G—W′中，货币作为货币存在。首先，它们具有不同的流通形式：在前一过程中，货币转化成商品然后又回归货币，也就是说为了卖而买；在后一过程中，商品的流通是为了获得商品，也就是说为了买而卖。其次，这两种不同的流通过程产生的结果必然不同：前者最终的结果是货币，满足增殖，指向交换价值；后者最终的结果是消费，满足需要，指向使用价值。再次，两种不同的流通形式所隐含的动机和目的不同：在 G—W—G′过程中，前提和结果都是 G（货币），货币没有质的差别，只有量的区分，价值增殖倒是成了合理的解释；在 W—G—W′过程中，前提和结果都是 W（商品），二者的价值量相等，但其使用价值是不同的。最后，"作为资本的货币"和"作为货币的货币"的本质差别在于："简单商品流通——为买而卖——是达到流通以外的最终目的，占有使用价值，满足需要的手段。相反，作为资本的货币的流通本身就是目的，因为只是在这个不断更新的运动中才有价值的增殖。因此，资本的运动是没有限度的。"② 这种只服从于增殖，没有限度的资本运动支配着资本主义社会，从根源上导致了现代社会的泛资本化。

生产力决定生产关系、社会关系。资本的生产力是社会劳动生产力的资本主义独特表现，换言之，也正是资本的生产力造成了现代社会（资本主义社会）的独特"景观"。"随着特殊的资本主义生产方式的发展，不仅这些直接物质的东西{它们都是劳动产品；从使用价值来看，它们是劳动产品，又是劳动的物的条件；从交换价值来看，它们是物化的一般劳动时间或货币}起来反对工人，作为'资本'同工人相对立，

---

① 《马克思恩格斯全集》第 30 卷，人民出版社，1995，第 233 页。
② 《马克思恩格斯选集》第 2 卷，人民出版社，2012，第 157~158 页。

就连社会地发展了的劳动的形式——协作、工场手工业（作为分工的形式）、工厂（作为以机器体系为自己的物质基础的社会劳动形式）——都表现为资本的发展形式，因此，从这些社会劳动形式发展起来的劳动生产力，从而还有科学和自然力，也表现为资本的生产力。"① 资本的生产力把生产力要素的"硬件"和"软件"组织起来，为资本所用，并且天然地造成所有要素同工人的现实分离、对立。马克思精辟地总结道："这种关系在它的简单形式中就已经是一种颠倒，是物的人格化和人的物化。"② 物的人格化和人的物化是同一个运动过程，即"异化"。

　　马克思在《1844 年经济学哲学手稿》中揭示了现代社会异化劳动的形成机制。"首先，他得到劳动的对象，也就是得到工作；其次，他得到生存资料。因此，他首先是作为工人，其次是作为肉体的主体，才能够生存。这种奴隶状态的顶点就是：他只有作为工人才能维持自己作为肉体的主体，并且只有作为肉体的主体才［能］是工人。"③ 一方面工人只有劳动（工作），才能维持自己的生存；另一方面工人只有成为肉体的主人（维持自己的生存），才能自由地出卖自己成为工人。资本主义条件下披着公平交易外衣的雇佣劳动制度实质上不过是资本玩弄的鬼把戏。异化劳动是工人维持肉体生存的唯一途径，资本家只支付工人不致活活死掉的工资。马克思"从当前的经济事实出发"，"工人生产的财富越多，他的产品的力量和数量越大，他就越贫穷。工人创造的商品越多，他就越变成廉价的商品。物的世界的增值同人的世界的贬值成正比"。④ 资本控制生产活动，劳动者和劳动成果相分离，这导致富人更富、穷人更穷的社会财富分配格局。

　　"劳动的这种现实化表现为工人的非现实化，对象化表现为对象的丧失和被对象奴役，占有表现为异化、外化。"⑤ 在资本主义社会条件下，工人的劳动不属于工人自己，现实劳动成了抽象劳动，工人正在受一种比中世纪神学更可怕的"非神圣形象"——"资本"——的统治。马克

---

① 《马克思恩格斯全集》第 26 卷（第一册），人民出版社，1972，第 419～420 页。
② 《马克思恩格斯全集》第 26 卷（第一册），人民出版社，1972，第 419 页。
③ 《马克思恩格斯全集》第 3 卷，人民出版社，2002，第 269 页。
④ 《马克思恩格斯全集》第 3 卷，人民出版社，2002，第 267 页。
⑤ 《马克思恩格斯全集》第 3 卷，人民出版社，2002，第 268 页。

思借用费尔巴哈哲学关于宗教是人的本质的异化观点补充类比："人奉献给上帝的越多，他留给自身的就越少。"① 在费尔巴哈看来，基督教的本质在于用人们的普遍贫穷来使上帝无比富有，人们的一无是处成就上帝的无所不能，人在自身中否定了他在上帝身上肯定的东西。所以，科西克指出："到了十九世纪，至上的实在不再以超验的上帝（即关于人与自然的神秘化观念）的身份在天国实行统治；而是下降到地上，以超验的'经济'（即拜物教化的人类物质产品）的身份实行统治。"② 无论是商品拜物教，还是货币拜物教，都是将"资本"变成"上帝"。

异化劳动是资本逻辑的必然后果，是资本的现实化表现。资本的本性决定一切现实活动的出发点和落脚点只能是增殖，而不是其他，因此，在这种条件下人只会沦为资本的手段和工具，变成资本、金钱的信徒。在现代社会，资本的生产力和异化劳动的矛盾对立并没有因为绝对社会财富的增加而减少，马克思把资产阶级社会称为人类社会史前史的最后社会形态。同时马克思还告诫我们："无论哪一个社会形态，在它所能容纳的全部生产力发挥出来以前，是决不会灭亡的；而新的更高的生产关系，在它的物质存在条件在旧社会的胎胞里成熟以前，是决不会出现的。"③ 因此，社会主义和共产主义是对资本主义的扬弃，人的自由解放必须克服异化劳动。

（二）自由的内涵：劳动解放

基于唯物史观和政治经济学批判的基本原理，马克思指出，自由的真实内涵在于实现劳动解放。显而易见，"劳动"作为生产性活动并不仅仅发端于现代社会，它是一个古老的概念，并且伴随人类社会历史发展而发展。特别是"劳动"发展到现代社会阶段，它具备了更加丰富的理论内涵。所以马克思说："劳动似乎是一个十分简单的范畴。它在这种一般性上——作为劳动一般——的表象也是古老的。但是，在经济学上从这种简单性上来把握的'劳动'，和产生这个简单抽象的那些关系一

---

① 《马克思恩格斯全集》第 3 卷，人民出版社，2002，第 268 页。
② 〔捷〕卡莱尔·科西克：《具体的辩证法——关于人与世界问题的研究》，傅小平译，社会科学文献出版社，1989，第 85 页。
③ 《马克思恩格斯选集》第 2 卷，人民出版社，2012，第 3 页。

样，是现代的范畴。"① 劳动是"现代的范畴"，现代即资本的时代，现代社会即资本主义社会，劳动内涵的丰富性只有在资本的时代才能真正展示出来，"现代"的劳动就是异化劳动。"在这里，'劳动'、'劳动一般'、直截了当的劳动这个范畴的抽象，这个现代经济学的起点，才成为实际上真实的东西。所以，这个被现代经济学提到首位的、表现出一种古老而适用于一切社会形式的关系的最简单的抽象，只有作为最现代的社会的范畴，才在这种抽象中表现为实际上真实的东西。"② "现代经济学的起点"就是"劳动"，它是"最现代的社会的范畴"，作为"异化劳动"的"劳动"才是"实际上真实的东西"。在"资本－劳动"二元框架内，异化劳动才是现实的劳动，才是现代的"劳动一般"。

消除异化劳动是马克思"劳动解放"的起码要求。然而，古典政治经济学家亚当·斯密却从根源上抹杀"异化劳动"与"劳动"的差异性和对立性。在亚当·斯密看来，劳动是痛苦的，"'安逸'是适当的状态，是与'自由'和'幸福'等同的东西。一个人'在通常的健康、体力、精力、技能、技巧的状况下'，也有从事一份正常的劳动和停止安逸的需求，这在斯密看来是完全不能理解的"。③ "劳动"的反义词是"安逸"，这实际上是把安逸与享乐主义等同起来，这是对劳动的最大歪曲，对人性的最大扭曲。亚当·斯密的"劳动"概念直接消解对"异化劳动"的可批判性，资本增殖天经地义，异化劳动天经地义，深刻维护着资本主义社会"资本－劳动"二元格局。所以马克思反驳道："外在目的失掉了单纯外在必然性的外观，被看作个人自己自我提出的目的，因而被看作自我实现，主体的物化，也就是实在的自由，——而这种自由见之于活动恰恰就是劳动"，"这些也是亚当·斯密料想不到的。"④

因此，马克思认为劳动的真相应该是，"劳动是我真正的、活动的财产"，"我的劳动是自由的生命表现，因此是生活的乐趣"。⑤ 任何物种的本质追根究底是其生命的本质，是其生命的活动。人的本质是自然生命

---

① 《马克思恩格斯全集》第30卷，人民出版社，1995，第44~45页。
② 《马克思恩格斯全集》第30卷，人民出版社，1995，第46页。
③ 《马克思恩格斯全集》第46卷（下），人民出版社，1980，第112页。
④ 《马克思恩格斯全集》第46卷（下），人民出版社，1980，第112页。
⑤ 《马克思恩格斯全集》第42卷，人民出版社，1979，第38页。

和社会生命的双重活动，"动物只是按照它所属的那个种的尺度和需要来构造，而人懂得按照任何一个种的尺度来进行生产，并且懂得处处都把内在的尺度运用于对象；因此，人也按照美的规律来构造"。① 人的劳动就是生产生命的活动。一方面，人同动物一样，需要维持自身的生命，人的劳动是人保持物种的自由的生命表现，是人的真正的财产；另一方面，人区别于动物，他是有意识的生命活动，人的劳动是生活的乐趣，因此，他不应该是把肉体出卖给资本家，把劳动出卖给资本，它不应该成为工人保存性命的手段。马克思在《詹姆斯·穆勒〈政治经济学原理〉一书摘要》中指出，"在私有制的前提下，我的个性同我自己疏远到这种程度，以致这种活动为我所痛恨，它对我来说是一种痛苦，更正确地说，只是活动的假象。因此，劳动在这里也仅仅是一种被迫的活动，它加在我身上仅仅是由于外在的、偶然的需要，而不是由于内在的必然的需要"。② 在资本主义社会（典型的私有制形式）条件下，"我的个性"的劳动竟然成为我所"痛恨"的对象，"我"同"我"的劳动成果相异化，"我"同"我"的劳动过程相异化，"我"同类本质相异化，"我"同他者相异化，总而言之，"我"同"我"的世界的一切相异化，都不是内在的必然的需要，都不是自由的生命表现。因此，反过来我们可以得出一个结论：实现人的自由个性是劳动解放的应有之义。

接下来的问题是，在"资本－劳动"二元框架中如何实现劳动解放。首先马克思并没有回避资本问题，并且十分肯定资本唤起的巨大现实力量。"资产阶级在它的不到一百年的阶级统治中所创造的生产力，比过去一切世代创造的全部生产力还要多，还要大。"③ 虽然资本必然导致劳动的异化，但是有一点无论如何都抹杀不掉，那就是它唤醒了前所未有的生产力。"资本的文明面之一是，它榨取这种剩余劳动的方式和条件，同以前的奴隶制、农奴制等形式相比，都更有利于生产力的发展，有利于社会关系的发展，有利于更高级的新形态的各种要素的创造。"④ 解决"资本－劳动"的二元对立，不是简单地阉割资本，不是人为地终

---

① 《马克思恩格斯全集》第3卷，人民出版社，2002，第274页。
② 《马克思恩格斯全集》第42卷，人民出版社，1979，第38页。
③ 《马克思恩格斯选集》第1卷，人民出版社，2012，第405页。
④ 马克思：《资本论》第3卷，人民出版社，2004，第927~928页。

止资本的运动，正如马克思现代唯物主义同样对边沁功利主义"利益"观念进行继承一样，资本为现时代和更高级的社会形态创造出前所未有的物质财富，只有以此为基础，人的解放和劳动解放才不至于沦为空谈，共产主义理想才具有现实性。另外，除了物质财富的极大丰富以外，被资本解放的生产力及其后续发展还为人们创造出"闲暇"。这一重要条件曾被亚里士多德"理论、实践、创制"三分法所用，理论活动是人的最高层次的活动，接近神性，它的主体是有闲阶级。物质财富和闲暇时间共同构成劳动解放的空间、时间维度。并且，马克思还进一步指出："这个自然必然性的王国会随着人的发展而扩大，因为需要会扩大；但是，满足这种需要的生产力同时也会扩大。……但是，这个领域始终是一个必然王国。在这个必然王国的彼岸，作为目的本身的人类能力的发挥，真正的自由王国，就开始了。但是，这个自由王国只有建立在必然王国的基础上，才能繁荣起来。工作日的缩短是根本条件。"① 马克思从现实出发，从客观实际条件出发，对劳动解放进行合理展望。劳动的解放和对资本的超越是同一个过程的两个方面，只有在资本控制下所催生出的生产力大发展大变革才能真正为劳动解放打下坚实的物质基础和创造必要的闲暇时间，进而真正实现人的自由个性。

（三）每个人的自由是一切人自由的前提

作为马克思新世界观的历史唯物主义告诉我们，"历史不外是各个世代的依次交替。每一代都利用以前各代遗留下来的材料、资金和生产力；由于这个缘故，每一代一方面在完全改变了的环境下继续从事所继承的活动，另一方面又通过完全改变了的活动来变更旧的环境"。② 历史是人类文明的积淀与结晶，一方面我们受历史的支配，另一方面我们创造历史。对一切问题的考察和研究，都必须从"现实的人及其历史发展"出发，坚持"历史"的解释原则，才能直达问题的根本。恩格斯曾在《在马克思墓前的讲话》中对马克思毕生的思想成就这样概括："正像达尔文发现有机界的发展规律一样，马克思发现了人类历史的发展规律……

---

① 马克思：《资本论》第3卷，人民出版社，2004，第928~929页。
② 《马克思恩格斯选集》第1卷，人民出版社，2012，第168页。

不仅如此。马克思还发现了现代资本主义生产方式和它所产生的资产阶级社会的特殊的运动规律。"① 人类社会历史的发展规律和资本主义社会的运动规律是马克思毕生研究的两大主题，揭示资本主义社会的运动规律也就是彻底弄清资本和劳动的二元矛盾关系。孙正聿认为，"'对现实的描述'即揭露资本运动的逻辑，构成马克思的资本主义批判，构成作为存在论的《资本论》；但是，马克思创作《资本论》的动机和目的，却并不是'对现实的描述'，而是揭示人类解放和人的全面发展的现实道路"，并称之为"《资本论》的解放论"。②

马克思在总结以往的一切革命时说："迄今为止的一切革命始终没有触动活动的性质，始终不过是按另外的方式分配这种活动，不过是在另一些人中间重新分配劳动，而共产主义革命则针对活动迄今具有的性质，消灭劳动。"并且他在页下注中有这样的说明："手稿中删去以下这句话：'消灭在……统治下活动的现代形式'。"③ 可见，"消灭劳动"消灭的不是什么别的劳动，而是在现代社会由资本控制的异化劳动。并且，马克思和恩格斯在《德意志意识形态》中还指出现代社会（资本主义社会）的两种不同的劳动：积累起来的劳动和现实的劳动，也就是资本和劳动，这构成一切人存在的前提和根据。所以马克思早在《1844年经济学哲学手稿》中就已经指出："从异化劳动对私有财产的关系可以进一步得出这样的结论：社会从私有财产等等解放出来、从奴役制解放出来，是通过工人解放这种政治形式来表现的，这并不是因为这里涉及的仅仅是工人的解放，而是因为工人的解放还包含普遍的人的解放；其所以如此，是因为整个的人类奴役制就包含在工人对生产的关系中，而一切奴役关系只不过是这种关系的变形和后果罢了。"④ 扬弃资本、解放劳动，这就是共产主义的现实道路。

马克思基于人类发展的价值形态考察，把人类社会历史发展划分为三个阶段："人的依赖关系（起初完全是自然发生的），是最初的社会形式，在这种形式下，人的生产能力只是在狭小的范围内和孤立的地点上

①　《马克思恩格斯选集》第3卷，人民出版社，2012，第1002页。
②　孙正聿等：《马克思主义基础理论研究》，北京师范大学出版社，2011，第888页。
③　《马克思恩格斯选集》第1卷，人民出版社，2012，第170页。
④　《马克思恩格斯全集》第3卷，人民出版社，2002，第278页。

发展着。以物的依赖性为基础的人的独立性，是第二大形式，在这种形式下，才形成普遍的社会物质变换、全面的关系、多方面的需要以及全面的能力的体系。建立在个人全面发展和他们共同的、社会的生产能力成为从属于他们的社会财富这一基础上的自由个性，是第三个阶段。第二个阶段为第三个阶段创造条件。"① 在资本主义社会之前，人生活在神性之下，没有认识到和释放出理性的足够光芒，因此，我们确实应该承认资产阶级政治国家完成宗教批判和实现宗教解放的伟大功绩。进入资本主义社会，也就是"以物的依赖性为基础的人的独立性"阶段，实现了资本的解放。同时，它也赋予我们新的任务和挑战，那就是如何把人从"物的依赖性"和资本的支配中解放出来，把对"物"的依赖性真正变成"人"的独立性，实现人的解放。

马克思描绘出共产主义图景："在这样的组织中，一方面，任何个人都不能把自己在生产劳动这个人类生存的必要条件中所应承担的部分推给别人；另一方面，生产劳动给每一个人提供全面发展和表现自己的全部能力即体能和智能的机会，这样，生产劳动就不再是奴役人的手段，而成了解放人的手段，因此，生产劳动就从一种负担变成一种快乐。"② 至此，劳动从自在状态，经异化状态，达到自由状态，这就是真正的劳动解放。马克思在《资本论》中提出"重新建立个人所有制"，它是对"个人的、以自己劳动为基础的私有制"的"否定的否定"，是生产资料共同占用基础上的"联合起来的社会个人所有制"。打破"资本－劳动"的二元结构框架，每个人依靠自己的劳动能力创造社会财富，分享劳动成果。劳动成为人的自我实现方式，"是自由的生命表现"，"是生活的乐趣"。在社会整体性中突出个体性维度，这正好表明：只有"每个人的自由发展"，才有"一切人的自由发展"。实现作为终极价值的"自由"，必然在超越资本之后，是人对人的本质的真正占有，是人的解放。

二 平等是实现自由的根本前提

马克思主义的终极价值目标是实现人的自由解放，而实现自由的根

---

① 《马克思恩格斯全集》第 30 卷，人民出版社，1995，第 107～108 页。
② 《马克思恩格斯选集》第 3 卷，人民出版社，2012，第 681 页。

本前提是平等。没有平等，自由不可能实现。韩水法指出："一种善品，当它的分配方式发生变化，它的性质也就会发生变化，以至于——在严格的意义上——它就会变成另一种事物。比如，自由权，当它仅仅为少数人所拥有的时候，它就是一种特权。……基本善品一开始就具有普遍性的特征：即为所有人需要而又为每个人所分享，亦即平等地分配，换言之，每个具有同等资籍的个人能够平等地享有这种善品。"① 平等，是指人们在一定社会环境中处于同等的地位，在政治、经济、文化等方面享受同等的权利。只有以平等为基础，人们才能真实享有一切美好事物，真实享有一切美好价值理念。

（一）平等优先于自由、博爱

19 世纪法国哲学家皮埃尔·勒鲁在撰写《新百科全书》"平等"词条时，对法国大革命提出的"自由、平等、博爱"进行了系统研究。他从人的"知觉－感情－认识"来区分"自由－博爱－平等"。"政治的目的首先就是在人类中实现自由。使人自由，就是使人生存，换言之，就是使人能表现自己。缺乏自由，那只能是虚无和死亡；不自由，则是不准生存。"② 自由首先是一种生命的主观性；然而又不停留于主观性，它要求客观化。我的行动、我的生命活动，提出的最直接要求就是自由。自由天然地带有某种终极价值的属性，这也导致它非常容易沦为某种政治口号。博爱是人对外界（包括他者）的天然情感，我们可以用卢梭的幸福感和同情心这样两种基本情感（亦即人的善良意志）来理解博爱。它是一种自然表达。接着勒鲁问道："如果你们问我为什么要获得自由，我会回答你们说：因为我有这个权利；而我之所以有这种权利，乃是因为人与人之间是平等的。同样，如果我承认仁慈和博爱都是人在社会上的天职，那是因为我思想上考虑到人的本性原是平等的。"③ 和自由、博爱相比，平等不仅是一个道德原则，而且是一个科学原则、真理原则。

不过，勒鲁也认识到，"作为事实的平等"和"作为原则的平等"存

---

① 韩水法：《正义、基本善品与公共理性》，《"公共性与公共领域"国际学术研讨会论文集》（2014），第 207 页。

② 〔法〕皮埃尔·勒鲁：《论平等》，王允道译，商务印书馆，1988，第 13 页。

③ 〔法〕皮埃尔·勒鲁：《论平等》，王允道译，商务印书馆，1988，第 14 ~ 15 页。

在"天壤之别"。一方面"现代的社会，无论从哪一方面看，除了平等的信条外，再没有别的基础"；另一方面"不平等仍然占统治地位"。[1] 这两点是《论平等》想要表达的基本观点。并且，他援引莱辛的观点，人类在达到平等之前，要先经历三种可能的不平等：家庭等级制度、国家等级制度、所有制等级制度。摆脱了三种不平等，才能实现平等，才能实现自由。时至今日，莱辛和勒鲁的这个判断依然有效，我们仍然处于"以物的依赖性为基础的人的独立性"阶段，甚至还在不断加深这种对物的依赖。

"我们处于两个世界之间：处于一个即将结束的不平等世界和一个正在开始的平等世界之间。"[2] 这个"我们"不仅属于 19 世纪的法国和世界，而且属于 21 世纪的世界。在不平等与平等之间的转换显得时间冗长、步履艰难。

（二）罗尔斯的平等自由原则

罗尔斯在《正义论》中提出了著名的"两个正义原则"。"第一个原则：每个人对与所有人所拥有的广泛平等的基本自由体系相容的类似自由体系都应有一种平等的权利。第二个原则：社会的和经济的不平等应这样安排，使它们：①在与正义的储存原则一致的情况下，适合于最少受惠者的最大利益；并且，②依系于在机会平等的条件下职位和地位向所有人开放。"[3] 第一个原则又叫平等自由原则，第二个原则又叫差别原则和机会的公平平等原则。第一个原则优先于第二个原则，第一个优先原则是自由的优先性。也就是说，在正义第一个原则中罗尔斯讨论了自由和平等及其相互关系问题。[4]

有关自由和平等的关系一直是一个传统的问题，第一个原则要求一种最大化和最广泛的基本平等自由体系。其中所谓基本自由，罗尔斯将其罗列为："政治上的自由（选举和被选举担任公职的权利）及言论和集会自由；良心的自由和思想的自由；个人的自由和保障个人财产的权

---

① 〔法〕皮埃尔·勒鲁：《论平等》，王允道译，商务印书馆，1988，第 5 页。
② 〔法〕皮埃尔·勒鲁：《论平等》，王允道译，商务印书馆，1988，第 11 页。
③ 〔美〕罗尔斯：《正义论》，何怀宏等译，中国社会科学出版社，1988，第 302 页。
④ 通过罗尔斯的《正义论》和两个正义原则，我们不难发现平等、公平、公正、正义等概念存在内涵上的交叉，这些问题在后面的"公正"篇中还将进行探讨。

利；依法不受任意逮捕和剥夺财产的自由。"并且进一步规定和说明："按照第一个原则，这些自由都要求是一律平等的，因为一个正义社会中的公民拥有同样的基本权利。"① 由此可见，虽然第一原则强调自由的优先性，但其基础依然是平等。姚大志认为："罗尔斯把正义视为现代政治哲学的主题，并提出'正义总是意味着平等'，这意味着他将政治哲学的主题由自由变为平等。罗尔斯认为，自由和平等的价值是联系在一起的，而没有平等的自由是形式的。"②

罗尔斯在谈到自由的优先性时曾指出："自由只能为了自由的缘故而被限制。这有两种情况：①一种不够广泛的自由必须加强由所有人分享的完整自由体系；②一种不够平等的自由必须可以为那些拥有较少自由的公民所接受。"③ 不过，后来他在《政治自由主义》中又更正道："每一个人对平等的基本权利和基本自由之完全充分的图式都有一种平等的要求。该图式与所有人同样的图式相容；在这一图式中，平等的政治自由能——且只有这些自由才能——使其公平价值得到保证。"④ 与其说是自由的优先性，不如说是平等的优先性。当然这里涉及如何理解"优先性"的问题。如果"优先性"是指核心政治理想价值的话，自由的优先性是肯定的；如果"优先性"是指前提性基础性的话，对自由的要求本身蕴含着以平等为前提。与之同时，平等自由的一般正义构想为了防止和避免平等的不完满性，提出了不平等条件下自由的实现原则——分配的不平等对最不利者有利。

另外，自由的优先性原则还建立在基本的物质福利水平之上，"一种在词典顺序上优先的原则可能要先于涵括平等的基本权利和自由的第一原则，前一原则要求满足公民的基本需求，至少，在公民的基本需求满足对于他们理解并有效实践这些权利和自由必不可少的情况下必须如此。当然，在运用第一原则时，必定假定这类原则。但在此我并不深究这些问题和其他相关问题"。⑤ 生存权和平等权两个要素合起来，才能建立起

---

① 〔美〕罗尔斯：《正义论》，何怀宏等译，中国社会科学出版社，1988，第 61 页。
② 姚大志：《罗尔斯：从自由到平等》，《开放时代》2003 年第 1 期。
③ 〔美〕罗尔斯：《正义论》，何怀宏等译，中国社会科学出版社，1988，第 302～303 页。
④ 〔美〕罗尔斯：《政治自由主义》，万俊人译，译林出版社，2000，第 5 页。
⑤ 〔美〕罗尔斯：《政治自由主义》，万俊人译，译林出版社，2000，第 7 页。

人的自由权利。

（三）平等是共产主义的基础

卢梭在《论人类不平等的起源》中使用了一个有趣的例子："从一个人发现拥有两份食物的好处时，平等就不存在了，私有制就产生了。"① 卢梭揭示了私有制是不平等的根源，他的应对策略是建立社会契约，以契约维护人们的平等权利。在实际的经济活动中，等价交换原则被认为是实现平等的黄金法则。马克思对此分析指出："劳动力占有者和货币占有者在市场上相遇，彼此作为身份平等的商品占有者发生关系，所不同的只是一个是买者，一个是卖者，因此双方是在法律上平等的人。这种关系要保持下去，劳动力所有者就必须始终把劳动力只出卖一定时间，因为他要是把劳动力一下子全部卖光，他就出卖了自己，就从自由人转化为奴隶，从商品占有者转化为商品。他作为人，必须总是把自己的劳动力当作自己的财产，从而当作自己的商品。"② 资本主义法权条件下的平等关系实际上保持和维护的是资本家的利益，受资本增殖逻辑控制，成为所有劳动者的禁锢。交换过程中的不平等，直接导致劳动者的不自由，也就是劳动异化。劳动者的劳动成果被无情地剥夺，劳动者被活活地控制在资本之中。

马克思对资产阶级的经济学理论——国民经济学进行了"地基"清理，即对当作合理性前提的利润进行批判。"国民经济学从私有财产的事实出发。它没有给我们说明这个事实。……当它确定工资和资本利润之间的关系时，它把资本家的利益当作最终原因；就是说，它把应当加以阐明的东西当作前提。"③ 把资本家的利润当作合理性的前提，接下来做的工作就是论证如何获得利润，争取利润最大化，也就是剩余价值最大化。这便是国民经济学的理论逻辑。他们把利润当作合理性前提，劳动只能是抽象劳动，犹太精神支配下的行业竞争和垄断都披上合理性外衣，工人的悲惨遭遇成为"自作自受"，并且据此展开循环论证，"国民经济学按其本质来说是发财致富的科学。因此，没有私有财产的政治经济学

① 〔法〕卢梭：《论人类不平等的起源》，高修娟译，上海三联书店，2014，第91页。
② 马克思：《资本论》第1卷，人民出版社，2004，第195页。
③ 《马克思恩格斯全集》第3卷，人民出版社，2002，第266页。

是不存在的。这样，整个国民经济学便建立在一个没有必然性的事实的基础上"。① 由于资本的噬利本性，劳动者根本不可能获得平等的地位，所谓等价交换就是以承认和追逐利润为前提的交换。因为没有实质性的平等，劳动者的自由只是选择被哪个资本家剥削的自由。

马克思在《1844 年经济学哲学手稿》中指出："平等，作为共产主义的基础，是共产主义的政治的论据。"② 作为社会主义核心价值观的平等，从根本上说，是立足于并且归旨于共产主义的价值理想。共产主义的基本前提是废除私有制、超越资本，建立以公有制为基础的"劳动者的个人所有制"。当社会生产力高度发达时，资本主义私有制就不再适应生产力发展的需求，必然建立以公有制为主导的社会制度来适应生产力的发展，所以资本主义越发达，离共产主义就越近。这既符合人的内在性需要，又符合社会发展的客观要求。实质平等对形式平等的超越，奠定了真实自由的基础，这也是社会主义核心价值对资本主义价值理念的内在超越。

三　公正是社会主义的内在要求

公正是公平正义的简称。习近平总书记针对促进社会公平正义做出了一系列重要论述，涵盖发展、改革、制度、司法等多个领域。他指出："我们推进改革的根本目的，是要让国家变得更加富强、让社会变得更加公平正义、让人民生活得更加美好。"③ 促进社会公平正义、增进人民福祉是全面深化改革、社会主义现代化建设的出发点和落脚点。维护和促进社会公平正义是社会主义的本质要求。

就"公正"概念而言，在很多情况下，它往往等同于公平或者正义。"公正"和"平等"也常常容易让人混淆。为了最简洁地厘清两者的差别，我们援引罗尔斯《政治自由主义》中的一小段话："每一个人对平等的基本权利和基本自由之完全充分的图式都有一种平等的要求。该图式与所有人同样的图式相容；在这一图式中，平等的政治自由

---

① 《马克思恩格斯全集》第 3 卷，人民出版社，2002，第 670 页。
② 《马克思恩格斯全集》第 3 卷，人民出版社，2002，第 347 页。
③ 《国家主席习近平发表二〇一四年新年贺词》，《人民日报》2014 年 1 月 1 日。

能——且只有这些自由才能——使其公平价值得到保证。"① 这里至少表达了三层含义：（1）"对平等的基本权利和基本自由"（即普遍的正义）要求平等；（2）在平等的基础上才能有自由；（3）"平等的政治自由"的实现才能体现社会的"公平（公平正义）价值"。我们换用罗尔斯的"优先性"概念则可以表述为：（1）从终极理想价值来说，自由的优先性是肯定的；（2）从前提性和基础性来说，平等的优先性是肯定的；（3）从社会整体价值来说，公正的优先性是肯定的。也就是说，自由侧重于社会整体性条件下的个体性维度；公正（公平正义）侧重于社会整体性维度；平等侧重于社会整体性和个体性的前提性维度。以平等为基础实现人的基本权利和自由的社会，是公平正义的社会。

（一）机会公平

机会意味着面向未来的可能性，机会公平意味着平等地面向未来的可能性，是对未来的希望和自由。所谓机会公平，是指社会成员在解决如何拥有作为一种资源的机会问题时应遵循这样的原则，即平等的应当予以平等的对待，不平等的应当予以不平等的对待。一定社会条件下的每一个人，无论在性别、种族、民族、社会阶层、身体条件等方面存在何种差异，都有获得同等发展机会的权利。援引罗尔斯的"机会的公平平等原则"，"依系于在机会平等的条件下职位和地位向所有人开放"。"在社会的所有部分，对每个具有相似动机和禀赋的人来说，都应当有大致平等的教育和成就前景。那些具有同样能力和志向的人的期望，不应当受到他们的社会出身的影响。"② 在社会的经济、政治、文化等活动当中，每个人都有机会，每个人的机会都是同等的。不因出生卑微而人为地减少机会，不因出生高贵而人为地增加机会。这是对"人人生而自由平等"的最好诠释。

机会公平不仅是起点公平，而且是程序公平。法律面前人人平等，规则面前一视同仁。"在纯粹程序正义中，不存在对正当结果的独立标准，而是存在一种正确的或公平的程序，这种程序若被人们恰当地遵

---

① 〔美〕罗尔斯：《政治自由主义》，万俊人译，译林出版社，2000，第 5 页。
② 〔美〕罗尔斯：《正义论》，何怀宏等译，中国社会科学出版社，1988，第 73 页。

守，其结果也会是正确的或公平的，无论它们可能会是一些什么样的结果。"① 正如一场跑步比赛，每个运动员不仅要起跑平等，而且在跑步过程中要遵守相同的规则，当然对于比赛结果，无论谁输谁赢都是公平的。机会平等并不意味着结果平等。因为结果是多方因素综合起效来产生的。强行制造结果平等反而违背和破坏机会平等。

在强调机会平等的同时，我们不能无视差异。吴忠民把差异概括为"个人的天赋条件、家庭、受教育状况、职业因素、运气、个人的选择及偏好等等"。② 通俗地说，我们享有平等的机会，但是把握机会还得靠自己。这些差异既包括先天的，也包括后天的。在哈耶克看来，往往先天的差异对结果起决定性作用。我们不能低估人与人之间的先天差异，"把'人皆生而平等'说成一种事实是不真实的。……从人是不相同的这一事实出发，得出的结论是：如果平等地对待他们，结果必定造成他们实际地位的不平等"。③ 先天禀赋的差异和后天努力的程度都会影响最终的结果。人人平等是法律和道德上的，事实上必然存在差异。用法律的公平去抹杀事实的不公平必然造成新的不公平。那么，对于这种事实上的不公平，我们是否无能为力？是否可以有所作为？

一方面现实中绝对公平是不存在的，另一方面不公平也是具体的。机会公平还应该有一种调节机制，大体上等同于罗尔斯的"有利于最不利者"的差别原则。国家和政府一方面要营造和维护机会公平的氛围，另一方面要对机会公平进行适当调节，使最不利者有所获益。当然这种差别原则也饱受争议。如何区分最不利者？罗尔斯认为应该根据基本善分享的份额来识别谁是最不利者。这显然会陷入无穷无尽的抽象判断。我们认为，首先，对"最不利者"的差别原则，基于人的善良意志。对于所有的人来说，善良是共同的先决条件。其次，国家和政府的调节是可控的、可预期的。政府是协调公共利益的机构，差别原则也要量入为出，要根据经济社会的现实状况来做出科学、合理的规划。显然国家和政府只拥有慈善心是不够的，还必须具备促进经济社会发展的能力和平衡各方事务的能力。最后，"最不利者"的标准是可以量化的。譬如，对残

---

① 〔美〕罗尔斯：《正义论》，何怀宏等译，中国社会科学出版社，1988，第86页。
② 吴忠民：《论机会平等》，《江海学刊》2001年第1期。
③ 〔英〕哈耶克：《自由宪章》，杨玉生等译，中国社会科学出版社，1999，第127页。

疾人、低收入者，有明确的标准，而且是可透明化的，才能把"有利于最不利者"的差别原则实施好。关于机会公平的调节机制，和其他一切社会公平的调节机制一样，基于相同的差别原则，在下面的分配正义中亦有体现。

（二）分配正义

马克思告诉我们，只有实现共产主义才能实现彻底的分配正义，"各尽所能、按需分配"。在共产主义的低级阶段，"按劳分配"，"虽然有这种进步，但这个平等的权利总还是被限制在一个资产阶级的框框里。生产者的权利是同他们提供的劳动成比例的；平等就在于以同一尺度——劳动——来计量。……这种平等的权利，对不同等的劳动来说是不平等的权利"。[①] 在现代社会条件下，我们讨论分配正义问题主要是基于罗尔斯的差别原则来寻找一种社会正义的调节机制。在资本主导的生产运营模式下，适当提高劳动者的劳动报酬（例如划定最低工资标准）是改善分配平等的重要方式。然而市场经济是一个自我运行和自我增长的自主体系，"正义对效率和福利的优先"在实际的经济活动中不容易得到足够的体现。换言之，罗尔斯的差别原则在现实中难以克服效率原则。

为了更好实现分配正义，国家和政府应该发挥宏观调控职能，对社会财富进行初次分配、二次分配和多次分配。通过国民收入的再分配，不直接参与物质生产的社会成员或集团，从参与初次分配的社会成员或集团那里获得收入，将其一部分财政收入（税收）单方面无偿地让渡而发生的支出。完善税收和财政支出制度，健全社会保障制度，保持社会稳定，维护社会公平正义。

关于分配正义，社会主义对资本主义的制度优势表现非常明显。皮凯蒂在《21世纪资本论》中系统梳理了发达资本主义国家的个人财富演变的不平等历史，对资本主义社会收入不平等、两极分化开出的"药方"是累进税制，这属于老生常谈。最近他又开出"新药方"：（1）以企业"劳资共管"为基础，建立一种社会性的、临时性的所有制，超越私有制；（2）"加强版"的累进财产税制，譬如巨富税；（3）教育公平。

[①] 《马克思恩格斯选集》第3卷，人民出版社，2012，第364页。

从新、旧两个"药方"看，皮凯蒂似乎认识到资本主义贫富分化的原因是生产性矛盾，而不是分配性矛盾。不过有待澄清的是，皮凯蒂提出的"必须要超越资本主义"，所谓"超越"只是为了强调讨论替代系统的必要性；关于是否终结私有制，他明确表示"并不是"，所探讨的重点是"多种可能的财产所有制度共存"，公有制也是一种必不可少的工具。西方左翼思想看似"激进"，实则"折中主义""调和主义"。只有公有制经济和公有资本，从生产这一根本性环节入手，而不是局限于分配环节，才能克服资本的"利己主义"，为大多数人谋利。譬如，2017年11月，国务院决定划转部分国有企业的国有股权的10%，用以弥补企业职工基本养老保险基金缺口。划转的国有资本，不是简单的变现，而是按照市场经济规律运行，获取更多收益，实现国有资本保值增值，增强社保可持续发展能力，保障和提高人民群众的民生福利。中国特色社会主义坚持以人民为中心的价值立场，以公有制经济和公有资本为强有力抓手，发挥出强大的制度优势。

机会公平和分配正义作为维护社会公正的两项基本原则，前者着力于起点和过程的平等，后者着力于结果的平等，一起致力于打造事前、事中、事后的全程公正。当然，正如前文反复谈过的，任何绝对化的价值理念都不可能完全现实化。因此，无论机会公平还是分配正义，在现代社会都是相对的、具体的，公正就是改变社会不公正的存在方式；并且更关键的是，无论机会公平还是分配正义，都必然以一定的社会制度为前提，这也正是下面要讨论的主题。

（三）社会公正彰显社会主义本质

邓小平指出："社会主义的目的就是要全国人民共同富裕，不是两极分化。"① 接着他告诫道："如果我们的政策导致两极分化，我们就失败了；如果产生了什么新的资产阶级，那我们就真是走了邪路了。"② 对于在现阶段如何实现共同富裕、防止两极分化，他提出："我们提倡一部分地区先富裕起来，是为了激励和带动其他地区也富裕起来，并且使先富

---

① 《邓小平文选》第3卷，人民出版社，1993，第110～111页。
② 《邓小平文选》第3卷，人民出版社，1993，第111页。

裕起来的地区帮助落后的地区更好地发展。提倡人民中有一部分人先富裕起来，也是同样的道理。对一部分先富裕起来的个人，也要有一些限制，例如，征收所得税。还有，提倡有的人富裕起来以后，自愿拿出钱来办教育、修路。当然，决不能搞摊派，现在也不宜过多宣传这样的例子，但是应该鼓励。"① 先富带动后富，逐步实现共同富裕是总策略，对先富采取必要的调控措施是防止两极分化的必要手段。最后，邓小平总结道："一个公有制占主体，一个共同富裕，这是我们所必须坚持的社会主义的根本原则。"② "公有制占主体"才能掌握实现社会公平正义的"总阀门"；"共同富裕"是社会公平正义的愿景目标。不搞两极分化，维护社会公平正义，努力实现共同富裕，这是社会主义的本质要求。

社会主义同资本主义的区别，除了要比资本主义更快发展生产力外，还要消灭剥削，消除社会不平等和不公正，实现共同富裕，使广大人民在政治、经济、文化、社会等方面享有平等的权利，逐步实现人与社会的自由全面发展。如果说，资本主义是"损不足以奉有余"，那么，社会主义则倾向于"损有余以补不足"。如果说，资本主义更关注自由竞争和效率，那么，社会主义则更强调公正和平等，它承诺要创造切实的经济和政治条件，使社会变得更加公正、合理，让全体人民享有更加平等的政治、经济和文化权利。

当前，我国改革和发展已经进入深水区、关键期。随着市场经济的发展，社会结构的变迁，利益关系的多元化，社会公正问题日益突出。经济社会发展不平衡，贫富差距、地区差距、城乡差距过大，成为当今影响改革、发展、稳定的首要问题，也是关系到广大人民群众根本利益的焦点问题。在调节社会各方面的不同利益和矛盾时，只有遵循社会公正原则，使绝大多数社会成员受益，才能有效地整合各种社会资源和力量，促进全社会的团结协作。

实现社会公正，不可避免地要妥善处理与效率的关系。效率是实现公正、推动公正发展的基本条件。在一定程度上，效率决定公正，效率的水平决定公正的可能性程度。而效率的提高与生产力的发展成正比，

① 《邓小平文选》第 3 卷，人民出版社，1993，第 111 页。
② 《邓小平文选》第 3 卷，人民出版社，1993，第 111 页。

没有效率，经济不发展，充其量只能实现低水平的有限的公正。同时，效率又依赖于公正，缺乏基本的公正，人们的收入差距难免越拉越大，就会出现贫富悬殊、两极分化，就难以解决不断涌现的社会矛盾，难以最大限度地调动人们的积极性，从而也就难以提高效率。追求公正与效率的统一，是社会主义的内在要求。"解放生产力，发展生产力"需要效率；"消灭剥削，消除两极分化，最终达到共同富裕"离不开公正。因此，维护和实现社会公正，必须处理好公正与效率的关系，既避免社会差距过大，又防止平均主义倾向。

实现和维护社会公正，必须建立健全社会制度。要通过政治体制改革，建立健全权力的运作、监督、制衡，保证基本制度正义，防止权力的滥用侵犯社会成员权利。要理顺各种利益关系，建立合理的分配制度，把社会成员的收入差距控制在合适的范围内，避免因收入差距的过分扩大而导致两极分化。要营造公平正义的社会环境，保证全体社会成员能够比较平等地享有教育、医疗、就业、福利、参与社会政治生活和接受法律保护等权利。特别是制度设计、权力运作应该给予全体社会成员以同等的关怀与尊重，保障全体社会成员有公正地、平等地参与政治决策和管理的权利、从事经济与文化等活动的权利；而不能由某个人、某些人、某些利益集团垄断政治权力，为所欲为，或享受特权。

作为社会主义核心价值的"公正"概念，彰显了社会主义的本质和目的。习近平总书记指出："全面深化改革必须以促进社会公平正义、增进人民福祉为出发点和落脚点。……如果不能给老百姓带来实实在在的利益，如果不能创造更加公平的社会环境，甚至导致更多不公平，改革就失去意义，也不可能持续。"接着他还指出："实现社会公平正义是由多种因素决定的，最主要的还是经济社会发展水平。"改革开放40多年来取得的巨大成就为保障社会公平正义奠定了越来越坚实的物质基础。但同时他也强调："这样讲，并不是说就等着经济发展起来了再解决社会公平正义问题。……'蛋糕'不断做大了，同时还要把'蛋糕'分好。"① 分好"蛋糕"的目的就是维护社会公正，增进人民福祉。

①　习近平：《切实把思想统一到党的十八届三中全会精神上来》，《求是》2014 年第 1 期。

坚持和践行"公正"价值理念，需要防止和反对两种思想倾向。其一，反对特权主义。公平正义是社会的分配原则，它和生产资料公有制一样，是驾驭和驯服资本的"利器"。它与特权思维水火不容。所谓"特权"，是指政治上、经济上在法律和制度之外的权利。它具体表现为"官本位"和"钱本位"两种类型。中国经历了两千多年的封建宗法等级社会，在传统文化中深深烙下了"官本位"思想。它除了表现为体制内的官僚思想、官僚作风，还表现为普通民众的奴性心理、为官是从。有些人看不见那些勤勤恳恳、一心为公的好榜样，只看见那些贪污腐败、以权谋私的坏典型。必须承认当前的制度建设还不完善，存在弊端，有不少人满口仁义道德却专门盯着弊端、纰漏，拼命"往里钻"。一方面批评潜规则，另一方面又希望自己被潜规则。"钱本位"认为一切都可以用钱来解决，钱可以换来一切。在这种特权思维作怪下，人的一切活动和行为都是为了钱，为了钱不择手段，把公平正义忘得一干二净。在财富和资本的追逐中，很多人放弃了思想和灵魂的底线，沦为金钱的奴隶。其二，反对平均主义。如果说特权主义主要集中在有权有势有钱或者努力想成为有权有势有钱的一批人当中，那么平均主义则主要集中在社会的中下层民众之中。马克思的劳动价值论告诉我们，每个人的社会分工不同，能力不同，创造的财富也不一样，因此每个人获得的劳动报酬也不相同。平均主义看似公平，实则不平等，会让老实人、勤勤恳恳的人、埋头苦干的人吃亏，会极大地削弱和打击民众的劳动积极性和生产创造力。平均主义既不公平，也谈不上正义。我们反对资本剥削，同样也反对毫无原则、粗暴的"劫富济贫"。马克思主义不是抽象的人道主义，马克思也不是抽象的人道主义者。"正是接触了现实生活中的物质利益问题，才推动了马克思和恩格斯转向对现实经济关系的研究，创立了唯物史观。也正是从唯物史观出发，马克思和恩格斯正确地说明了利益的本质、特点及其历史作用，阐释了追求利益是人类一切社会活动的动因。"① 利益对应的是人的需要，不能先入为主地对利益本身产生成见，认为"利益"就是"占便宜"。只有从现实的利益出发，从每个人的真实需要出发，人的理性才能真正战胜资本，才能为人类的解放和人

---

① 王伟光：《利益论》，中国社会科学出版社，2010，第23页。

的自由全面发展提供真实可靠的出路。

四　法治是现代国家治理的首要原则

法治是社会主义核心价值观的基本内容，而核心价值观承载着国家、民族的精神追求，体现着社会评判是非曲直的价值标准。因此，法治是中国特色社会主义的核心精神追求和价值标准，在实践当中是治国理政的基本方式。"法治"不能与"法制"混为一谈。法制是指一个国家的法及法律制度；法治则是指一个国家依法治理的系统和状态，涵盖经济、政治、社会、文化、生态等各个领域。建设中国特色社会主义法治体系、建设社会主义法治国家是坚持和发展中国特色社会主义的内在要求。中国特色社会主义法治坚持"党的领导、人民当家作主、依法治国"三者有机统一，为真正实现法治指明道路。

（一）法治的思想渊源

中国古代拥有丰富的法治思想并且特色鲜明，瞿同祖提出"中国法律儒家化"观点，认为"儒法之争主体上是礼治、法治之争"，从规范理论看，两者是"差别性行为规范和同一性行为规范之争"。① 以儒入法，儒法相生，构成了中国社会的制度规范。在汉语中，"法"的古体为"灋"。《说文解字》解释为："灋，刑也，平之如水，从水；廌，所以触不直者去之，从去。"这里的"平之如水"象征着"法"的公平、公正。"廌"是传说中一种能明辨是非的独角神兽，据说审判时被廌触者即败诉或有罪。这里的"廌"象征着"法"的"明断是非曲直"。《辞海》对"法治"有两种解释：一是指先秦时期法家的政治思想，主张以法为准则，统治人民，处理国事；二是指根据法律治理国家。值得注意的是，法有良法、恶法之分；在阶级社会，法律是有阶级性的。

回溯法治的历史流变，不难发现，秦始皇建立中国历史上第一个以中央集权为特征的统一专制王朝后，中国封建传统的政治格局和政治模式逐渐被确立起来。在指导思想上，秦代奉行的是法家的"法治""重

---

① 瞿同祖：《中国法律与中国社会》，商务印书馆，2010，第378页。

刑"等理论，法律制度非常严苛。商鞅曰："去奸之本莫深于严刑。"（《商君书·开塞》）韩非子曰："夫严刑重罚者，民之所恶也，而国之所以治也。"（《韩非子·奸劫弑臣》）法家认为，重罪轻罚是纵民为恶，姑息养奸；重罪重刑、轻罪轻刑看似公平，实则无益于国家治理，未能有效地止奸制恶；因此要轻罪重刑，杀一儆百，震慑民众，使之不敢以身试法。"故行刑重其轻者，轻者不生，则重者无从至矣，此谓治之于其治也。"（《商君书·说民》）法家主张"以刑去刑"，忍一时之痛，得长远之利。秦二世而亡，然法家在政治上仍然占据优势，所以汉代之初延续了秦代的法家思想，即"汉承秦制，萧何定律"（《晋书·刑法志》）。

法律儒家化真正的开端是汉武帝推行"罢黜百家，独尊儒术"，法家逐渐式微，儒家兴起，儒家思想被引入法律制度当中，逐步形成了德法合治的传统，其中，又以曹魏之后发展最为迅速。"曹魏而后每一新的朝代成立，必制定一套本朝的法律。法典的编制和修订落入儒臣之手，于是他们把握此机会，可以以大刀阔斧的方式为所欲为，有更多的机会尽量将儒家之精华——礼——杂糅在法律条文里，一直到法律全部为儒家思想所支配为止。"[1] 经魏、晋、南北朝，特别是北魏、北齐，到隋唐终于成就中国法律之正统。[2] 以《唐律疏议》的制定为标志，中国古代道德与法律的融合过程基本完成，儒家的基本主张被精巧地纳入成文法典当中。宋代以后，中国的法律制度在隋唐时期所确立的基本框架内，仍得到了进一步的发展，但由于封建专制的进一步加强，法律制度越来越成为封建统治阶级维护自身统治的工具。

从"法"的类别看，由于中国古代采取的是诸法合一、以"刑"为主的法律体系，因此"法"主要是指刑法，法治直接表现为"刑治"。从"法"的制定规则看，"有生法，有守法，有法于法。夫生法者君也，守法者臣也，法于法者民也"（《管子·任法》）。管子尽管也主张"君臣上下贵贱皆从法"，但是君臣地位本来就不对等，法自君出，君主创设法

---

① 瞿同祖：《中国法律与中国社会》，商务印书馆，2010，第384页。

② 陈寅恪认为："唐律因于开皇旧本，隋开皇定律又多因北齐，而北齐更承北魏太和、正始之旧，则其源流演变固了然可考而知者也。"曹魏以来，前一朝法律的儒家因素为后一朝所吸收，从魏律、齐律，到隋律、唐律，"内容愈积愈富而体系亦愈益精密"。（参见瞿同祖《中国法律与中国社会》，商务印书馆，2010，第398页）

律，臣和民都只有服从于法的义务，所以从实施效果看，法律变成维护君主权力、实行君主专制的手段和工具。这种法律的合法性依据是君权神授，君主的权力是神给的，具有无可置疑的天然的合法性和合理性。如周王被赋予"天子"，受命于天，统治天下的臣民；董仲舒发明"天意""天志"，天是最高的人格神，皇帝是天的儿子，君权神圣不可侵犯。法是"君"之法，而非"民"之法，个人的人格、尊严、权利在根本上不可能得到法律的有效保护。在君权至上，权大于法的思想观念和制度规范下，法律往往走向另一个极端，刑讯逼供、屈打成招，依靠神明、迷信裁决等。中国封建社会的法律制度及法治，是统治者维护封建统治的工具，实质上还是"人治"的一种补充。换句话说，古代法治观念与现代法治观念是存在本质区别的。邓小平曾深有感触地说："旧中国留给我们的，封建专制传统比较多，民主法制传统很少。"① 在社会主义法治国家的建设中，清除封建专制的思想残余，特别是愚昧落后的法治观念，依然是一项重要任务。

与中国一样，西方的法治思想也经历了一个漫长的历史演进过程。早期西方的法律并不是一种独立的社会规范，它往往与神话、宗教、道德融为一体。在荷马时代，法律"据说"是由神颁布的，人只有通过神的启示才能获知法律。独立的法治观念起源于古希腊文明，孕育于古希腊的城邦政治。城邦提供了开放的公共性空间，具有直接民主制、崇尚法律、城邦本位、理性主义精神等特征。人们通过参与公共性生活，认识到"法律和秩序是城邦的最大幸福"。与柏拉图的哲学王治国（"人治"）不同，亚里士多德提出并阐述了具有现代意义的"法治"。他在实证分析古希腊城邦制度的基础上，得出"法治优于人治"的结论。"若要求由法律来统治，即是说要求理智来统治；若要求由一个个人来统治，便无异于引狼入室。因为人类的情欲如同野兽，虽至圣大贤也会让强烈的情感引入歧途。惟法律拥有理智而免除情欲。"② 亚里士多德认为情欲和理智是人性的两面，要维护政治共同体（城邦）的利益，就必须以客观、公正的法律作为制度保障。人一旦脱离了法律的规范和约束，就会

① 《邓小平文选》第 2 卷，人民出版社，1994，第 332 页。
② 〔古希腊〕亚里士多德：《政治学》，吴寿彭译，商务印书馆，1983，第 199 页。

堕落成"最恶劣的动物",因此"公民们都应遵守一邦所定的生活规则,让个人行为有所约束,法律不应该被看作(和自由相对的)奴役,法律毋宁是拯救"。①

从亚里士多德的"法治"是"平等的自由人之治",到文艺复兴的人文主义,把人性从神性中解放出来,经历了中世纪的"折返"。其间,查士丁尼首次提出君权神授,把世俗君权和宗教神权结合起来,拜占庭帝国成为神权君主国家,法律成为神学的注脚。启蒙运动把资产阶级革命推向高潮,主张天赋人权,反对君权神授,倡导"自由、平等、博爱",演绎出以"自然正义原则"和"自然权利原则"为核心的法治精神,也演绎出以自由主义、理性主义、民主主义等为主要形态的法治理论体系。法律的权威不是来自神学或者宗教,而是来自社会契约和政治国家。然而,马克思在面对资产阶级国家时一针见血地指出,"只有对政治解放本身的批判"才是"当代的普遍问题"。②

"政治解放的限度一开始就表现在:即使人还没有真正摆脱某种限制,国家也可以摆脱这种限制,即使人还不是自由人,国家也可以成为自由国家。"③ 资产阶级国家建立在生产资料私有制基础上,实现的是市民社会成员(bourgeois,即资产阶级)的权利,而不是全体公民的权利。"资本成为决定性的力量,从而资本家,资产者成为社会上的第一阶级。"④ 资本主义法律体系,作为资产阶级国家上层建筑的组成部分,实质上体现和维护的是资产阶级利益,具有明显的阶级局限性。资本主义法治,尽管经过了很多"技术改良",譬如"法律权威""程序正义""商谈民主"等,仍旧掩盖不了"阶级统治和阶级压迫"的功能和特征,并非真正意义上的民主的法治。马克思曾尖锐地指出:"法官只能够丝毫不苟地表达法律的自私自利,只能够无条件地执行它。在这种情形下,公正是判决的形式,但不是它的内容。内容早被法律所规定。"⑤ 资产阶级消灭了封建的贵族和行会师傅,通过代议制的形式宣告自己是"政治上的

---

① 〔古希腊〕亚里士多德:《政治学》,吴寿彭译,商务印书馆,1983,第276页。
② 《马克思恩格斯全集》第3卷,人民出版社,2002,第167页。
③ 《马克思恩格斯全集》第3卷,人民出版社,2002,第170页。
④ 《马克思恩格斯选集》第1卷,人民出版社,2012,第300页。
⑤ 《马克思恩格斯全集》第1卷,人民出版社,1956,第178页。

第一阶级"。所以恩格斯说："代议制是以资产阶级的在法律面前平等和法律承认自由竞争为基础的。"①《共产党宣言》也指出："现代的国家政权不过是管理整个资产阶级的共同事务的委员会罢了。"② 回到"当代的普遍问题",是市民社会决定国家,而不是国家决定市民社会。在资本主义私有制和"资本逻辑"的作用下,资本主义法治维护的只是"政治解放"的成果,而不是"人的解放"。资本主义法治的弊端由资产阶级本性决定,在资本主义条件下无法改变。

（二）中国特色社会主义"法治"

作为观念的"法治"在文献中并不陌生,"大多数的观念,至少其萌芽,在关于国家的古代观念中都可以找到","当一个人找到了某个观念在历史文献上的起源的时候,并不意味着他就发现了这一观念的实际意义的记录"。③ 从奴隶制、封建制,到资本主义制度,再到社会主义制度,人类社会发生了历史性变化和飞跃,对"法治"的准确把握"必须通过制度本身的个别的历史形式"。尽管"法治"概念与英文"the rule of law"相对应,然而它的具体内涵必须放在中国特色社会主义的语境中考察。

第一,"法治"是社会主义民主政治的必然要求。民主的本义是多数人的统治,邓小平曾指出："什么是中国人民今天所需要的民主呢？中国人民今天所需要的民主,只能是社会主义民主或称人民民主,而不是资产阶级的个人主义的民主。"④ 社会主义民主不是某些人或某一统治集团的民主,而是全体人民的民主,"找到全社会意愿和要求的最大公约数,是人民民主的真谛"。⑤ 人民当家作主是社会主义民主政治的出发点和落脚点,也是中国特色社会主义政治制度先进性和优越性的根本体现。为了保障和维护人民当家作主的权利,必须坚持党的领导、人民当家作主、依法治国三者统一。

---

① 《马克思恩格斯选集》第 1 卷,人民出版社,2012,第 300 页。
② 《马克思恩格斯选集》第 1 卷,人民出版社,2012,第 402 页。
③ 〔德〕耶里内克：《〈人权与公民权利宣言〉：现代宪法史论》,李锦辉译,商务印书馆,2012,第 26 页。
④ 《邓小平文选》第 2 卷,人民出版社,1994,第 175 页。
⑤ 《习近平谈治国理政》第二卷,外文出版社,2017,第 292 页。

"法治兴则国家兴，法治衰则国家乱。"完善的法律体系、完备的法治能力对一个国家的治乱兴衰起到重要作用。"依法治国"和"法治"的"法"，不能简单地做望文生义的理解。中国特色社会主义"法治"的根本属性是人民性，是人民利益至上的法，不是封建君主至上的法，不是资本家、资产阶级至上的法。法律的权威需要强有力的国家机器做后盾，但从根本处讲，源自人民的内心拥护和真诚信仰。"某些法律和制度，不管它们如何有效率和有条理，只要它们不公正，就必须加以改造或废除。"① 是否坚持人民群众的根本利益，是否保障社会的公平正义，这是法律体系能否得到人民认可的关键所在。我国是工人阶级领导的、以工农联盟为基础的人民民主专政的社会主义国家，坚持人民代表大会制度，人民依照法律规定，通过各种途径和形式，管理国家事务，管理经济和文化事业，管理社会事务。人民群众是依法治国和法治的最广大主体。民心是最大的政治，牢牢依靠法治，切实维护好人民当家作主的各项权利。

第二，依法治国与从严治党相结合，是执政党建设的内在要求。与其说"法治"是要求所有人守法，毋宁说是要求对权力的控制和约束。现代政治以政党的形式展开。"国家犹如一部政治机器，政党就是这部机器的发动机，民为邦本，国无民不立；党为民魂，民无党不活。国家赖有党的动力，运作不已，发展不息；人民依附党的活力奋发有为，以尽国民的职责。"② 政党是人民行使民主权利、参与政治活动的有效手段，它不仅是实现民主的基本前提，更是人民参政议政的重要渠道。

在政党政治当中，执政党是最重要的主体。一方面，执政党的各项活动必须纳入法律的轨道，即使党组织的内部规章制度亦不能与法律相抵触；另一方面，执政党的特殊地位决定党内纪律、规章制度比法律更加严格。中国共产党，作为长期执政的世界第一大执政党，始终坚持党要管党、从严治党，不断要求自我净化、自我革命。党的十八大以来，中共中央出台一系列规章制度，如"八项规定""六项禁令"等，坚决反对"四风"；加强对权力运行的制约和监督，"把权力关进制度的笼子

① 〔美〕罗尔斯：《正义论》，何怀宏等译，中国社会科学出版社，1988，第3页。
② 周淑真：《政党和政党制度比较研究》，人民出版社，2001，第2页。

里"；始终保持惩治腐败的高压态势，不论权力大小、职位高低，只要违反党纪国法，严惩不贷。这些重要举措取得良好效果，赢得人民群众衷心赞誉。党的十九届四中全会提出："坚持和完善党的领导制度体系，提高党科学执政、民主执政、依法执政水平。"① 中国共产党必须严格要求自己，把法治精神完全融入执政党建设，依法治国与依规治党有机统一，全面从严治党，永葆党的先进性和纯洁性。

第三，"法治"是国家治理体系和治理能力现代化的客观需要。国家治理涉及经济、政治、文化、社会民生、生态文明、国防外交等各个方面，都离不开法律体系的支撑。法律是"治国理政最大最重要的规矩"，具有"公开、公正、明确、稳定"的特性，这使得法治具有"公利性、稳定性和可预期性"，能够为国家长治久安、社会和谐稳定提供可靠保障。推进国家治理体系和治理能力现代化，必须走中国特色社会主义法治道路，坚持法治国家、法治政府、法治社会一体建设。

在社会主义市场经济当中，既要发挥市场在资源配置中的决定性作用，又要更好发挥政府作用。如何协调市场和政府的关系？政府如何简政放权？市场主体的活动，市场秩序的维护，国家对市场的调控，都离不开法律的规范、引导、制约和保障。实现有效市场与有为政府的统一，必须以法治为基础。作为全面深化改革的重要内容，国务院取消和下放多项行政审批事项，让市场"法无禁止即可为"，让政府"法无授权不可为"，极大激发了各种市场主体的活力，极大地推动了政府的公共服务能力现代化。在社会民生建设中，满足人民日益增长的美好生活需要，使改革发展成果更多更公平惠及全体人民，这需要法律作为一种社会规范参与和贯穿社会关系调整、社会利益平衡、社会冲突化解的全过程。国家治理，从中央到地方，从城市到乡村，都需要健全的法律体系和有效的法治方式来托起每一个社会"网格"，有法可依，执法必严，司法公正，违法必惩，共同维护社会的良好秩序和人民的合法权利。

第四，"法治"为社会主义所倡导的"民主、自由、平等、公正"提供可靠的制度基础。作为现代政治文明的重要标志，"法治"取"人治"而代之，不仅将民众从专制统治下解放出来，而且在政治上实现人

---

① 《中国共产党第十九届中央委员会第四次全体会议公报》，人民出版社，2019，第 8 页。

人平等，推进自由、民主和公正的价值实现。法治不仅意味着庞大的法律体系、完备的法律程序、专门的法律技术，而且意味着一种具有价值规范的生活方式，凝聚着人们对自由、民主、公正等价值问题的思考，表达着人们对秩序和正义的渴求。社会主义核心价值观是一个整体，社会层面的"自由、平等、公正、法治"相互联系，互为前提。法治为实现这些核心价值提供了稳定性基础，因而它本身也成为一种不可或缺的价值理念。

马克思指出，"只有当法律是人民意志的自觉表现，因而是同人民的意志一起产生并由人民的意志所创立的时候，才会有确实的把握"①，同时法律又是由具体的社会生产关系结构性地决定的，因此，只有在社会主义、共产主义条件下，法律才能成为人民的自由自觉的意志的体现。那么，人民的主体性如何不仅反映在法律制度的条文里，还能体现在法律实践当中？与以往的"统治"或"管理"不同，法治的"治理"主体不再局限于权力机关，不再是单纯的自上而下"支配－被支配"关系，社会组织、企业单位、公民个人等多元主体通过各种方式参与依法治国。关于法律和各项民主权利的关系，以自由为例，马克思认为："法律不是压制自由的措施，正如重力定律不是阻止运动的措施一样。……恰恰相反，法律是肯定的、明确的、普遍的规范，在这些规范中自由获得了一种与个人无关的、理论的、不取决于个别人的任性的存在。"② 他一方面批判了资产阶级的法律及其虚假自由，另一方面指出真正的法律应该以确保人的自由权利为内容。马克思所指的"法律"和"自由"在资产阶级国家是永远实现不了的。这也构成了社会主义对资本主义在价值观领域的内在超越。

第五，"法治"是科学思维能力的重要内容。马克思主义是科学的世界观方法论，面对复杂的国内外环境，要学会运用科学的思维方法和能力应对风险，解决问题。法治思维能力是六大思维能力之一，在深化改革、推动发展、化解矛盾、维护稳定等方面发挥重要作用。"法治思维能力，就是增强尊法学法守法用法意识，善于运用法治方式治国理政的

---

① 《马克思恩格斯全集》第 1 卷，人民出版社，1995，第 349 页。
② 《马克思恩格斯全集》第 1 卷，人民出版社，1995，第 176 页。

能力。"① 灵活运用法治思维，"办事依法、遇事找法、解决问题用法、化解矛盾靠法"，提高党的执政能力、政府公共服务能力、社会自我管理能力以及个人的法治意识。广大人民群众学会用法律武器保护自己，向侵害自己合法权益的对象讨还公道，主动遵守法律规范，自觉维护法治权威。

中国特色社会主义"法治"是一个聚合性概念。在思维领域，它表现为法治思维和法治意识；在价值领域，它是核心价值观的基本内容；在实践领域，它集中体现为依法治国，是治国理政的基本方式；在经济建设领域，它表现为法治经济；在政治建设领域，它表现为民主法治；在社会民生领域，它表现为法治社会；在生态建设领域，它表现为依法保护自然，道法自然；在党的建设领域，它表现为依法执政，从严治党；在治理体系和治理能力领域，它表现为法律体系和法治能力。"法治"是坚持和发展中国特色社会主义的重要保障。

（三）法治建设中的问题及解决路径

党的十八大以来，以习近平同志为核心的党中央全面推进依法治国，以高瞻远瞩的战略眼光和宏阔视野，将法治摆在党和国家工作全局的关键位置来谋划，吹响了建设社会主义现代化法治强国的进军号角。中国共产党创造性地将党内法规纳入法治全局，坚持依法治国和依规治党相统一，以制度来管党治党，全面从严治党；将法治中国建设分解为法治国家、法治政府和法治社会建设，实现三者的统筹规划、整体推进和协调发展；坚持统筹国内法治和国际法治两个大局；从树立法治观念和保障法治实施两个方面营造良好法治环境……依法治国体制机制不断健全，全面依法治国的决策部署落地生根、开花结果，取得了前所未有的成就，开辟了全面依法治国的理论和实践新境界，为建设法治中国奠定了坚实基础。但是，中国的法治建设目前仍然存在诸多问题亟待解决。

首先，权力"扩张性"的问题需要通过建设法治政府来解决。"无论一个政府因何而设，在它的管辖范围内，如果有人不受法律约束，那

---

① 《习近平新时代中国特色社会主义思想学习纲要》，学习出版社、人民出版社，2019，第 246 页。

么其他所有人必然会受这个人的任意支配。"① 在某种意义上，权力和法律是一对矛盾。权力具有天然的扩张性，想要突破法律的限制和约束；权力一旦不受法律的约束，"刑不上大夫"或者"监守自盗"，政府就变成恶的政府，国家就变成恶的国家。卢梭总结了以私有制为基础的不平等的三个阶段："第一阶段的不平等是法律和所有权的建立，第二阶段的不平等是官员制度的设立，而法制权威向专制权威的转变则是第三阶段，也是最后一个阶段的不平等。"并且他还指出，"第一阶段认可的不平等是富与穷，第二阶段是强与弱，第三阶段是奴隶和主人"。② 卢梭刻画了一条从资本到权力到专制的演变之路。虽然社会主义在经济基础上能够驾驭资本、遏制资本的逻辑，但是权力的逻辑（强与弱）、法制权威到专制权威（奴隶和主人），是值得警惕的。权力一旦滥用，受苦受难的是老百姓；民心一旦丢失，动摇的是党的执政根基。

法治的目的是保障人民群众的合法权利，这必然要求对权力形成一种制约，使之在法律的范围内规范运用。建设法治政府，一是需要培育权力运行的法治意识，提高权力行使者的法治观念，摒除封建传统的人治观念和特权思想，真正把法治精神内化于心、外化于行。二是建立政府权力清单制度，依法公开权力运行流程。政府及其部门行使的公权力到底有哪些，每个部门每个岗位的职责和权限是什么，相关的法律依据、具体的办事流程是怎样的……这些内容与人民群众的生产生活息息相关。只有摸清"家底"，划清"界限"，时刻接受人民群众监督，才能消除权力设租寻租空间。三是建立结构合理、程序严密、运行科学、制约有效的法治化的权力运行和权力制约机制，从根本上解决权力无限扩张滥用问题。人们常说，有多大权力，就要承担多大责任；与之对应，滥用多少权力，就要受到多少惩罚。政府要职责明确、依法行政：一方面在职责范围内，依法行使行政权力，提高行政效能；另一方面超出职责范围，违法违规行使行政权力，必须受到惩罚，不能搞"稀里糊涂，蒙哄过关"，不能有"法外之地"，不能搞"法外开恩"，真正做到权为民所用。

其次，"法治意识淡薄""法律权威不足"的问题需要通过建设法治

---

① 〔法〕卢梭：《论人类不平等的起源》，高修娟译，上海三联书店，2014，第4页。
② 〔法〕卢梭：《论人类不平等的起源》，高修娟译，上海三联书店，2014，第115页。

社会来解决。中国特色社会主义"法治"，首先是一种现代文明的价值理念。从中国社会的历史变迁看，从封建主义到新民主主义，再到社会主义，经历的时间比较短。尽管国家形态和社会制度很先进，但是人们的思想观念还停留在过去，法治观念比较弱，人治观念比较强。毛泽东在《论人民民主专政》中说，"有了人民的国家，人民才有可能在全国范围内和全体规模上，用民主的方法，教育自己和改造自己"，"改造自己从旧社会得来的坏习惯和坏思想"。① 封建社会遗留下来的宗法观念、等级观念、人身依附、男尊女卑等"坏习惯""坏思想"根深蒂固，这需要不断加强民主教育和民主改造。邓小平指出，我们要肃清封建主义思想影响，譬如"社会关系中残存的宗法观念、等级观念；上下级关系和干群关系中在身份上的某些不平等现象；公民权利义务观念薄弱"等，拿宗法观念来说，"一人当官，鸡犬升天，一人倒霉，株连九族"，给国家和人民造成严重损失。② 另外，还存在立法体系不完善，立法质量不高，立法稳定性不强，法治观念普及不够等问题，一定程度上"尊法学法守法用法"未能扎根人心。

　　思想是行动的先导，不仅思想要趋向现实，而且现实也要趋向思想。建设法治社会，一方面要加强法律宣传和法治教育。"书读百遍，其义自见"，要在全社会营造学习法律的浓厚氛围。现代法律制度、法治观念与传统的伦理道德既有一致性也有差异性。譬如"亲亲"原则，具体到《论语·子路》所讲的"父为子隐，子为父隐，直在其中矣"，如果放在马克思所说的"人的依赖关系"社会中是可以理解的，然而这与现代法治观念格格不入，不被允许、不可接受。另外，现代法律制度体系庞大、内容丰富，仅就学习知识来说也是有一定"门槛"和难度的。所以要加大普法宣传和普法教育力度，只有学法懂法，才能守法用法。另一方面要增强民众对法治精神的认同和信仰，把法治观念转化为实践行为准则。习近平指出："法律的权威源自人民的内心拥护和真诚信仰。"③ 如果法律不能被认同和信仰，它就只是一种外在约束，不能升华为内在权威，也就不能转化为人民群众的行动自觉。法律必须被信仰，否则它将形同

---

① 《毛泽东选集》第 4 卷，人民出版社，1991，第 1476 页。
② 参见《邓小平文选》第 2 卷，人民出版社，1994，第 334～335 页。
③ 《中国共产党第十八届中央委员会第四次全体会议公报》，人民出版社，2014，第 11 页。

虚设。只有成为社会主义法治的忠实崇尚者，才能成为社会主义法治的自觉遵守者和坚定捍卫者。

最后，"司法不力"的问题需要通过完善司法管理体制和司法权力运行机制来解决。"公正是法治的生命线。司法公正对社会公正具有重要引领作用，司法不公对社会公正具有致命破坏作用。"① 司法机关承担着法治保障职能，是社会公正的最后守护者。隋唐时期，我国古代的司法制度基本成熟。对于重大案件，朝廷会启动大理寺、刑部和御史台三个司法机关共同审理，即"三司会审"。中国老百姓对司法机关心存敬畏，在认知当中自然地把法律、法治与司法等同起来，同时不到万不得已，不会对簿公堂，不会走司法途径。出于历史文化传统、社会交往方式、生活习俗习惯等原因，在我国的法治建设中，司法建设一直是比较薄弱的环节。

社会主义法治要求司法机关必须严格公正司法；司法公正是依法治国的重要标志。习近平指出："这些年来，群众对司法不公的意见比较集中，司法公信力不足很大程度上与司法体制和工作机制不合理有关。"② 完善司法管理体制和司法权力运行机制，一是要深化司法改革。这包括优化司法职权配置，完善司法责任机制，推动以审判为中心的诉讼制度改革，深化司法公开，加强人权司法保障，完善人民监督员制度等内容。要下决心走出"先独立"还是"先公正"的怪圈，一方面运用法治方式理顺司法的外部关系，另一方面调整司法执法的内部分工，确保法官检察官依法独立行使法定职权，独立履行法律职责。二是通过法治重构社会公正的机制。李林认为，要充分发挥法律的作用和法治的功能，重新建构社会公正的基本评判体系，实现实体内容上的分配正义和程序规则上的公平正义。③ 在发生矛盾纠纷等利益冲突时，人民群众能够通过司法程序解决问题。三是鼓励人民群众积极参与司法，建立阳光司法机制。人民司法为人民，每一个司法案件都关系到人民群众的利益。要完善人民陪审员制度，开放、动态、透明、便民地开展司法活动，让人民群众

---

① 《中国共产党第十八届中央委员会第四次全体会议公报》，人民出版社，2014，第10页。
② 《习近平谈治国理政》，外文出版社，2014，第82页。
③ 参见李林《全面推进依法治国 努力建设法治中国》，《北京联合大学学报》（人文社会科学版）2013年第3期。

在每一个司法案件中都感受到公平正义，从而提升司法公信力。

（四）建设社会主义法治国家

党的十八届四中全会提出："全面推进依法治国，总目标是建设中国特色社会主义法治体系，建设社会主义法治国家。"① 《晏子春秋·杂下之十》曰："橘生淮南则为橘，生于淮北则为枳。"习近平总书记形象比喻，"鞋子合不合脚，自己穿了才知道"。法治思维作为一种现代国家治理方式和原则，具有一定的普遍性，然而，这种普遍性不能抽象存在，必须蕴含在特殊性、具体性之中。建设具有中国特色的社会主义法治，就必须立足中国国情，面向中国现实，适应中国发展。中国特色社会主义法治坚持"党的领导、人民当家作主、依法治国"三者有机统一。

坚持党的领导和社会主义法治是内在一致的。"党的领导是中国特色社会主义最本质的特征，是社会主义法治最根本的保证。"② 无论是中国的革命、建设和改革，还是新时代中国特色社会主义事业蓬勃发展，都离不开中国共产党的坚强领导。党的领导是办好事业的关键，中国共产党是中国人民的"主心骨"。没有这一"主心骨"和根本保证，就会走向万劫不复的深渊。中国共产党没有自己的私利，只有完完全全的人民的利益。一方面我们要树立法律的权威，提高人民群众的法治意识，另一方面我们要懂得法治的运行、维护更需要有坚强的后盾。所谓"党大"还是"法大"是一个伪命题，是人为制造两者之间的对立和矛盾。社会主义法治离不开党的坚强领导，党的领导需要符合法治的内容和要求。把党的领导贯彻依法治国的全过程和各方面，是我国社会主义法治建设的一条基本经验。

中国共产党是人民的政党，始终代表人民群众的根本利益；中国共产党领导下的依法治国，目的是保证和实现人民群众的权利，确保人民当家作主。坚持党的领导和依法治国，其根本落脚点是为人民群众谋福利，更好地实现人民当家作主。如何把坚持党的领导和人民当家作主落到实处？答案是：依法治国。

---

① 《中国共产党第十八届中央委员会第四次全体会议公报》，人民出版社，2014，第5页。
② 《中国共产党第十八届中央委员会第四次全体会议公报》，人民出版社，2014，第6页。

　　法律是治国之重器，法治是国家治理体系和治理能力的重要依托。依法治国要求依据宪法法律治国理政，要求依据党内法规管党治党。"思维方式是人的认识定势和认识运行模式的总和。认识定势，是指认识活动开始前的一种认识态势，即主体先有的意识状态，如思维的功能结构，认识图式，认识的心灵状态，等等。认识运行模式，是指认识运行中的方法、逻辑、线路、公式，等等。"① 法治思维，就是基于对法律和法治的信仰和遵守，自觉运用法治理念、原则和逻辑来认识、分析和解决问题的思维方式。党的十八大以来，以习近平同志为核心的党中央从坚持和发展中国特色社会主义全局出发，从实现国家治理体系和治理能力现代化的高度提出了全面依法治国的重大战略部署。习近平总书记指出："各级领导机关和领导干部要提高运用法治思维和法治方式的能力，努力以法治凝聚改革共识、规范发展行为、促进矛盾化解、保障社会和谐。"② 在市场经济条件下，人们的思想观念多元多样多变，利益分歧和矛盾冲突相互交织，只有运用法治思维和法治方式才能有效处理各种矛盾，确保各种利益主体相互间的公平公正，维护人民群众合法权益。

　　建设法治中国是一个长期的、渐进的历史过程。以中国特色社会主义法治理念为依托，全面推进依法治国，通过法治国家、法治政府、法治社会一体化建设，向社会主义现代化法治强国迈进。

---

① 陈中立等：《思维方式与社会发展》，社会科学文献出版社，2001，第27页。
② 《习近平谈治国理政》，外文出版社，2014，第145页。

第四章　个人层面的价值准则解析

公民个人层面的核心价值观，一方面确立公民本分，另一方面提倡基本职业道德。"爱国"是任何国家公民的应尽义务，是中华民族优秀文明传统。以爱国主义为核心的民族精神也是社会主义核心价值体系的重要内容。"敬业"是个人最基本的职业道德。对所从事职业的热爱，也是对自己的尊重。爱岗敬业，干好本职工作，才能为国家、为社会、为家庭，也为自己创造好的未来。"诚信"是社会主义市场经济得以建立的基石。公平交易，等价交换，诚实守信，遵守诺言，这既是市场经济竞争主体必须遵循的基本准则，也是市场经济社会信用体系建设的核心内容。"友善"是公民个人的重要行为规范和价值准则，对建设社会主义和谐社会与生态文明都具有重要的现实意义。

一　爱国是中华民族精神的核心

爱国，是中华优秀传统文化的重要内涵。怀恨投江的屈原，北海牧羊的苏武，精忠报国的岳飞，虎门销烟的林则徐，被毛主席称为"生的伟大，死的光荣"的刘胡兰，"两弹一星"元勋钱学森，南海撞机殉国烈士王伟……这些杰出的爱国英雄和他们的优秀爱国事迹不胜枚举，是他们构筑起中华民族"压不垮，摧不毁"，坚强挺拔的精神脊梁。2015年12月30日，中央政治局就中华民族爱国主义精神的历史形成和发展进行第二十九次集体学习。习近平总书记指出："爱国主义是中华民族精神的核心。爱国主义精神深深植根于中华民族心中，是中华民族的精神基因，维系着华夏大地上各个民族的团结统一，激励着一代又一代中华儿女为祖国发展繁荣而不懈奋斗。"① 以爱国主义为核心的民族精神，以

---

① 习近平：《大力弘扬伟大爱国主义精神　为实现中国梦提供精神支柱》，《人民日报》2015年12月31日。

改革创新为核心的时代精神，是社会主义核心价值观的另一种表达，是实现中华民族伟大复兴中国梦的精神纽带和内在动力。

陈来在《论中华民族爱国主义的精神》中系统梳理了爱国主义在中华文明中的发展历程，从中揭示出作为中华文明核心价值的爱国主义精神的基本内涵。① （1）先秦时期。春秋战国时期，国家意识已经确立，孔子最早表达了对"祖国"的认知与感情，爱国主义意识由此产生。（2）汉至唐。随着统一中国的建立，人们对国家的理解不再局限于诸侯国，儒家维护统一的"大一统"思想奠定了以中国为对象的爱国主义的基础。中国古代仁人志士在国家多难时一心报国的深深忠诚是爱国主义精神的重要体现。（3）宋至清。这一阶段，一方面中华民族的民族意识、国家意识增强，另一方面多次面临民族压迫和战争，爱国主义精神逐渐成熟。爱国、报国、利国、忧国、为国都是中华文明爱国主义的关键词。（4）晚清至近代。这一阶段的爱国主义在面对西方列强的侵略和西方文明的冲击下发生了明显变化，"师夷长技以自强"，"救亡图存"，"中华民族"共同体意识显著增强，爱国主义成为全体中国人的自觉意识。爱国主义是中华文化的基本价值，也是中华文明历经磨难却生生不息的内在精神动力。

爱国主义表现出来的家国情怀、集体主义，使得中华优秀传统文化与社会主义先进文化呈现内在一致的特点。社会主义性质的价值观和价值理念，从来都是集体主义的；就每一公民而言，国家就是最大的集体。没有国，哪有家，哪有每个人赖以生存生活的家园。马克思说："人的本质不是单个人所固有的抽象物，在其现实性上，它是一切社会关系的总和。"② 社会性是人的固有属性，是现实的人的不自觉和无条件的前提；同时，人的社会性活动，必然促使"国家"的产生。国家消亡论是经典马克思主义国家学说的重要观点。然而，马克思和恩格斯预测的无产阶级的"联合的行动，至少是各文明国家的联合的行动"并没有如约而至，在推翻资产阶级国家和实现自由人的联合体之间人类还在不断经历各种历史。无产阶级革命在经济社会落后的殖民地半殖民地国家（例如

①　参见陈来《论中华民族爱国主义的精神》，《哲学研究》2019 年第 10 期。
②　《马克思恩格斯选集》第 1 卷，人民出版社，2012，第 135 页。

中国）取得胜利，建立起人民民主专政的社会主义国家。

热爱祖国是每一个中国人最朴素的道德情感。爱国就是对祖国忠诚和热爱。中华文明之所以连绵五千多年而未曾断裂过，一个非常重要的原因是我们一直流淌着爱国主义的血液。历朝历代，许多仁人志士都具有强烈的忧国忧民思想，以国事为己任，前赴后继，临危不屈，保卫国家、保卫人民，使中华民族历经劫难而不衰。东汉著名将领班超投笔从戎，抗击匈奴，在西域一待就是30多年，保卫国家、弘扬国威，不教胡马度阴山。顾炎武提出的"天下兴亡，匹夫有责"可谓妇孺皆知，他身体力行，把一生精力都献给了延续几十年的反抗清王朝的斗争。近代面对西方列强侵略，面对日本帝国主义侵略，中国人始终没有屈服，越战越勇，在民族危亡之际爆发出强大的凝聚力和战斗力，奋力争取民族独立和国家解放。新中国成立后，尽管我们一穷二白，但是在爱国主义精神的凝聚下，全国人民上下齐心，依靠自己的双手建立了完备的工业体系，克服重重困难，先后取得原子弹、氢弹等重大战略核武器的研制成功，使国家安全有了强有力的保障。改革开放以来，爱国主义的民族精神在经济社会建设中发挥重要作用。无论是在深圳特区的建设中，还是在大漠戈壁的卫星发射中；无论是香港、澳门回归，还是香港国安法颁布生效；无论是1998年长江抗洪抢险，还是2020年全国抗击新冠肺炎疫情；无论是在贵州贫困山区的扶贫车间，还是在上海张江高科技园区的实验室；无论是在北京奥运的赛场上，还是在亚丁湾的护航舰船上……五星红旗始终高高飘扬，爱国主义汇聚起中华民族伟大复兴的强大力量。

爱国主义反映了人民群众对祖国的深厚感情，是对中华文明深深的认同感、归属感和自豪感。爱国主义是中华民族的优良传统，是中华民族生生不息、自立于世界民族之林的强大精神动力。邓小平说过："中国人民有自己的民族自尊心和自豪感，以热爱祖国、贡献全部力量建设社会主义祖国为最大光荣，以损害社会主义祖国利益、尊严和荣誉为最大耻辱。"[1] 爱国与爱社会主义是统一的，都是为了实现中华民族和中国人民的根本利益。中华民族的爱国主义精神与"人类命运共同体"精神也

---

[1]　《邓小平文选》第3卷，人民出版社，1993，第3页。

是统一的。中国特色社会主义不会走"国强必霸"的西方老路，中华民族的爱国主义是和平的。面对现代性困境和危机，新时代中国在中国共产党的带领下，紧紧依靠中国人民团结奋斗，正在努力开辟一条人类新文明道路。

二　敬业是公民的职业素养

敬业是一种道德品质，也是一份责任操守。爱岗敬业，是对职业的热爱和尊重，忠于自己的职业和工作，全身心地投入其中，尽心尽力。老子曰："天下难事，必作于易；天下大事，必作于细。"（《老子·六十三章》）想要有所成功，就必须把手头上的事情做好，从简单的事情做起，从细微小事做起，并且忠于职守。"忠"是儒家思想的核心理念之一，指为人诚恳厚道，竭尽全力做好本职工作。"敬业"作为公民个人的职业素养，要的是"言有物，行有格"，勤勉工作，知行合一，脚踏实地，持之以恒。

（一）敬业是中华民族传统美德的体现

民族的发展与进步，离不开敬业精神。敬业精神深深根植于中华民族传统文化当中，是宝贵的传统美德。自古以来，中华民族都是一个兢兢业业、创新实践的民族。造纸术的发明，促进了文化传承，掀起了人类文字载体的革命。火药的出现，不仅提高了战斗力，同时也促进了生产力的发展。指南针的出现，促进了航海业的发展，加强了各国之间的沟通与交流。印刷术的出现，促进了文化的传播，推动了文明的进步。"业精于勤荒于嬉"，中华文明的创造方式是经验的，这更需要日积月累、持续不懈的敬业精神。没有对一项工作长期的专注和坚守，没有对一项发明创造持之以恒、反反复复的实验、实践，这些推动人类文明进步的成果是出不来的。不仅是中国古代四大发明，还有劳动人民在生产生活中创造出的各种发明，无一不是凝结了劳动人民的心血，是劳动者敬业精神的最好体现。敬业精神凝结在中华民族传统文化中，对我们产生潜移默化且持久深远的影响。

敬业精神体现在为政者身上，要求忠于职守，尽职尽责，济世爱民，廉洁奉公。春秋战国时期西门豹，一生清正廉洁，致力于水患治理，修建漳河十二渠，为百姓解决农业发展问题。唐朝徐有功，在上有武后犯上作乱、下有酷吏网罗无辜的时期仍旧能保持本心，直言上谏，严正执法。北宋包拯，整治贪官污吏，严于律己，刚正不阿。焦裕禄迎难而上，亲民爱民，为兰考县人民解决了内涝、风沙、盐碱灾害，"焦裕禄精神"作为宝贵的精神财富将代代流传。敬业精神反映在普通人身上，要求热爱工作，热爱集体，无私奉献。雷锋舍己为公，不图回报，"螺丝钉精神"影响了后来一代又一代的人。在人生的发展道路上，每个人都应该正确地定位自己，摆正好自己的位置，从自身的实际情况出发，将个人能力、实际工作和职业理想结合起来，处理好现实与理想的关系，积极进取，乐于奉献，努力做出不平凡的业绩来。

职业没有高低贵贱之分，每一种职业都有尊严，爱岗敬业就应该受到尊重。刘少奇在接见北京市清洁工人时传祥时说："你掏大粪是人民勤务员，我当主席也是人民勤务员，这只是革命分工不同。"① 要摈弃把职业分为三六九等的陈腐观念，形成职业平等的普遍信念，提升职业荣誉感和自豪感。如果没有农民的敬业精神，就没有五谷丰登，丰衣足食；如果没有工人的敬业精神，就没有现代工业文明成果，遇山开路、遇水架桥都离不开工人的辛勤付出；如果没有教师的敬业精神，就培养不出优秀的学生，民族的伟大事业就会因此受影响；如果没有医生的敬业精神，人民群众的生命健康就会失去保护；如果没有科研人员的敬业精神，科学进步、技术创新就是一句空话；如果没有军人、警察的敬业精神，国泰民安、安居乐业就没有保障……每一种职业都值得尊重，每一份工作都值得认真对待。这世界上没有天生的英雄，在平凡的岗位上刻苦钻研、锲而不舍，就能成为英雄。实际上，无论是抗洪精神、抗震救灾精神，还是奥运精神、载人航天精神，或是在抗击新冠肺炎疫情中各行各业展现的集中行动听指挥，忘我工作，特别是医务工作者救死扶伤，始终冲在一线，这背后都有一种最基本的精神动力——敬业精神作为支撑。敬业精神是中华民族永续发展的重要推动力，对敬业精神的弘扬也是新时代做好各项工作的内在要求。

----

① 《刘少奇年谱（1898—1969）》（下卷），中央文献出版社，1996，第466页。

（二）敬业是马克思主义劳动观的要求

在马克思看来，人之所以为人，能够与动物相区别，正是因为人能够制造和使用劳动工具，能够参与劳动。劳动是人的本质规定；劳动使人实现自由自觉的活动，使人获得全面发展。人们要消灭的是劳动的异化状态，从而实现劳动的自在自为状态，也就是人的解放。

在资本主义条件下，劳动者创造的价值被资本家无偿占有，"劳动 – 资本"和"工资 – 利润"的二元对立不可调和。劳动者被迫出卖自己的劳动力来换取购买生活资料的工资，以维持生计。在《资本论》中，马克思详细阐述了资本对工人的剥削机制。剩余价值率（m'）＝剩余价值（m）/可变资本（v）。资本为了榨取更多的剩余价值，就会不断压低工人的劳动力价值（工资），也就是说，剩余价值（m）不断提高，可变资本（v）不断降低，剩余价值率（m'）是不断上升的。剩余价值和可变资本的比率关系，也就是无报酬的剩余劳动与必要劳动的比率关系。剩余价值率直接反映剥削程度，也称为剥削率，可见剥削率是不断上升的，剥削程度是不断加重的。在资本的支配下，劳动成了谋生的手段。劳动者一旦觉察、认识到这一点，是难以具有真正的发自内心的敬业的。

社会主义从所有制形式这一经济基础出发，清除了劳动剥削的土壤。马克思指出，共产主义并不是要消灭个人的私有财产和在此意义上的财产权，而是要消灭利用私有财产去奴役他人的权力，即资本支配下的生产关系及社会关系。进行生产资料的社会主义公有制改造，就是为了消灭"奴役他人劳动的权力"的基础。社会主义的公有资本改变了以往的资本权力化和物化逻辑，剩余劳动成果由国家和社会占有、支配，为公共利益而存在。所以邓小平反复强调"公有制占主体"是坚持社会主义的两条"根本原则"之一。社会主义公有制消除了人剥削人的制度基础，劳动者能够各尽所能，按劳分配。劳动是人得以安身立命的根本。人在劳动的过程中，实现自己的能力和价值，为社会创造财富，这也是人类社会发展的物质基础来源。

马克思主义劳动观认为，劳动解放即人的解放，劳动成为人的生活乐趣。在社会主义初级阶段，由于生产力发展水平还比较有限，社会财富还没有充分涌流，按劳分配由客观条件决定，适应客观需要。分配方式与所有制形式相适应，资本、技术、管理、信息等多种要素参与分配。科学技术是第一生产力，鼓励科技要素参与初次分配，在再分配中提高对科研人员的支持力度。随着社会主义市场经济的发展，企业家群体快速崛起。他们具有双重身份，一是作为"资本的人格化"的"资本家"；二是作为"劳动的管理者和指挥者"。在具体的生产经营活动中，企业家从事的是复杂劳动，比简单劳动更能创造财富和价值，"应当像劳动者一样受到尊重"。[①]

按劳分配，多劳多得，勤劳致富，调动了劳动者的劳动积极性，使劳动者对劳动充满热情，给劳动者带来物质财富和心理满足，是走向共同富裕的必由之路。用一句朴素的话说，以前劳动者是替地主或资本家干活，流汗流血又流泪；现在劳动者是为自己干活，劳动收入为劳动者享有，人民当家作主，劳动有尊严。社会主义条件下的劳动，为敬业精神的充分发挥奠定了基础，提供了制度保障。在全面建成小康、共同富裕的道路上，劳动者为自己喝彩。

（三）敬业是社会主义市场经济的客观需要

党的十四大提出，要在我国建立起市场经济体制，社会主义市场经济的建立涉及我国经济基础与上层建筑的诸多领域。与计划经济相比，社会主义市场经济更强调竞争性与效率性。敬业精神作为职业道德中的重要一环，在社会主义市场经济中发挥重要作用。

敬业精神有利于维护市场秩序，促进效率与公平的统一。初次分配注重效率，对劳动者是一种鼓励，劳动者会提升个人劳动积极性，提高劳动效率，尽职尽责。再分配注重公平，缩小贫富差距，促进社会公平，收入分配方式更合理，劳动者对未来更加充满希望，坚定"劳动致富"的信念，相信美好生活未来可期。劳动者将敬业精神实践于个人劳动中，生产出高质量产品。企业家将敬业精神实践于生产经营活动中，不只是单纯地以追求利润为目标，努力创造更大的社会价值，重视对行业对社会的贡献。

敬业精神有利于市场良性竞争，促进经济发展。劳动者对本职工作

---

① 参见鲁品越《〈资本论〉与当代世界》，学习出版社，2019，第 94 页。

尽心尽责，有助于缩短该行业社会必要劳动时间，提升生产经营效率，使企业获得利益最大化。企业为了经济效益会鼓励劳动者培养和发扬爱岗敬业精神，促进企业之间的良性竞争。与此同时，同行业中劳动者不断发扬敬业精神，提升个人竞争力，也会促使其他劳动者注重敬业精神的培养，以免落后于人而被淘汰。市场经济机制为敬业精神的发挥提供了外部动力。

（四）敬业实现个人价值与社会价值的统一

劳动者的敬业精神，是社会良性发展的内在保障。劳动者通过辛勤劳动，为社会创造价值。与此同时，在创造社会价值的过程中，劳动者也实现了个人价值。敬业精神使劳动者不断创新、精益求精、追求卓越，劳动最光荣，劳动使人有尊严，获得成就感、幸福感，从而实现个人价值与社会价值的统一。

当今时代日新月异，飞速发展。每一个行业都在不断面临新问题、新挑战，同时也面临新机遇、新动力。传统意义上的"敬业"如果只局限于"干一行，爱一行"是不够的，还需要"精一行，钻一行"，"衣带渐宽终不悔，为伊消得人憔悴"，要敢于创新、善于创新，引领行业发展。"创新"位列"五大发展理念"之首，国家的发展、民族的发展、各行各业的发展，都依赖于创新。作为最基本的职业素养，敬业的升级版本是"创新"，热爱这份职业并且发展这份职业，用个人的辛勤汗水、聪明才智培育出更加优异的成果。

新时代，敬业精神集中表现为大国工匠精神。飞机制造师胡双钱，在过去 30 多年的航天技术制造工作中，经手零件上千万，从未出现过质量问题，被称为航空"手艺人"。高级技师李万君凭借满腔热血，细心钻研，大胆创新，填补了国内几十种高速车、铁路客车转向架焊接技术空白，被称为"工人院士"。焊接大师张冬伟追求完美，精益求精，掌握了殷瓦钢内胆焊接这项世界最难的焊接技术。LNG（液化天然气）运输船管住液化天然气泄漏的关键构造是殷瓦钢内胆。LNG 运输船的殷瓦钢内胆壁的厚度只有 0.7 毫米，和牛皮纸一样薄，并且十分娇气，手指直接触摸或沾上汗液，就会导致它生锈。张冬伟全程手工焊缝 14 公里殷瓦钢内胆，即便任务如此艰辛，依然做到了万无一失。他们都是平凡的人，在平凡的岗位上用平凡的双手，为国家为社会创造出不平凡的价值。"敬业者，专心致志以事其业也。"他们是不同领域的英雄，但他们的共同点在于怀有一颗敬业之心。因为敬业，他们苦练出高超的技术与精湛的技艺，默默无闻地为国家和社会奉献自己的全部力量，大国工匠是当之无愧的时代英雄。

三　诚信是行为主体的必备品质

党的十八届四中全会明确提出"加强社会诚信建设"。人无信不可，民无信不立，国无信不威。诚信是一种个人品格，是一种国家责任，更是一种价值理念。诚信对个人乃至任何主体都具有双重约束，既是对个人行为、社会规则乃至国家律法的外在约束，也可以视作个人、社会乃至国家对自身的内在约束。它是将各种价值观内化为主体自身认可的价值观、将诸多价值的外在约束作用转变为主体自身的内在约束和行动指南的重要一环。只有当诸多价值观念内化为主体自身的信念、体现在主体行为活动的方方面面，才可以说诸多价值观念真正融合为了一个有机的整体。

（一）诚信关系党和政府公信力

诚信的功能具体表现在促进治理者与被治理者结合为有机整体，促进行为主体追求生命、财富、平等、自由等方面。促进治理者与被治理者结合为有机整体，诚信的这一功能将为加强政府公信力建设、巩固党的执政基础提供新的理论论证；促进行为主体追求生命与财富，诚信的这一功能将为社会主义市场经济建设提供新的理论支撑。

在古代，占总人口中极少数的君主、国王、寡头曾是国家或城邦最主要的治理者；在近现代，政党制度成为世界各大国的主要政体组织形式，取得执政地位的党派成为国家最主要的治理者。无论君主、国王、寡头抑或执政党，其政治理念和治国方略的贯彻执行，必须依靠某种形式的政府组织。因此，某种形式的政府组织是治理者与被治理者结合的场所，行之有效的政府组织则是治理者与被治理者有机结合的最佳体现。

从理论上看，个人之所以能组成政府和国家，取决于两个方面。一方面，国家具有整体性，具有各个部分虽向往却不具备的功能。国家、政府所具有的"维护正义"的功能，正是个人所必需却又不具备的功能。国家发挥了维护正义的功能，才能给个人的工作和生活以切实保证。另一方面，普通个人具有结合成国家、政府的政治本性，就像亚里士多德所说，"城邦显然是自然的产物，人天生是一种政治动物，在本性上而非偶然地脱离城邦的人，他要么是一位超人，要么是一个鄙夫"。① 除了极少数的超人和鄙夫，治理者和被治理者占国家人口的绝大多数，是国家的两个基本组成部分，他们的生存状态彰显了由个人结合为国家的内在必然性：存在着的个人首先结成家庭，家庭的联合产生村落，村落的结合成为完全的共同体，达到自给自足程度的共同体则可以称为"城邦"（国家、政府）。

从中国历史的整体进程来看，人民对国家"整体性"认同不断加强。第一，中国漫长的历史不断塑造了"国家"的整体概念，使人民意识到中国必须是一个统一的、强大的国家。虽然统一与分裂交替存在，但统一的、强大的中国给世人留下了更多宝贵的政治、经济财富和文化遗产；分裂的、弱小的中国则无法充分发挥国家"维护正义"的行政功能，无法有力地保证人民的生命、财产安全。第二，每当统一的、强大的中国政权以整体性的形象出现在世界舞台上，如历史上秦、汉、唐、明等强大统一的中国，才能在与周边国家以及世界各国的交往中，保证平等互利，赢得尊重和声誉。

在中国特色社会主义制度下，中国共产党和人民群众分别承担了国家的治理者和被治理者的角色，各级人民政府是贯彻治国方略的行政机构，是为人民群众谋福利的政治机关，是将党和人民群众联系起来的中间环节。从历史上看，中国共产党成为治理者是中国近现代历史和中国人民的选择，中国共产党才能从建党之初区区50多名党员，发展到9191.4万名党员（截至2019年12月31日）的世界第一大党。中国共产党在中国革命、建设和改革的伟大事业中赢得人民群众的信任；党和政府全心全意为人民服务，是一项神圣庄严的承诺，是党和政府公信力的表现和依托。只有把这种对人民群众的诚信内化为信仰，才能始终保持党和人民群众的血肉联系，才能始终保持党和政府的先进性、纯洁性、人民性。

---

① 《亚里士多德全集》第9卷，苗力田主编，中国人民大学出版社，1993，第6页。

（二）社会主义市场经济离不开诚信

经济发展是社会主义政治文明、道德建设等的有力支撑，而经济制度的设计为经济的平稳、健康、快速发展提供制度保证。当前，我国采取"公有制为主体、多种所有制经济共同发展的基本经济制度"，这一基本经济制度的确立有其历史必然性。一方面，新中国成立后，中国共产党领导全国各族人民经过社会主义改造，确立了公有制经济在国家经济建设中的绝对主导地位，为集中全国力量办大事、使我国生产力水平得到迅速发展，发挥了重要作用。另一方面，改革开放以来，中国共产党领导全国各族人民建设中国特色社会主义进入新的阶段，同和平与发展的时代主题相适应，逐步确立起"公有制为主体、多种所有制经济共同发展的基本经济制度"。这种基本经济制度，使我国社会主义市场经济体制能够在完善宏观调控的基础上，在"更大程度更广范围发挥市场在资源配置中的决定性作用"，我国生产力水平有了巨大进步，经济发展和综合国力大幅提升。

经济制度和现实经济之间是双向关系。良好的经济制度有利于促进国家经济快速健康发展；经济建设的巨大成就又会反作用于原有经济制度，促进经济制度的完善和创新。然而当两者并未同步，就会暴露出问题和矛盾，就如党的十八大报告指出的，现阶段在我国社会主义市场经济体制下出现了"一些领域道德失范、诚信缺失"的现象。这种现象发生的原因是多方面的，从主体方面讲，具有一定程度的内在必然性和历史客观性。

内在必然性指的是，市场经济的原型以自由主义为理论基础、以利己主义为目的。自由的个人是市场经济各种行为活动的主体，他人的自由应当是自身自由的界限；自由的个人以保存自身生命、增加自身财富为目的。以利己主义为目的的个人，常常违背自由的原则，以损害他人自由为代价，求取自身财富的增长。在这种意义上，以利己主义为目的的自由主义市场经济，自身内便蕴含着侵犯他人自由的倾向。历史客观性指的是，自20世纪新文化运动以来，中国传统文化出现断层，以儒家思想为代表的大批经典文献被束之高阁，以近现代西方自然科学技术为代表的"知识"逐渐成为人们的主要追求。中国传统伦理道德塑造的德性主导式微，"修身""齐家""治国""平天下"的人生链条被中断，诚信、诚实、信用、信仰等价值观念受到影响，诚信自律在市场经济中被弱化。

针对上述情况，要解决诚信在经济领域内的弱化、缺失，需要多管齐下。首先，中国共产党作为国家的治理者，应当重视诚信在国家治理中的重要作用，正如亚当·斯密所说的，政党应当忠于自己的政治信念、珍视自己的信用。其次，必须坚持依法治国的基本方略，坚决维护法律尊严，对不履行契约、破坏诚信之行为，严肃惩处。运用法律这种外在强制力量，将诚信、履行契约内化为个人的行为准则。最后，必须弘扬中华传统优秀文化，尤其是其中与个人德性修养有关的部分。加强个人德性修养，使越来越多的人意识到他人的生命和利益是自我行动的界限，绝不做违背诚信、损人利己之事。"人无信不立"，诚信是每个行为主体在社会上立足的基本条件，是达成有效社会共识的基础。

四 友善是日常生活的重要行为规范

友善，顾名思义指友好和善良，是希望人们保持"视人皆为友，我必善待之"的良好品格。习近平总书记指出，我们的社区建设要与邻为善、以邻为伴，增进人们相互间的信任，建设和谐社区。国与国的关系，正如人与人的关系，习近平总书记说，中国坚持与邻为善、与邻为伴，践行"亲、诚、惠、容"理念，"亲望亲好、邻望邻好"。儒家讲"与人为善，善莫大焉"，英语讲 friendship（如朋友般亲近和睦），每个人都尊崇内心的善良，将心比心、推己及人，把善良和谐的关系不断向外扩展、延伸，从而实现人与人、人与自然的亲近和睦。

（一）儒家传统的友善观

友善作为一种道德规范，一直是伦理学的研究范畴。就中西比较而言，中国传统文化重道德轻逻辑，无论儒道释，其学说的根本出发点都在于人的日常生活规范。西方传统则重理性和推理，其哲学起源于对自然的考察。就个人伦理而言，西方的研究偏重分析和实证。作为"轴心时代"的两个代表人物，中国的孔子开创儒家文明，其仁爱学说奠定了中国传统伦理的基础；亚里士多德是西方思想史上第一个系统阐述伦理学理论的人，其美德伦理学对西方伦理学影响深远。故此，关于友善的中西思想史渊源研究我们就从孔子和亚里士多德谈起。

孔子的哲学体系以"仁"为核心。仁者爱人，仁的本质在于爱人，可以说整个仁学都是对友善的解释。孔子思想的最终旨趣不在于规定"仁是什么"，而在于"如何实现仁"。作为"仁之方"（《论语·雍也》）的"忠恕之道"在仁学体系中占据十分重要的位置。孔子曰："吾道一以贯之。"这个"一以贯之"，曾子解释为"忠恕"："夫子之道，忠恕而已矣！"（《论语·里仁》）具体说来，忠道作为肯定性原则，就是"己欲立而立人，己欲达而达人"（《论语·雍也》）；恕道作为否定性原则，就是"己所不欲，勿施于人"（《论语·卫灵公》）。忠恕之道作为"一以贯之""终身行之"之道，不仅是达到仁的方法和途径，而且作为一种"文化－心理"结构，它使普遍伦理的建立成为可能。

忠恕既是仁的主要内容，又是推行仁德的基本方法，即"仁之方"。所谓忠恕就是从切己的意愿出发推及他人的方法。朱熹注之为"尽己之为忠，推己之为恕"。① 相对而言，"忠"讲的是人的内心，指内心诚实无欺，也就是"直"。这意味着首先必须诚实地面对自己的真情实感，正如曾子所言："吾日三省吾身：为人谋而不忠乎？与朋友交而不信乎？传不习乎？"（《论语·学而》）。"恕"讲的是以心体人，待人如己，即"施诸己而不愿，亦勿施于人"《中庸》，所以从自己的真情实感出发，以真诚的心待人，设身处地地为他人着想，就是忠恕。忠恕之道也就是"能近取譬"（《论语·雍也》），就是"人能近就己身取譬，立见人之与我，大相近似。以己所欲，譬之他人，知其所欲之亦犹己。然后推己及人，此即恕之事，而仁术在其中矣"。②

忠恕作为一贯之道使行仁，使之在现实中成为可能。一方面，忠恕作为一个积极的沟通原则，是达到仁者爱人的有效途径。在孔子学说中，仁作为不可言说之"道"，本质上是一种先天道德本性，它体现在现实的人伦情境中，必然表现为真实而又直接的道德情感，这种情感就是孝。孝作为"仁之本"，最接近仁。但是单纯的孝还不是仁，它只是仁的必

---

① （宋）朱熹：《四书集注》，陈戍国标点，岳麓书社，2004，第82页。
② 钱穆：《论语新解》，三联书店，2002，第165页。

要条件，而不是充要条件；它必须向外扩充，推己及人才能最终成仁。真情实感与推己及人二者缺一不可。没有真实情感，所谓仁就是假仁假义；不能推己及人，那么人就只是一个有情有欲且自私自利的"动物"，人之为人的本性就被抹杀了。因此通过忠恕之道，由亲亲、孝悌之情生发为他人的仁爱，最终实现"合外内之道"。另一方面，"忠恕之道又是一限制原则……它乃是在人我、物我天然差异实现前提下的'沟通'"。①忠恕作为沟通原则不是任意的，而是有限制的，这表现在对真情实感的体认上。同墨子的"兼爱"不同，孔子承认爱有差等，认为这样建立的仁才是真正的仁爱，而墨子从人们的共同利益出发，认为"我爱他人"，"他人也会同样爱我"，这样的爱没有了远近、厚薄之分。由于忽视爱的基础，这种兼爱只能是一种理想主义。儒家以忠恕行仁，在"忠"的方面承认我与人，人与人之间的差异，强调对主体的限制，又通过"恕道"消除这种差异，实现我与人，人与人的统一。

孟子同样主张"推己及人"，这是行"仁政"的关键。"老吾老，以及人之老；幼吾幼，以及人之幼，天下可运于掌。……故推恩足以保四海，不推恩无以保妻子。"（《孟子·梁惠王上》）又如明道先生所言："以己及物，仁也；推己及物，恕也。忠恕一以贯之。"② 他们对忠恕之道做出了新的扩充和发挥，进一步丰富了孔子仁学的内涵。忠恕作为真情实感与推己及人的统一，最终讲的是自己与人类整体的和谐统一，即"仁者爱人"。"子路问君子。子曰：'修己以敬。'曰：'如斯而已乎？'曰：'修己以安人。'曰：'如斯而已乎？'曰：'修己以安百姓。修己以安百姓，尧、舜其犹病诸！'"（《论语·宪问》）忠敬—安人—安百姓，可以看出儒家内圣外王的理想诉求。

从更深的社会文化心理结构层面看，"忠恕"思想根植于中华民族的民族性当中，已经成为中国传统文化的重要组成部分，同时为世界普遍伦理的建立提供参考。人的存在表现为两种样式：心理存在与文化存在。文化与心理的关系在历史的长期演进中逐步积淀出超越时空限制、具有共时性的结晶，这就是一个民族所具有的"文化－心理"结构。

---

① 李景林：《忠恕之道不可作积极表述论》，《清华大学学报》（哲学社会科学版）2003 年第 3 期。

② 《二程集》，王孝鱼点校，中华书局，2004，第 124 页。

"孔子的仁学结构有四个层面：一、血缘基础，二、心理原则，三、人道主义，四、个体人格。"[①] 这四个层面相互制约构成有机整体，塑造了中华民族的性格。忠恕之道则体现了这四个方面的完美结合。首先，人的血缘情感是仁的基础。"子为父隐，父为子隐"（《论语·子路》）表明血缘情感比礼法更重要，更直接体现了道德本性。而礼乐制度是仁的外在表现，是可以灵活运用的。其次，心理原则是儒家学说区别于其他学说的标志。孔子以仁释礼，将社会的外在规范转化为个体的内在自觉，把道德他律转变为道德自律，具有明显的伦理意义。这种"忠"已不再是简单的孝悌之情，而是通过真诚对待这种情感来发现爱的这种差等性，从而肯定正常情欲的合理性。第三、第四两个层面说明了礼仪制度作为文化形式是仁（心理）的必然表现形式。孔子学说作为一种人道主义，既不同于文艺复兴时期的人文主义——从世界观上讲人的自由和解放，也不是费尔巴哈的人本主义哲学，而是同马克思"异化""解放"理论一样，是从"规范意义上"（normative sense）讲的。忠恕之道作为调节人际关系的道德原则，体现了一种原始的民主平等色彩。"己所不欲，勿施于人"，强调了人的社会责任和任务，试图在差异中谋求统一。最后，孔子学说落实在个体人格的完善上。"己欲立而立人，己欲达而达人"，提升了个体的主动性和独立性，同时也表达了一种理想性追求。儒家学说强调情感（心理）与理性（文化）的合理调节，不同于宗教的外在超验追求，在此岸世界中就能达成自我实现。

忠恕之道不仅影响并成为中华民族的"文化－心理"结构，同时又是人类道德生活和人际交往的最基本原则，具有超越国界的普遍价值和超越时代的永恒意义。"己所不欲，勿施于人"被认为是现代社会人际交往的黄金规则。西方历史是理性与宗教的不断冲突与融合，它们都突出了人的主体性，这直接导致了现代的"人类中心主义"，即以人类为中心而导致的一系列自然生态环境问题；另外，自尼采的"上帝死了"之后，人类的信仰体系受到巨大挑战，两次世界大战使人们价值观念发生崩溃，市场经济商品拜物教、消费主义又使人"异化"而无能为力、无法自拔，产生了普遍的"存在主义焦虑"。而忠恕之道讲究推己及人、

---

① 李泽厚：《中国古代思想史论》，天津社会科学院出版社，2004，第10页。

换位思考，体现出忠信、友善、平等、宽容等精神特征，对人类走出当今的生存困境有着重要的现实意义。

（二）西方文明中的友爱观

"爱"这个字在汉语里有多重含义，而在古希腊，"爱"有多种不同的写法，古希腊哲学家一般区分 Agape、Eros、Philia 三种不同的爱。Agape 译为"博爱"，即宗教里面所讲的无私的爱，对上帝的爱。Eros，其形容词是 erotic，中文一般翻译为"情爱"，代表一种出于本能的感性冲动或浪漫情怀。Philia 译为"友爱"，为冷静且高尚的爱，该词由亚里士多德首次提出。他认为幸福、公正、友善等是德性的重要内容，并在其代表作《尼各马科伦理学》第八卷和第九卷系统阐述了友爱观。

亚里士多德认为，友爱"就是某种德性，或者是赋有德性的事情；或者说是生活所必需的东西，谁也不会愿意去过那种应有尽有而独缺朋友的生活"。[1] 首先，友爱是一种精神层面的东西，是人的天性即"某种德性"，不同于平常的形而下的某某事情。其次，友爱的现实化又是以事情为载体，"赋有德性的事情"既是友爱的外显，又是友爱本身。例如雪中送炭的行为既体现友爱（友善），又是友爱（友善）自身。最后，友爱是生活的必需品。由于西方的"原子式个人"传统，非常强调人与人之间的独立性，因此朋友间（非亲缘关系）的相互爱护是友爱的典范，这也呼应了 friendship 这样一个英语表述特征。把友爱定位在朋友之间，这样更能体现和符合人与人相互关系的普遍性，无论在古希腊城邦还是在现代民族国家。当然，这也并不意味基于亲缘的就没有友爱或者不叫友爱。这种必然性逻辑正是：普通人尚且如此，更何况亲人呢？父亲对子女的爱，显然是一种友爱（友善），当然比友爱（友善）更炽烈。总的说来，友爱虽然不排斥亲缘性，但是更突出强调社会性。

亚里士多德把友爱分为三种：德性的友爱（friendship of virtue）、快乐的友爱（friendship of happiness）和实用的友爱（friendship of utility）。[2]

---

[1] 〔古希腊〕亚里士多德：《尼各马科伦理学》，苗力田译，中国人民大学出版社，2003，第 165 页。

[2] 〔古希腊〕亚里士多德：《尼各马科伦理学》，苗力田译，中国人民大学出版社，2003，第 166 页。

德性、快乐和实用是我们爱朋友的原因。实用的友爱，是因为他是对我有用的人，这种友爱在现实中多发生在利益相关者之间，如生意人之间，一旦没有效用，友爱也随之消失。快乐的友爱指基于欲望的满足，主要指物质需要和肉体享受。显然，这两种友爱都是不稳定的、暂时的、难以持久的。友爱强调"某种德性"，因此实用的友爱和快乐的友爱都不是真正的友爱，经不起时间的打磨，迟早都会"露馅"。德性的友爱，首先主体都是有德性的人，用通俗话说就是好人、善良的人。有德性的人相互交往，其行为方式是友爱的；德性的友爱，也就是友爱本身。彼此因为对方自身而希望对方好，绝非处于己方的利益或快乐。有德性的人和友爱是肉与灵的关系，本质上不可分离。所以也不难看出，亚里士多德在很多地方所做的关于友爱的定义，都等于德性的友爱的定义。

友爱也可以分为平等的和不平等的。前一种友爱双方都有着共同的要求，其相互之间有共同的愿景，也可以相对等地交换，比如说朋友之间。后一种是从属关系的友爱，比如说父母与子女之间、统治者与被统治者之间的友爱就不一定是平等的。在一定意义上，平等就是改变不平等的存在方式。孔子的仁爱也认为爱有差别，这种差别建立在"忠君"和"忠孝"的基础上，既含有中华文明的精华，也有在现代社会环境下需要扬弃的。亚里士多德"德性的友爱"是友善的最高原则，是友善自身的伦理学基础。

（三）社会主义友善观的三重内涵

通过对中西思想史的考察，我们对"友善"的理论渊源有所了解，无论中国儒学传统的"忠恕"，还是古希腊传统的"友爱"，都包含着人与人相处的基本原则：出发点为他人好，行为中包容他人，彼此爱护对方。这些朴素的道理历久弥新。不过现代道德的危机不仅涉及人与人之间的问题，而且涉及人与自然之间的问题，因此，社会主义核心价值观弘扬的友善至少包含三重内涵：助人、宽容、善待自然。

1. 友善的第一重内涵：助人

无论东方还是西方，从小接受的道德教育都告诉我们：做一个友善、友爱的人，在别人有困难有需要的时候帮助别人。助人为乐也是中华民族的传统美德。然而在当今市场经济背景中，受外来价值思潮的冲击和影响，金钱至上和信仰缺失，导致了比较严重的道德滑坡现象。"小悦悦事件""药家鑫事件"等不断挑战我们的道德底线，"老奶奶倒地该不该扶"引发社会热议和大讨论。从友善的助人原则来看，这背后折射的是基本道德原则的争论，即义务论和功利主义、利他主义和利己主义的争论。

关于义务论和功利主义的争论。从直觉和常识来看，我们的日常道德判断包含着对友善的内在要求。按照孟子的性善论，友善是人的本性，是良知良能。康德则指出人人都有善良意志（good will），"在世界之中，一般地甚至在世界之外，唯一除了一个善良意志以外，根本不能设想任何东西有可能无限制地被视为善的"。① 善良意志之所以为善，"并不是因为它产生了什么作用或完成了什么事情，也不是因为它适合于用来达到某个预定的目的而是善的，而只是因为它的意愿而是善的，即它自在地是善的"。②

一般来说评价行为是否为善的，其标准可以从动机和后果两个方面来衡量。康德认为道德判断的基础是行为动机，而不是行为结果。善良意志是日常生活中每个人都具有的，康德特意用义务（duty）来指代善良意志的强制性，我们的行为不能违背义务和责任。对此，康德还特意区分了"出于义务"和"合乎义务"两种情况，前者指我们的动机就是善的，不计较任何结果。正如孟子所言，看见小孩掉进井中，我们一般都会施以援手，这不是为了在乡里博得好名声，也不是为了讨好小孩的家长，而仅仅是出于自己的善良意志去行动。后者则指行为虽然合乎义务，但由于掺杂了对后果的考量，因而行为不是善的。康德特别提到了"童叟无欺"的事例，如果商家的活动是出于自己的本心，就是善的；如果是为了之后获得好的信誉，则不是善的。

与康德的义务论相对，功利主义主张从行为的后果来衡量其是否道德。功利主义代表人物边沁提出了著名的"最大幸福原理"（the greatest good for the greatest number）。能够增加利益相关者之幸福的就是善，否则就是恶。伦理行为不但要增加利益相关者的幸福，而且应该把这种幸

---

① 〔德〕康德：《道德形而上学奠基》，杨云飞译，邓晓芒校，人民出版社，2013，第4～5页。
② 〔德〕康德：《道德形而上学奠基》，杨云飞译，邓晓芒校，人民出版社，2013，第5页。

福最大化。不仅个人的行为，国家制度和政策的施行都要以最大限度增加幸福为落脚点。

这样，对于该不该扶老奶奶，义务论坚持必须立即予以帮助，这是遵从内心的善良意志，不考虑结果如何；功利主义则主张预先对结果进行计算和比较，衡量扶和不扶分别所带来的快乐和痛快，如果总的快乐大于痛苦，则我们应该帮助老奶奶。媒体所报道的大多数不扶的例子，都说明他们从行为的后果考虑，害怕承担相应的风险，因而暗合功利主义的准则。对此，我们应该反对这种功利主义思维，主张友善作为一种纯粹的德性，要求人们从内心的良心出发，而不是为结果斤斤计较。即使这种助人的结果没有带来预期好的结果，甚至是反面的，社会也应该为这种结果进行补救和负责，从而促进友善作为一种正能量在社会中得到大力弘扬。

关于利他主义和利己主义的争论。人性是利他的还是利己的，这个问题一直饱受争议，如同中国古典的性善论与性恶论之争，西方基督教中也有关于"人一半是天使，一半是魔鬼"的假设。近代霍布斯从"狼对狼"式的自然状态构建人类社会，洛克则从和平友善的自然状态来论证政府的合法性。通过对利他和利己的分析，可以帮助我们理解友善的相互性。

利他和利己深刻体现在亚当·斯密关于"道德人"和"经济人"的论述上。《道德情操论》指出，同情心、正义感和利他倾向是人性的三个方面，这便是"道德人"的基本内涵。

而他在另一部著作《国富论》（全称《国民财富的性质和原因的研究》）中又提出"经济人"理论。它来源于《国富论》中一段经典的描述："我们每天所需要的食物和饮料，不是出自屠户、酿酒家和面包师的恩惠，而是出于他们自利的打算。我们不说唤起他们利他心的话，而说唤起他们利己心的话，我们不说我们自己需要，而说对他们有好处。"[1]时至今日，发端于斯密的"经济人"理论依然是西方社会最有说服力的人性假设，它甚至成了一种不言自明的意识形态。[2] 人性中存在这两种

---

[1] 〔英〕斯密：《国民财富的性质和原因的研究》上册，郭大力、王亚南译，商务印书馆，2008，第14页。

[2] 参见冯务中《当代的亚当·斯密》，《博览群书》2004年第7期。

看似自相矛盾、彼此冲突的倾向。

简而言之，利他主义（Altruism）指帮助他人是我的快乐，不期待外来的报答，以帮助他人为唯一目的。利己主义（Egoism）指仅从个人利益出发，把追求个人利益当作最高的生活态度和行为准则。利己主义从极端自私的个人目的出发，不择手段地追逐名利、地位和享受。对于人性中这两种对立的倾向，我们应该树立合理的人生价值观。纯粹的利己是低级的，而纯粹的利他也是不切实际的。在社会主义条件下，我们倡导利他主义的美德，追求自己的正当利益，帮助他人，为社会谋福利。友善基于某种相互性，我为人人，人人为我。从更高的价值理想来看，我们对他人的友善应是无条件的，不以获取回报为目的。

2. 友善的第二重内涵：宽容

中国传统文化一直强调：与人为善、与邻为善。无论是国家与国家之间，还是个人与个人之间，尊重多样、包容差异都是友善的重要内涵。是否拥有宽容的人道情怀，是一个社会文明与否的重要标尺。早在 14 世纪，"宽容"一词就在法语里出现，本义是指对于某种自己不赞成的事物，出于宽厚忍耐而表示容许容忍，并不加以禁止、阻碍或苛求；或指容许、容忍他人与自己不同的感情、思想、习惯、行为等的内心情绪。① 人与人之间的宽容程度，代表友善的张力，是社会和谐的重要保障。

在西方，宗教压迫和斗争一直是历史演进的导火索，宗教宽容在近代才逐步达成社会共识。这里选取宗教宽容来分析宽容在现代社会的特殊意义。洛克在《论宗教宽容》中对此进行了系统分析。

首先，他指出真正的信仰在于个人的德性和虔诚，在于灵魂的拯救。宗教迫害不可能出于仁爱，而宽容才是真教会的标记。"我把那种宽容（不同信仰各教派的基督徒之间互相宽容）誉为纯正的教会基本特征的标志。……倘若他缺乏仁爱温顺以及对全人类乃至对非基督徒的普遍的友善，他自己当然也就不配为一个真正的基督徒了。"②

其次，为了实现宽容，洛克主张政教分离，严格区分公民事务和信仰事务，并规定了两者的界限。政府和教会在目标和实践的手段上存在

---

① 〔法〕伏尔泰：《论宽容》，蔡鸿滨译，花城出版社，2007，第 64 页。
② 〔英〕洛克：《论宗教宽容》，吴云贵译，商务印书馆，1982，第 1 页。

差异。政府管理世俗事务，包括维护国家和国民的安全，当受到侵犯时可以使用武力手段。教会则是满足人们的精神信仰，主要采用感化、说服等手段，万不可使用武力传教。使用武力传教与教会本意相违背。政府并没有承担公民救赎的责任，武力也不可能达成救赎的目标。这样，"如果每一方（国家和教会）都把自己限制在各自的范围之内，一个管理国家的世俗福利，一个掌管灵魂的拯救，双方之间是不可能发生任何冲突与不和的"。[①] 信仰作为私人事务，属于个人的基本自由权，政府职能在于提高公共服务。"官长（magistrate）的全部权力仅限于上述公民事务，而且其全部民事的权力、权利和辖制权仅限于关怀与增进这些公民权利，它不能、也不应当以任何方式扩及灵魂拯救。"[②] 通俗地讲，公民政府的权力与来世不相干。教会按照宗教旨意引导信众，对信徒最大的约束是开除教籍，这是"教会最大的，也是最后的一项权威。对于被开除者，教会除与之断绝关系外，不能再进行其他惩罚，受罚者不再是那个教会的一员"。[③] 宗教信仰，是一种内在的精神活动；同理，宗教宽容，是一种内在的精神上的宽容。因此在这个意义上，宗教宽容、信仰宽容，是社会友善普遍化的最大值。

最终，"我们的全部论点总括起来就是，每个人应当享有同其他人同样的权利"。[④] 西方国家历经千年的宗教纷乱和战争，就是因为拒绝宽容，政教不分离而造成的。相较而言，中国传统的宗教宽容问题并不突出，换言之，中国自古以来一直拥有比较广泛的宽容和友善的民众心理基础。当今社会价值观多元并存，我国正处于改革发展的转型期和深水区，不同社会主体的利益诉求千差万别，各种社会矛盾日益凸显，我们提倡友善的为人处世态度，其中最重要的原则就是要宽容。矛盾无处不在、无时不有，关键在于化解矛盾，解决问题，有容乃大，宽容意识是有效解决矛盾冲突的"润滑剂"，是人与人和谐共处的"良方"。

3. 友善的第三重内涵：善待自然

友善不仅局限于人类内部，还可扩展到外在自然界。中国传统提倡

---

① 〔英〕洛克：《论宗教宽容》，吴云贵译，商务印书馆，1982，第48页。
② 〔英〕洛克：《论宗教宽容》，吴云贵译，商务印书馆，1982，第5页。
③ 〔英〕洛克：《论宗教宽容》，吴云贵译，商务印书馆，1982，第11页。
④ 〔英〕洛克：《论宗教宽容》，吴云贵译，商务印书馆，1982，第45~46页。

天人合一、物我两忘的精神境界，强调人与自然和谐相处。当代中国正努力推进一项新的工作，即"生态文明建设"。我们要建设天蓝、地绿、水清的生产生活环境，建设美丽中国。面对日益严峻的全球性生态环境危机，我们需要放下狭隘的人类中心主义，善待自然就是善待人类自身。

生态环境问题不容忽视，善待自然必需且紧迫。自近代以来，西方主客二分的思维方式，把自然看成征服的对象。人类在改造自然取得巨大成功的同时，也带来深重的灾难。马克思主义对此有过精辟分析。首先人是从自然界分化出来的，自然界"是我们人类（本身就是自然界的产物）赖以生长的基础；在自然界和人以外不存在任何东西"。[①] 在农业社会，由于自然经济占主导，人与自然是一个整体。进入工业社会，自然开始分化出来，成为人们征服、利用、改造的对象，成为人们千方百计获取物质财富的对象。自然同人对立起来："那种关于精神和物质、人类和自然、灵魂和肉体之间的对立的荒谬的、反自然的观点……自古典古代衰落以后出现在欧洲并在基督教中得到最高度的发展。"[②] 在极短时期内，工业文明创造了人类前所未有的物质财富，但同时大自然也开始对人类进行报复，如"八大公害事件"等。对此恩格斯告诫说："我们不要过分陶醉于我们人类对自然界的胜利。对于每一次这样的胜利，自然界都对我们进行报复。每一次胜利，起初确实取得了我们预期的结果，但是往后和再往后却发生完全不同的、出乎预料的影响，常常把最初的结果又消除了。"[③] 一旦自然生态系统平衡被打破，将带来人类无法抵挡、无可挽救的灾难。无数事例证明，不善待自然的后果只会是自取灭亡。

自然本身具有内在价值，善待自然是人类的义务和责任。利奥波德的"大地伦理"认为，大地是一个有机共同体，土地、空气、水分、阳光、动物、植物、人类等都是平等的，自然是人类存在的基础。著名环境伦理学家霍尔姆斯·罗尔斯顿在其代表作《环境伦理学：大自然的价值以及人对大自然的义务》中通过确认自然的客观价值，系统论证了人对动物、有机体、物种与生态系统的义务。"我们正在探寻的是一种恰当地'遵循大自然'的伦理学。我们想最大限度地使人类适应地球，并且

① 《马克思恩格斯选集》第 4 卷，人民出版社，2012，第 228 页。
② 《马克思恩格斯选集》第 3 卷，人民出版社，2012，第 999 页。
③ 《马克思恩格斯选集》第 3 卷，人民出版社，2012，第 998 页。

是以道德的方式去适应。……人类既栖身于文化共同体中，也栖身于自然共同体中，因此，伦理学的一个未完成的主要议题，就是我们对大自然的责任。"① 动物解放论和动物权利论认为，既然动物和人一样能够感知痛苦和快乐，那么就应该拥有与人一样的平等权利。当动物感到痛苦而人却视而不见、无动于衷，这也是违背道德的。不能因为人的权利和利益而牺牲动物的权利和利益。虽然动物是否拥有跟人一样的权利尚存争议，但这些理论也提醒我们应该善待动物、善待自然。

　　从友善的三重内涵来看，助人和宽容主要适用于人与人之间的交往关系，前者是一种主动性、积极性原则，后者是一种被动性、调和性原则。善待自然主要适用于人与自然之间关系的处理。友善作为基本的大众价值规范，根植于每个人的日常行为生活。在人与人、人与自然之间践行友善观，弘扬社会正能量，引导人心向善，构建和谐社会，建设美丽中国。

---

① 〔美〕霍尔姆斯·罗尔斯顿：《环境伦理学：大自然的价值以及人对大自然的义务》，杨通进译，中国社会科学出版社，2000，第 2 页。

第五章　社会主义核心价值观的整体性研究

当前学界对社会主义核心价值观的基本内容（12 个词 24 个字）的研究非常多，成果也很丰富，但是对社会主义核心价值观的整体性研究相对较少。社会主义核心价值观内涵丰富，具体划分为三个层面：国家层面的富强、民主、文明、和谐，社会层面的自由、平等、公正、法治，个人层面的爱国、敬业、诚信、友善。每个层面的价值理念不同，表示就国家、社会、个人而言，具体的价值目标、价值取向、价值规范是不同的，各有差别和侧重。那么，三个层面之间的相互关系是怎样的？这对认识社会主义核心价值观的内在逻辑具有重要意义。

一　国家层面的价值目标是社会和个人价值追求的总体性目标

"国家"概念表明，"国"与"家"相辅相成、密不可分，"国"在"家"前，没有国哪有家，国泰才能民安。没有国家层面的富强、民主、文明、和谐，社会层面的自由、平等、公正、法治既缺乏外部环境又缺乏内部基础，而且将会无从谈起；个人犹如沧海一粟，其价值实践活动亦是十分微小，爱国、敬业、诚信、友善也会缺乏基本保障，"德"与"福"不一致，消磨人心，终将行之不远。大河无水小河干，每一个社会和每一个人都是国家中的社会和个人，国家为社会和个人提供了整体性存在论空间，国家层面的价值理想是整个社会和每个人价值追求的总体性目标。

只有在社会主义国家，才能真正实现社会的价值理想和个人的价值理想。党的十八届五中全会首次提出"以人民为中心"的发展思想。党的十九大明确指出，深刻领会、全面准确贯彻习近平新时代中国特色社会主义思想，必须坚持以人民为中心。唯物史观认为，人民群众既是社会物质财富和精神财富的创造者，也是推动社会变革和发展的决定性力量。习近平总书记强调："人民既是历史的创造者、也是历史的见证者，既是历史的'剧中人'、也是历史的'剧作者'。"① 他关于人民在历史上的作用和地位的论述，既与唯心主义的英雄史观划清了界限，也与资产阶级的"人民主权论"划清了界限。讲政治，离不开人民群众；实现、维护和发展人民群众的利益，始终是我们党最大最重要的政治。坚持人民立场，人民利益至上，是我们党同一切剥削阶级政党的根本区别。历史的人民性决定了以人民为中心的发展观是真理与道义的科学统一。在社会主义中国，人民群众既是革命、建设和改革的主体，同时也是共享革命、建设和改革成果的主体；国家的价值理想就是全社会和每个人价值追求的总目标。

在国家层面，我们追求"富强、民主、文明、和谐"，党的十九大还提出"美丽"，这五个关键词分别对应着社会主义经济建设、政治建设、文化建设、社会建设和生态文明建设。它们是我们全社会和每个人都应该为之奋斗的目标，涉及我们生产生活的方方面面。社会层面的自由、平等、公正、法治的充分实现，既是国家层面的富强、民主、文明、和谐的表现，也依赖于国家层面的富强、民主、文明、和谐的整体"环境"。贫穷不是社会主义，压迫不是社会主义。毛泽东在《驳第三次"左"倾路线》中说："自由是必然的认识和世界的改造。"② 很显然，贫穷不会有真正的自由，压迫也不会有真正的自由。只有在社会主义条件下才能实现真正的自由，这种自由建立在发达的社会生产能力和丰富的社会财富基础（亦为"富强"）之上，建立在政治清明、人人平等、老百姓当家作主的基础（亦为"民主"）之上，建立在人们的思想境界、道德水平普遍比较高的基础（亦为"文明"）之上，建立在人与人、人与社会、人与自然友好相处、其乐融融的基础（亦为"和谐"）之上，建立在环境优美、生态优良、天更蓝山更绿水更清的基础（亦为"美丽"）之上。因此，我们也可以看到，追求社会层面的自由，对"必然的认识"，特别是对"世界的改造"，恰恰是要努力达到"富强、民主、

---

① 《习近平总书记在文艺工作座谈会上的重要讲话学习读本》，学习出版社，2015，第15页。
② 《毛泽东文集》第2卷，人民出版社，1993，第344页。

文明、和谐"和"美丽"。自由、平等、公正、法治，从来都不是孤立的，并不是为了自由而自由，为了平等而平等，为了公正而公正，为了法治而法治，它们都有一个内在的共同目标，那就是建设一个更好的国家。党的十九大报告明确提出，我们的"总任务是实现社会主义现代化和中华民族伟大复兴，在全面建成小康社会的基础上，分两步走在本世纪中叶建成富强民主文明和谐美丽的社会主义现代化强国"。① 国家层面的价值目标也是中国共产党对全国各族人民的庄严承诺。

　　个人层面的爱国、敬业、诚信、友善，作为个人的行为原则和道德准则，它的规范性根据在于所谓"共同体"，对现代个体而言就是"国家"。家国情怀和爱国主义是中华民族的优良传统，是中华民族生生不息、自立于世界民族之林的强大精神动力。提倡敬业精神，就是为了更好地建设我们的国家，服务我们的人民。人是一种对象性存在，这种对象性源自单独个体的局限性，古希腊的城邦就是基于此，现代国家也是基于此。尽管社会分工不同，但是只要人人敬业，做好各自的本职工作，各司其职、各尽其能，社会就能正常、有序运转，国家的各项奋斗目标才能平稳、有序地推进、实现。诚信和友善亦是如此。孔子曰："人而无信，不知其可也。大车无輗，小车无軏，其何以行之哉？"（《论语·为政》）人如果没有信用，不讲诚信，就真不知道他还可以做什么，与他人的交往不会有积极结果，也不会有事业上的成功。因此，人需要履行信用，以诚信为自觉的行为规范。否则，就如同牛车缺輗、马车缺軏，根本无法行驶。在中国传统伦理道德视域中，诚信是个人（主体）的道德修养和知识学习得以顺利进行的理论基础；诚信是将个人的道德修养之道推广到家庭（宗族）、社会、国家范围的理论基础。社会主义市场经济是一种诚信经济，诚信对每一位市场主体、参与者都有普遍的内在约束力。从经济学的角度看，诚信能够降低社会交往、市场交易成本，能够提高效率，促进社会和谐。每个人的诚实劳动、诚信经营、以诚待人，最根本的目标是建立一个和谐美好的"共同体"——国家。友善作为个人的价值准则不是抽象的，它体现在每个人的日常生活当中。没有邻里

---

① 习近平：《决胜全面建成小康社会　夺取新时代中国特色社会的伟大胜利——在中国共产党第十九次全国代表大会上的报告》，人民出版社，2017，第19页。

和睦，没有人与人的友善，社会不可能和谐，国家不可能文明进步。反之，单个人的力量是微不足道的，单独个体的友善也不是目的，国家文明、和谐、进步才是我们的共同目标。历史是由一个个鲜活的人创造的，而且它总是以整体性的方式呈现出来，只有在一个理想的国家才能真正实现理想的个人。

二　社会层面的价值取向是沟通国家价值目标和个人价值准则的必然环节

在中国传统伦理中，行为主体的活动范围是什么？孟子清楚地表达了"国"、"家"（家庭、社会）和"身"（个人）乃行为主体的三种活动范围："人有恒言，皆曰'天下国家'。天下之本在国，国之本在家，家之本在身。"（《孟子·离娄上》）从逻辑上讲，"天下"（世界）由"国"（国家）构成；"国"（国家）由"家"（家庭、社会）构成；"家"（家庭、社会）由"身"（个人）构成。在西方文明中亦如此。黑格尔在《法哲学原理》中清晰勾画出"个人—家庭—市民社会—国家"的层级和结构。社会是连接个人和国家的关键环节和结构网络。

个人为了维护和实现自己的利益和价值追求，必然付诸对象性、社会性活动。卢梭在《社会契约论》中认为："'要寻找出一种结合的形式，使它能以全部共同的力量来卫护和保障每个结合者的人身和财富，并且由于这一结合而使每一个与全体相联合的个人又只不过是在服从自己本人，并且仍然像以往一样地自由。'这就是社会契约所要解决的根本问题。"① 每个行为主体都置于共同体（公意）的领导之下，在社会中每个行为主体都是平等的。社会为个人成就自身提供"空间"，"个人完全是由社会所决定的"。② 马克思还有一个更为经典的论断："人的本质不是单个人所固有的抽象物，在其现实性上，它是一切社会关系的总和。"③ 人不能离开社会，所有人都置身于社会之中，遵守社会规范，进行社会活动，维护和实现社会价值共识。"新唯物主义的立脚点是人类社

---

① 〔法〕卢梭：《社会契约论》，何兆武译，商务印书馆，1979，第24页。
② 《马克思恩格斯全集》第30卷，人民出版社，1995，第203页。
③ 《马克思恩格斯选集》第1卷，人民出版社，2012，第139页。

会或社会化的人类"，这深刻表明社会化是人类解放的必然出路，良好的社会价值是个人价值自我实现的前提和目标。

从社会治理形式来讲，一方面社会是个人生存生活的客观境遇；另一方面社会并不是治理形式的稳固状态，其自发性使得对社会中的个人的约束性和规范性比较弱，在组织大规模、大范围的生产生活等人类活动方面效率比较低，因此在社会基础上的国家出现了。国家从社会中产生但居于社会之上并日益形成与社会分离的特点。黑格尔论述了社会与国家分离的原因，在市民社会中个体的利益和需要是特殊的，这使得社会是一个"任性的混合体"，如何克服"任性"而达到"普遍"，只有诉诸政治国家，将特殊利益上升为普遍利益，伦理国家是绝对精神的最终实现。马克思扬弃了黑格尔的"伦理国家"观点，认为"家庭和市民社会是国家的现实的构成部分……它们是国家的存在方式。家庭和市民社会使自身成为国家。它们是动力。可是，在黑格尔看来又相反，它们是由现实的观念产生的。把它们结合成国家的不是它们自己的生存过程，而是观念的生存过程，是观念使它们从它自身中分离出来"。①简言之，是市民社会决定国家，而不是国家决定市民社会。在现代社会到现代国家的发展过程中，政治身份和价值理念的认同起着至关重要的作用，从这个意义上说，个人的道德规范、社会的价值理想和国家的奋斗目标是辩证统一的，具有内在一致性。

自由、平等、公正、法治是社会层面的价值取向，这也是每个人的价值追求，个人层面的价值准则不能违背社会层面的价值取向。人与人相互关联形成社会，社会法则（契约）背后的价值论根据就是自由、平等、公正、法治。社会层面的价值理念必然要"沉入"个人日常行为的规范性当中。就"自由"来说，个人的爱国不仅不能违背自由，而且爱国主义的很多行为都是为了捍卫自由的价值理念。匈牙利著名的爱国主义战士和诗人裴多菲有一首中国人耳熟能详的诗："生命诚可贵，爱情价更高。若为自由故，两者皆可抛。"为了反抗压迫，争取自由和解放，付出生命的代价又算得了什么？在中国革命事业中，为了国家的独立解放、人民的自由幸福，多少革命前辈流血牺牲、舍生取义。自由是对世界的

---

① 《马克思恩格斯全集》第3卷，人民出版社，2002，第11页。

改造，在推翻旧世界当中发现新世界，在否定性中实现更高层次的肯定性。共产党人的爱国主义情怀从根底处说是为全人类自由解放而生发和推动的。再如"平等"，我们常说的契约精神、诚信精神有一个最基本的前提就是平等。社会主义市场经济是诚信经济，有一个不言自明的前提就是市场经济的不同主体之间是平等的。所谓"童叟无欺"不仅指卖方诚信经营，而且指买卖双方在经济活动中地位是平等的，无关乎老人还是小孩，人人都被平等地对待。若是把人分为三六九等，这样的社会契约必然是为了满足一部分人的利益和需要，必然造成对另一部分人的统治和压迫。在这种条件下，友善就会变成伪善，人与人在交往中带着"面具"，内在矛盾和冲突是无论如何也掩盖不住的。如果没有"公正"，这个世界将不可想象。我们倡导敬业精神，干一行爱一行，但是如果劳动不被尊重、不劳而获盛行，个人的敬业精神就会一步步消失殆尽，因为这缺乏最基本的公正。如果好人受欺负，坏人逞威风，社会价值没有公平正义可言，友善就不会长久。"法治"是现代社会治理的基本方式。实现形式法治到实质法治的转变，必须树立法律的权威，养成法治的思维方式，德治和法治相辅相成、相得益彰。康德认为，"法律是道德标准的底线"。公民个人层面的价值准则属于道德范畴，道德的软约束必须配上法律的硬约束才能更好地发挥作用。

社会基础决定国家形态，社会的价值取向需要上升为国家的价值目标。自由、平等、公正、法治的价值取向包含于富强、民主、文明、核心的价值目标之中，是国家层面价值总目标的应有之义。只有在社会主义条件下，自由、平等、公正、法治才能真正实现。全部的价值理念都属于意识的范畴，而存在决定意识，社会存在决定社会意识。中国特色社会主义坚持生产资料公有制为主体、多种所有制经济共同发展的基本经济制度；坚持和完善按劳分配为主体、多种分配方式并存的分配制度，坚持各种生产要素按贡献参与分配，在经济发展的基础上，更加注重社会公平；坚持和完善国家对经济的宏观调控；等等。这就从根本上消除了资本主义制度下资本私人占有与生产社会化之间的根本矛盾，为生产力的解放和发展提供了有利的制度条件，国民经济高效、快速、健康、有序运行，也为消灭剥削、消除两极分化、最终实现共同富裕奠定了坚实的物质基础。从价值理念来说，人民对美好生活的向往就是我们的奋斗目标。自由、平等、公正、法治是人民对美好社会的价值愿景，是中华民族伟大复兴"中国梦"的重要价值内涵，是富强民主文明和谐美丽的社会主义现代化强国的重要价值表现。

三　个人层面的价值准则是国家价值目标
和社会价值取向得以实现的基础

社会主义核心价值观的基本内容，无论是国家层面、社会层面的还是个人层面的，都是现代的价值观念。从世界文明发展史来看，告别中世纪，西方文明开始迈入现代和理性启蒙，个人逐渐有了比较清晰的自我意识，把自身作为根据，努力"成为自己命运的主人"，才会形成譬如自由、平等、民主等的现代价值理念[①]。在前现代，独立的个人及其意识是不存在的，所以马克思在《〈黑格尔法哲学批判〉导言》开篇才会说道："就德国来说，对宗教的批判基本上已经结束；而对宗教的批判是其他一切批判的前提。"[②] 人性附庸于神性之下，人的意识受控于神的意识，哲学只是神学的婢女，所以"宗教是还没有获得自身或已经再度丧失自身的人的自我意识和自我感觉"。[③] 当对宗教的批判已经结束，人性从神性中解放出来，经历文艺复兴、启蒙运动，"真理的彼岸世界消逝以后，历史的任务就是确立此岸世界的真理"。[④] 黑格尔称"现代"是"新的时代"，这个"新"就是"人"自知为人。确立此岸世界的真理就是确立"新的时代"的真理，它以"人"为根本出发点和落脚点。

---

① 这并不是说作为概念的"自由""平等""民主"等到现代社会才出现，而是说只有经过现代意识和理性启蒙的洗礼，人发现了自己，这些价值理念才具有现代性的含义。正如耶里内克认为的："全新的政治观念的数量是很少的。大多数的观念，至少其萌芽，在关于国家的古代观念中都可以找到。"（〔德〕耶里内克：《〈人权与公民权利宣言〉：现代宪法史论》，商务印书馆，2012，第3页）简言之，概念还是那些概念，但是概念的内涵已经发生了根本性改变。譬如贡斯当区分了古代人的自由与现代人的自由。古代人的自由主要表现为积极持续地参与城邦政治事务的权利，是一种政治自由。现代人的自由主要表现为追求私人幸福的独立性，是一种个体自由。因此，社会主义核心价值观的基本内容都是现代价值理念。

② 《马克思恩格斯选集》第1卷，人民出版社，2012，第1页。

③ 《马克思恩格斯选集》第1卷，人民出版社，2012，第1页。

④ 《马克思恩格斯选集》第1卷，人民出版社，2012，第2页。

在《德意志意识形态》中，马克思、恩格斯指出："全部人类历史的第一个前提无疑是有生命的个人的存在。"① 个人是人类社会历史发展的前提和基础。唯物史观的基础就是现实的人及其历史发展。"我们的出发点是从事实际活动的人"，这个"人""不是处在某种虚幻的离群索居和固定不变状态中的人，而是处在现实的、可以通过经验观察到的、在一定条件下进行的发展过程中的人"。② 后来，马克思在《1857—1858 年经济学手稿》中还明确指出："在社会中进行生产的个人，——因而，这些个人的一定社会性质的生产，当然是出发点。"③ 也就是说，所谓现实的个人，一定是处于某种社会关系、生产关系中的人；也正是基于现代的生产方式，现实的个人组成了现代社会和现代国家。从个人、社会和国家三者的关系来看，价值主体归根结底是个人。因此马克思强调，不同于资产阶级的虚假的共同体，在自由人的联合体中，"每个人的自由发展是一切人的自由发展的条件"。个人的价值行为都会影响社会和国家的价值实现；社会和国家的价值实现都必须以个人的价值实现为前提。

只有坚持好公民个人层面的价值准则，才能更好地实现社会层面的价值取向。爱国、敬业、诚信、友善，这些是我们每个人在日常生活中时时刻刻都可能发生的价值行为；相对于自由、平等、公正、法治这些宏观的价值理念，它们更加具体、接地气。只有从一点一滴的小事做起，把一点一滴的小事做好，整个社会的价值理想才能得以实现。我们每个人都流淌着中华民族的血液，接受这片土地的养育和馈赠，爱国是每个人最朴素的情感。爱国主义是中华民族精神的核心。很难想象没有爱国精神支撑的自由是什么自由？新中国成立时，我们一穷二白，为了建设新中国，多少优秀人才放弃了国外的优越条件，甚至冒着生命危险，冲破重重阻碍，毅然决然地回到祖国。如果按某些人的观点来看，优越的生活条件、良好的科研环境使人"自由"，那么像钱学森、钱伟长、钱三强、华罗庚、郭永怀、朱光亚、张文裕、王希季、师昌绪等一大批回国效力的科学家无疑是"自讨苦吃"，主动选择了"不自由"。然而，这个问题能这么看吗？自由不是"有奶便是娘"，自由不是当"亡国奴"。

---

① 《马克思恩格斯选集》第 1 卷，人民出版社，2012，第 146 页。
② 《马克思恩格斯选集》第 1 卷，人民出版社，2012，第 153 页。
③ 《马克思恩格斯全集》第 30 卷，人民出版社，1995，第 22 页。

心系国家、甘于奉献的伟大科学家，以及每一个普普通通的劳动者，与祖国同甘共苦，即便生活苦一点、工作累一点，但在精神上是最充实的，在内心处是最自由的。在现实中，不是每个人都可以像科学家那样做出开创性的贡献，但是我们要坚守"敬业"精神，勤勤恳恳，兢兢业业，在平凡的岗位上也可以做出不平凡的成绩，因此我们说"劳动者最伟大"。正是依靠一代代中国人的艰苦奋斗，我国经济社会发展才会取得举世瞩目的成就，用自己的双手创造的美好、幸福生活才是社会"自由"的牢靠基础和真实体现。再如"诚信"，如果人们连基本的诚信也不讲，到处是尔虞我诈，投机倒把，那么何言社会之平等和公正？正如马克思批判的那样，资本主义社会可以自诩是自由的、平等的、公正的、法治的，然而掩盖不住资本逻辑下的"人吃人"的现实，资产阶级国家只是"虚假的共同体"。"友善"亦是如此，如果人与人之间缺少友善，交流沟通就会不畅，心存隔膜，相互猜忌，社会和国家也就不可能和谐。只有从每个人的日常生活和日常行为做起，才能创造和维护自由、平等、公正、法治的社会环境。

个人的价值准则和国家的价值目标是辩证统一的。"爱国"，热爱国家，为了国家的价值理想而努力奋斗。1840年以来的近代史告诉每一个中国人，"落后就要挨打"，所以我们现在虽处于太平盛世，仍然要居安思危、接续奋斗。社会主义核心价值观的第一个关键词就是"富强"，并且党的十九大报告明确提出，要建设富强民主文明和谐美丽的社会主义现代化强国。"富强"之"强"和"强国"之"强"，一句话"强"字两次出现，这样的表述足见其分量。从"站起来"，到"富起来"，再到"强起来"，这是中华民族伟大复兴的逻辑。如果没有爱国主义做支撑，我们就失去了"精气神"，中华民族就无法从苦难中挣脱出来，从落后中发展起来，在胜利面前头脑清醒，在成功面前不迷失方向，脚踏实地，日夜兼程，为强国梦、中国梦继续奋斗。空谈误国，实干兴邦。习近平总书记告诫大家："中华民族伟大复兴，绝不是轻轻松松、敲锣打鼓就能实现的。"① 对于个人来说，坚守好自己的岗位，爱岗敬业，就是

① 习近平：《决胜全面建成小康社会　夺取新时代中国特色社会主义伟大胜利——在中国共产党第十九次全国代表大会上的报告》，人民出版社，2017，第15页。

对社会、对民族、对国家最实实在在的贡献。"诚信"不仅是一种做事的原则，更是一种做人的原则。人无信不立，国无诚不兴。人人讲诚信，诚信便成为全民信仰；无人讲诚信，风气便污浊不堪。只有诚信，人才得以立，国才得以兴。"友善"是中华优秀传统文化的重要品质。儒家的哲学体系以"仁"为核心。仁者爱人，仁的本质在于爱人，可以说整个仁学都是对友善的解释。儒家思想的最终旨趣不在于规定"仁是什么"，而在于"如何实现仁"。作为"仁之方"（《论语·雍也》）的"忠恕之道"在仁学体系中占据十分重要的位置。孔子曰："吾道一以贯之。"这个一以贯之，曾子解释为"忠恕"："夫子之道，忠恕而已矣！"（《论语·里仁》）具体说来，忠道作为肯定性原则，就是"己欲立而立人，己欲达而达人"（《论语·雍也》）；恕道作为否定性原则，就是"己所不欲，勿施于人"（《论语·卫灵公》）。忠恕之道作为"一以贯之""终身行之"之道，不仅是达到仁的方法和途径，而且作为一种"文化－心理"结构，使普遍伦理的建立成为可能。友善是中国人打交道的独特方式，与人为善、与邻为伴，使中华文明连绵数千年经久不衰，对于构建和谐社会，构建人类命运共同体都有着重要作用。

四　社会主义核心价值观的主要特征

社会主义核心价值观是一个价值理念聚合的有机体，国家、社会和个人三个层面虽各有侧重，但内在一致。三个层面的核心价值观，从基本价值准则到现实价值取向，再到理想价值目标，体现了现实与理想的联系，体现了立足当前与着眼长远的联系。具体来说，社会主义核心价值观表现出如下特征。

第一，社会主义核心价值观是真理性与价值性的统一。"是"与"应当"、"真理"与"价值"的关系问题是价值哲学的核心命题。所谓"真理性"是指"人必须按照世界的本来面目和规律去认识世界和改造世界，包括认识和改造人自身"。① 所谓"价值性"是指"人必须改造世界使之适合于人类社会的进步发展，或按照人的尺度和需要去认识世界

---

① 李德顺：《价值论》（第3版），中国人民大学出版社，2013，第213页。

改造世界，包括人和社会本身"。① 每一个好的关于国家、民族、社会的"顶层设计"，都体现着真理性与价值性的统一、合规律性与合目的性的统一。中国共产党，代表人民的根本利益，而不是代表某些人或者某一集团的利益。中国的民族解放，是为了实现人民当家作主的权利；中国的社会主义改造、建设和改革开放，始终坚持人民利益至上；新时代中国特色社会主义建设，是为了满足人民群众对美好生活的需要，为了实现"两个一百年"奋斗目标和中华民族伟大复兴的中国梦。社会主义核心价值观，体现的是中国人民的价值理想和奋斗追求，是人类文明发展的必然选择。

第二，社会主义核心价值观是主导性与开放性的统一。社会主义核心价值观，是以马克思主义为根本指导的，"以我为主"；同时大胆吸收、借鉴世界文明成果，"为我所用"。特别在事关发展道路、政治方向的原则问题上，我们"要始终保持清醒坚定，保持强大前进定力，既不走封闭僵化的老路，也不走改旗易帜的邪路，不为任何风险所惧，不为任何干扰所惑，真正做到'千磨万击还坚劲，任尔东西南北风'"。② 在建设社会主义现代化强国的征程中，我们会面临全球化带来的机遇和挑战。自 2008 年全球金融危机以来，以美国为代表的一些西方国家贸易保护主义抬头，逆全球化抬头，特别是 2020 年初在全球蔓延的新冠肺炎疫情，致使美国疫情面临失控局面。特朗普政府为了推卸责任，欺骗民众，不断加码逆全球化、反全球化的政策和措施，逆时代潮流而动，国际合作、全球化的风险加剧。中国保持和加强改革开放的力度不会变，坚定走"中国特色社会主义市场经济"道路的决心和信心不会变。社会主义核心价值观作为中国特色社会主义的价值呈现，坚持马克思主义的主导性，坚持包容合作、交流互鉴的开放性，充分体现了马克思主义、中华优秀传统文化、现代西方文明的有机融合。

第三，社会主义核心价值观是现实性与理想性的统一。马克思在《〈黑格尔法哲学批判〉导言》中指出："光是思想力求成为现实是不够的，现实本身应当力求趋向思想。"③ 作为一个国家、一个民族的核心价值，如果仅关注现实性，则"人无远虑必有近忧"；如果仅关注理想性，

① 李德顺：《价值论》（第 3 版），中国人民大学出版社，2013，第 215 页。
② 《习近平总书记系列重要讲话读本》，学习出版社、人民出版社，2014，第 16 页。
③ 《马克思恩格斯选集》第 1 卷，人民出版社，2012，第 11 页。

则会导致形而上学、乌托邦。这种现实性和理想性还会以具象和抽象的形式相互转换，例如，在国家层面，GDP 总量的增长是具象的，个人生活水平的提高则是抽象的；在个人层面，个人生活水平的提高是具象的，GDP 总量的增长则是抽象的。如"富强"，2020 年我国 GDP 突破 100 万亿元人民币，稳居世界第二，人均 GDP 突破 1 万美元，这是现实性；同时我们也要看到，中国在经济总量上与美国差距仍然较大，在人均 GDP 上差距就更大了，并且区域、城乡发展不平衡的现象仍然比较严重，显然从"富起来"到"强起来"仍须努力。我们不仅要创造更加先进的生产力，而且要发展更加合理的生产关系，使发展成果更多为人民共享。

第四，社会主义核心价值观是时代性与民族性的统一。如前文所述，全新的价值观念（或者说表达该价值观念的那个词）是很少的，如"自由""民主""平等"等，从中外思想史渊源看，在先秦、古希腊时代已经有了充分论述，然而，它们在现时代的含义是不同的，或者说它们的现实性是不同的。社会主义核心价值观的"自由""民主""平等"不仅不同于先秦、古希腊时代的"自由""民主""平等"，更重要的是，与现代资产阶级所讲的"自由""民主""平等"也是不同的。社会主义核心价值观的时代性特征，由中国特色社会主义的现实性决定，代表着人类社会发展和文明进步的未来。同时，社会主义核心价值观又是民族性的。从概念表达来看，"民主""和谐""诚信""友善"是充满中国风味、中国风韵的。更重要的是，正如习近平总书记指出的，中国特色社会主义是在对中华文明五千多年的传承发展中得来的。社会主义核心价值观的 12 个词 24 个字，由五千多年的中华文明涵养、传承而来，鲜明地展现了中华民族性格。

五　社会主义核心价值观的"社会主义"本质属性

社会主义核心价值观，从根本上说是"社会主义的"，必须体现社会主义本质。邓小平曾指出，社会主义本质就是"解放生产力，发展生产力，消灭剥削，消除两极分化，最终达到共同富裕"。[①] 解放生产力和

---

① 《邓小平文选》第 3 卷，人民出版社，1993，第 373 页。

发展生产力是最终实现共同富裕的前提和基础，消灭剥削和消除两极分化是最终实现共同富裕的政治保障，包含社会物质财富极大丰富和精神生活极大满足的共同富裕是社会主义核心价值观的最终愿景和目标。"贫穷不是社会主义"，"富强"才是社会主义的应有之义；"物质贫乏不是社会主义、精神空虚也不是社会主义"，"文明""和谐"才是社会主义的应有特征；"没有民主就没有社会主义""没有法治也没有社会主义"，所以"民主""法治"的观念是社会主义核心价值观的重要内涵；"人民对美好生活的向往就是我们的奋斗目标"，"平均主义不是社会主义、两极分化也不是社会主义"，"自由""平等""公正"只有在社会主义条件下才会真正实现；作为一名合格的社会主义公民，"爱国""敬业""诚信""友善"是必须遵守的道德原则和行为准则。这些内容无不反映了社会主义核心价值观与社会主义本质之间的内在统一性。

（一）马克思主义唯物史观的日常生活转向

恩格斯在《在马克思墓前的讲话》中总结道："正像达尔文发现有机界的发展规律一样，马克思发现了人类历史的发展规律。""人类历史的发展规律"就是唯物史观。它告诉我们："历来为繁芜丛杂的意识形态所掩盖着的一个简单事实：人们首先必须吃、喝、住、穿，然后才能从事政治、科学、艺术、宗教等等"，一切社会活动都以"直接的物质的生活资料的生产"为基础。[1]"生产物质生活本身"就是唯物史观的日常生活转向。它是人类的"第一个历史活动"，是"历史科学"的逻辑前提和知识起点。从现实的人及其历史发展出发，以人的日常生活和感性活动为基础，"特别坚持的是**历史**唯物主义，而不是历史**唯物主义**"。[2]以现实性和历史性为解释原则和理论内核，唯物史观蕴含着一场深刻的价值观革命。

"唯物史观的日常生活转向"，并非意味着有两种唯物史观（发生日常生活转向的唯物史观和没有发生日常生活转向的唯物史观），而是指日常生活转向是唯物史观本身的内容。唯物史观相较于以往的唯心主义和

---

[1]　《马克思恩格斯选集》第3卷，人民出版社，2012，第1002页。
[2]　《列宁全集》第18卷，人民出版社，1988，第345页。

唯物主义，最显著的特征是发生了日常生活转向。

在《德意志意识形态》序言中，马克思、恩格斯开宗明义："人们迄今总是为自己造出关于自己本身、关于自己是何物或应当成为何物的种种虚假观念。……我们要把他们从幻想、观念、教条和想像的存在物中解放出来，使他们不再在这些东西的枷锁下呻吟喘息。"这是对整个传统形而上学的叩问与反省。紧接着，他们总结了现代德国哲学关于传统形而上学困境的三种解决方案："一个人说，只要我们教会他们如何用符合人的本质的思想来代替这些幻想，另一个人说，只要我们教会他们如何批判地对待这些幻想，还有个人说，只要我们教会他们如何从头脑里抛弃这些幻想，这样……当前的现实就会崩溃。"① 第一个人指费尔巴哈，第二个人指鲍威尔，第三个人指施蒂纳。他们分别代表三种哲学观点，正好对应《德意志意识形态》第一卷的标题："对费尔巴哈、布·鲍威尔和施蒂纳所代表的现代德国哲学的批判。"鲍威尔和施蒂纳属于青年黑格尔派。"按照黑格尔体系，观念、思想、概念产生、规定和支配人们的现实生活、他们的物质世界、他们的现实关系。他的叛逆的门徒从他那里承受了这一点。"② 从根本上看，青年黑格尔派的观点只是黑格尔思想体系的变种，仍然在意识哲学当中打转转。

从总体上看，马克思、恩格斯对费尔巴哈的评价是双重的。"我们这些意见正是针对费尔巴哈的，因为只有他才至少向前迈进了一步，只有他的著作才可以认真地加以研究。"③ 费尔巴哈对思辨哲学和宗教神学都进行了批判，在《黑格尔法哲学批判》《基督教的本质》等著作中表达了唯物主义和人本学的思想。尽管他以"现实的、单个的、肉体的人"为基础，但是并没有把对象、现实、感性当作感性的人的活动，"人的本质"仍然停留在抽象当中，"世俗基础使自己从自身中分离出去，并在云霄中固定为一个独立王国"。④ 所以，马克思、恩格斯指出："当费尔巴哈是一个唯物主义者的时候，历史在他的视野之外；当他去探讨历史的时候，他不是一个唯物主义者。在他那里，唯物主义和历史是彼此完

---

① 《马克思恩格斯全集》第3卷，人民出版社，1960，第15页。
② 《马克思恩格斯全集》第3卷，人民出版社，1960，第16页。
③ 《马克思恩格斯选集》第1卷，人民出版社，2012，第143页。
④ 《马克思恩格斯选集》第1卷，人民出版社，2012，第138页。

全脱离的。"① 唯物史观需要克服人与历史的分离、感性活动与人类史的分离。"历史不过是追求着自己目的的人的活动而已","正是人,现实的、活生生的人在创造这一切,拥有这一切并且进行战斗"。② 人类史是人的目的性活动的展开。"代替""批判""抛弃"观念幻想,只能依赖"人的感性活动"。物质生产活动和日常生活本身构成并生产人类历史。

　　探讨人类历史的本质不能没有前提,"全部人类历史的第一个前提无疑是有生命的个人的存在","这些个人把自己和动物区别开来的第一个历史行动不在于他们有思想,而在于他们开始生产自己的生活资料"。③ "有生命的个人"是人类历史的主体,个人的需要(生活)和满足个人需要的生活资料的生产(物质生活生产)是人类历史的内容。"人们为了能够'创造历史',必须能够生活。但是为了生活,首先就需要吃喝住穿以及其他一些东西。因此第一个历史活动就是生产满足这些需要的资料,即生产物质生活本身。"④ 日常生活是以家庭为单位,以个人为主体的活生生的感性活动。无论关于人类史的历史科学如何高深莫测,无论"幻想、观念、教条和想像"如何玄之又玄,这一切都离不开现实的个人,都离不开日常生活。不管日常生活如何琐碎,不管人的衣食住行、婚丧嫁娶、生老病死如何平常,这些感性活动都实实在在地支撑起人的世界,构成人类社会的存在论前提。"即使感性在圣布鲁诺那里被归结为像一根棍子那样微不足道的东西,它仍然必须以生产这根棍子的活动为前提。"⑤ 感性活动、日常生活、生产物质生活本身,是一切历史的首要前提。然而,"迄今为止的一切历史观不是完全忽视了历史的这一现实基础,就是把它仅仅看成与历史进程没有任何联系的附带因素。因此,历史总是遵照在它之外的某种尺度来编写的;现实的生活生产被看成是某种非历史的东西,而历史的东西则被看成是某种脱离日常生活的东西,某种处于世界之外和超乎世界之上的东西"。⑥ 作为新历史观的唯物史观,不是发明一套艰深晦涩的理论,也不是依靠超历史、超世界的形而

①　《马克思恩格斯选集》第 1 卷,人民出版社,2012,第 158 页。
②　《马克思恩格斯文集》第 1 卷,人民出版社,2009,第 295 页。
③　《马克思恩格斯选集》第 1 卷,人民出版社,2012,第 146 页。
④　《马克思恩格斯选集》第 1 卷,人民出版社,2012,第 158 页。
⑤　《马克思恩格斯选集》第 1 卷,人民出版社,2012,第 158～159 页。
⑥　《马克思恩格斯选集》第 1 卷,人民出版社,2012,第 173 页。

上学原则，而是回归现实、回归日常生活的新世界观。

同时，与日常生活对应的是非日常生活。马克思的生活世界既包括日常生活，也包括非日常生活。日常生活是非日常生活产生的前提。"物质生活的生产方式制约着整个社会生活、政治生活和精神生活的过程。"① 唯物史观的日常生活转向，并不是忽视和淡出非日常生活，并不是贬低人的社会生活、政治生活和精神生活，而是在研究非日常生活世界的同时，拓展、深化与非日常生活相互关联、相互渗透的日常生活领域。生活世界是以实践为基础的日常生活与非日常生活的有机统一。日常生活世界是非日常生活世界的基础，非日常生活世界是日常生活世界的延伸和发展。正如不研究非日常生活世界就不可能完全洞察日常生活世界一样，不研究日常生活世界的问题及其解决，要解决非日常生活世界出现的一系列问题也是不可能的。日常生活世界与非日常生活世界的内在张力关系，构成哲学特别是唯物史观转向日常生活世界的逻辑必然。② 事实上，生活世界转向已经成为现代哲学发展的重要潮流。胡塞尔的"生活世界"，海德格尔的"此在"，维特根斯坦的"日常语言"，哈贝马斯的"生活世界殖民化"，都在不同方面表达出对人复归日常生活的诉求。唯物史观的日常生活转向更彻底，超出一切"理论家的想象"。

（二）价值观革命：从观念史观到群众史观

唯物史观的日常生活转向一方面吸收启蒙理性的精华，另一方面克服启蒙理性的主体性形而上学和同一性危机。作为新历史观的唯物史观实现了观念史观向群众史观的转变。这一伟大的历史观变革，放置在中国近代史当中尤显清晰。围绕着古今中西关系问题，近代中国激荡着三种价值理性的博弈："传统文化的道德理性、西学东渐以来形成的启蒙理性以及唯物史观传入中国以后逐渐占据主导地位的历史理性。"③

早期资产阶级改良派，如王韬、郑观应等开始接触和介绍西方政治体制，把西方各国的政体分成"君主之国"、"民主之国"和"君民共主之国"。中国历史只有"君"而没有"民"，主张"君民共主"。随着西

---

① 《马克思恩格斯选集》第 2 卷，人民出版社，2012，第 2 页。
② 王福民：《论唯物史观的日常生活转向》，《学术研究》2011 年第 5 期。
③ 《李景源自选集》，学习出版社，2013，第 563 页。

方启蒙思想的深入传播，19 世纪末 20 世纪初梁启超、严复等掀起史学革命。梁启超用"君主专制"代替"君主之国"，自秦始皇开始中国两千多年的历史是君主专制的历史。他在《中国历史研究法》中指出："前者史家，不过记载事实；近世史家，必说明其事实之关系，与其原因结果。前者史家，不过记述人间一二有权力者兴亡隆替之事，虽名为史，实不过一人一家之谱牒；近世史家，必探察人间全体之运动进步，即国民全部之经历，及其相互之关系。"① 史学是研究人类社会发展规律的学问，反对把史书写成君主帝王的谱牒，历史是全体国民共同创造的。帝王史观、英雄史观夸大了个人的主观能动性和历史作用，从根本上说是一种没有获得自我或再度失去自我的前现代的观念史观。史学革命的核心观点是：主张民史观，反对君史观。这是西方的启蒙理性对中国传统的道德理性的批判，开启了中国思想和观念的现代化进程。

唯物史观在中国的传播和发展，正如马克思唯物史观的形成和发展一样，受益于启蒙，同时又超越启蒙。"从梁启超的'民史论'和'新民说'到孙中山的'民生史观'和'三民主义'，从蔡元培的'劳工神圣'到李大钊的'群众时代、劳农主义和唯民主义'，从陈独秀的'我们所主张的是民众运动的社会改造'到毛泽东把'民众的大联合'看作是改造社会的根本方法，其间贯穿了一条主线，就是从观念史观和圣贤史观到民众史观和群众路线。"② 历史观的变革是中国近代思想史的主旋律，是历史理性对启蒙理性的扬弃过程，是唯物史观借鉴并逐步取代资产阶级民史观的过程。不可否认，启蒙理性对中国传统文化的冲击是巨大的，然而这种根植于西方社会的思想观念却没能抓住中国社会的主要矛盾。照搬西方的社会制度，脱离中国实际情况，脱离广大人民群众，没有从根本上弄清中国革命的主体和动力。"不是救亡压倒启蒙，而是启蒙脱离了救亡。"③ 无论是维新派的戊戌变法，还是孙中山领导的辛亥革命，尽管提出了"新民说"和"三民主义"，但是他们都没有掌握中国革命的根本力量，其政治主张脱离中国国情，所以即使革命成功，成果也很难保存。唯物史观要求我们运用历史理性，从人民群众出发，从现实生活

---

① 梁启超：《中国历史研究法》，中华书局，2009，第 161 页。
② 《李景源自选集》，学习出版社，2013，第 595 页。
③ 《李景源自选集》，学习出版社，2013，第 621 页。

出发，摒弃观念史观，一下子就抓住了事情的根本。深受帝国主义、官僚资本主义、封建主义压迫的劳苦大众是最坚定的革命力量，这是中国革命的土壤。因时因地制宜，满足人民群众的真实需要，例如"打土豪，分田地"，迅速聚集起革命的动力。人民群众是历史的创造者。一切为了人民群众，一切依靠人民群众，向人民群众学习，对人民群众负责。这就是中国共产党的群众史观和群众路线，是唯物史观中国化的思想结晶。

群众观点是唯物史观的根本观点，群众路线是马克思主义群众观点在工作指导路线上的具体化，是中国共产党的根本工作路线。群众观点和群众路线是历史唯物主义的重要内容，是无产阶级政党的立党之本、执政之基、力量之源。党的十八届五中全会首次提出的"以人民为中心"的发展思想，彰显了人民至上的价值取向，体现了人民是推动发展的根本力量的唯物史观。只有坚持这一基本原理，才能把握历史前进的基本规律和历史发展的总体趋势；只有按照历史规律办事，才能取得成功。一切以人民利益为根本遵循，逐步实现共同富裕，是马克思主义的一个基本目标，也是自古以来中国人民的一个基本愿景。

人民群众是历史的创造者，要尊重和发挥人民群众的首创精神。坚持以人民为中心的发展思想，坚持人民主体地位，自觉拜人民为师，向能者请教，向智者问策，从群众中汲取无穷无尽的智慧和力量。"人民，只有人民，才是创造世界历史的动力。"① 中国革命胜利是党领导人民英勇牺牲换来的，中国社会主义建设的成就是党领导人民用汗水浇出来的，中国改革开放事业是党领导人民探索、创造出来的。必须紧紧依靠人民，充分发挥人民首创精神，广泛动员和组织人民投身到党领导的中国特色社会主义伟大事业中来。

（三）群众史观规定社会主义核心价值观的社会主义属性

思考社会主义核心价值观的社会主义属性问题，不能单纯从哪些概念是社会主义的、哪些概念是资本主义的，进行简单的概念分类。按照有些人的逻辑，资本主义国家（以美国为代表）提倡"自由、民主、人权"，所以"自由、民主、人权"这些概念就是资本主义所独有的，我

---

① 《毛泽东选集》第 3 卷，人民出版社，1991，第 1031 页。

们的社会主义核心价值观使用这些概念反而让这些人觉得很奇怪,认为我们是在复制西方的价值理念。实际上极具迷惑性的是,如果仅仅从概念出发进行抽象思考,"富强、民主、文明、和谐";"自由、平等、公正、法治";"爱国、敬业、诚信、友善",资产阶级和资本主义国家可能"讲得比我们还好听"(因为他们善于"粉饰"和"谎言"),在他们宣扬的价值观和价值理念当中也大量使用了这些"名词"。然而,问题的关键不在于是否使用这些"名词",而在于使用这些价值概念的立场观点方法,"自由是谁的自由"及"如何实现自由";"民主是谁的民主"及"如何实现民主";"平等是谁的平等"及"如何实现平等";"公正是谁的公正"及"如何实现公正";"富强是谁的富强"及"如何实现富强";如此等等。这些都是"为了谁"及"如何做"的问题。

作为新历史观的唯物史观等于群众史观。人民群众是创造历史的主体。人们创造历史的一切活动,都同他们的需要、利益相关,也就是同价值相关。唯物史观的日常生活转向要求从人民群众的日常生活出发,以人民群众的真实的需要和利益为根本诉求,人民对美好生活的向往就是我们的奋斗目标,而不是从抽象的本质和空洞的理念出发,不是为了实现某些人或某个阶级的需要和利益。以人民为中心,一切为了人民,一切从人民利益出发,这是中国共产党执政理念的核心思想,也是社会主义的本质属性和内在要求。社会主义核心价值观的社会主义属性,最关键的就是体现人民立场、以人民为中心、把人民利益至上作为根本出发点和落脚点。例如,社会主义民主是人民当家作主,是绝大多数人的民主。民主是具体的、历史的、变化的,从来就没有抽象的、超阶级的、超历史的、永恒的、普世的民主。对无产阶级和劳动人民来说,资产阶级民主并不是真正的民主,它以表面的全民性作为伪装,掩盖其对多数人实行统治、压迫的阶级实质。毛泽东等中国共产党人深刻认识到民主的阶级性,必须从人民群众的需要、利益出发,必须依靠人民群众,必须建立"人民民主专政"的新中国。"对人民内部的民主方面和对反动派的专政方面,互相结合起来,就是人民民主专政。"[①] 只有既坚持对人民民主,对敌人专政,才能真正保障人民群众的根本权利,才是真正践

---

① 《毛泽东选集》第 4 卷,人民出版社,1991,第 1475 页。

行群众史观。

那么资产阶级和资本主义国家会怎么做呢？马克思早已揭示得很清楚，他说："尽管如此，从政治上废除私有财产不仅没有废除私有财产，反而以私有财产为前提。当国家宣布出身、等级、文化程度、职业为非政治的差别，当它不考虑这些差别而宣告人民的每一成员都是人民主权的平等享有者，当它从国家的观点来观察人民现实生活的一切要素的时候，国家是以自己的方式废除了出身、等级、文化程度、职业的差别。尽管如此，国家还是让私有财产、文化程度、职业以它们固有的方式，即作为私有财产、作为文化程度、作为职业来发挥作用并表现出它们的特殊本质。国家根本没有废除这些实际差别，相反，只有以这些差别为前提，它才存在，只有同自己的这些要素处于对立的状态，它才感到自己是政治国家，才会实现自己的普遍性。"① 国家可以用一纸公文的形式大告天下：我们废除了出身、等级、文化程度、职业的差别，"自由、民主、人权"又何尝不是如此？然而，现实情况仍然是政治国家以出身、等级、文化程度、职业等标准来划分不同的社会群体，形成不同的阶级，"自由"只是资产阶级的自由，"民主"只是资产阶级的民主，"人权"只是资产阶级的人权。对全部的阶级社会而言，马克思主义的阶级分析方法都是有效的，价值观是有阶级性的。对社会主义中国来说，社会主义核心价值观代表最广大人民群众的利益需要和价值愿景。另外一个不容忽视的问题是，世界形势仍然很复杂，意识形态领域的斗争还很激烈，价值观渗透、"颜色革命"等敌对活动仍然存在，这就要求我们要牢牢掌握意识形态和价值观领域的领导权、管理权和话语权。

① 《马克思恩格斯全集》第 3 卷，人民出版社，2002，第 172 页。

第六章　当代中国新价值秩序与社会主义核心价值观的关系

中国特色社会主义进入新时代，反映在社会价值观层面，必然产生一种与之相适应的新的社会价值秩序。党的十八大对社会主义核心价值观做出明确概括：富强、民主、文明、和谐，自由、平等、公正、法治，爱国、敬业、诚信、友善。并且，党的十八大以来，培育和践行社会主义核心价值观取得了丰富的理论成果和良好的实践效果。然而，随着新时代中国特色社会主义各项事业的推进，在具体实践中不断凝练出新的价值理念，如从"四位一体"到"五位一体"，在生态文明建设中提出的"美丽""绿水青山就是金山银山""美丽中国"等概念，显然是社会主义核心价值观所不能涵盖的。因此，如何理解社会主义核心价值观和当代中国新价值秩序的关系，就成为一个非常重要的理论和现实问题。

一　社会主义核心价值观是当代中国新价值秩序的主体内容

众所周知，社会主义核心价值观已经写入宪法，强化为国家意志，是当代中国精神的集中体现，在思想和实践层面、在社会制度层面获得根本大法的强力保障。党的十八大以来，核心价值观越来越成为广大人民群众的价值共识，在这个意义上，社会主义核心价值观最有条件和最应该成为当代中国新价值秩序的主体内容。

习近平总书记指出，实现中华民族伟大复兴，必须坚定"四个自信"。其中，"文化自信，是更基础、更广泛、更深厚的自信，是更基本、更深沉、更持久的力量"。[1] 文化属于社会意识范畴，它既是对社会经济政治生活的反映，又对整个社会生活产生巨大影响。坚定中国特色

---

[1] 《习近平谈治国理政》第二卷，外文出版社，2017，第349页。

社会主义道路自信、理论自信和制度自信，归根结底是要坚定文化自信。文化的根本是核心价值观，文化的影响力根本在于核心价值观的影响力；核心价值观是文化软实力的灵魂，决定文化的性质和方向。没有共同的核心价值观，民族、国家就会魂无所依、行无依归。因此，我们要把核心价值观融入经济社会发展、人们生产生活的方方面面，内化为情感认同和行为习惯，自觉形成社会价值秩序。

国家层面的"富强、民主、文明、和谐"是新的历史条件下中国特色社会主义的总体发展目标和价值旨趣。对"富强"的追求，反映了社会主义初级阶段的最大国情，我们的生产力总体水平还不高，地区发展还不均衡，自主创新能力还不强，结构性矛盾依然突出，粗放型增长付出了过大的资源和环境代价。"富强"也体现在以经济建设为中心，转变经济发展方式，在发展平衡性、协调性、可持续性明显增强的基础上，2020年实现国内生产总值和城乡居民人均收入比2010年翻一番，确保实现全面建成小康社会的目标。"民主"是中华民族百年来不断探索、孜孜以求的价值理想，人民民主是社会主义社会生活的基本组织形式和活动方式。通过政治体制改革，发展更加广泛、更加充分、更加健全的人民民主，健全民主制度、丰富民主形式，保证人民依法实行民主选举、民主决策、民主管理、民主监督。"文明"涵盖人与自然、人与社会、人与人之间的全部关系，与中国特色社会主义"五位一体"格局紧密联系，要求物质文明建设和精神文明建设齐头并进、共同发展。"和谐"是中华民族传统文化的精髓，是社会主义现代化建设的总体追求，反映出人们对美好生活的向往。

社会层面的"自由、平等、公正、法治"是中国特色社会主义的基本价值诉求，是对现代西方文明的批判性借鉴和内在性超越。"自由"是马克思主义的思想旨趣，培育自由人格是践行社会主义核心价值观的重要内容。改革开放体现出对"自由"的尊重，从"大包干"到发展社会主义市场经济，真正激发整个社会和人的创造力、活力，推动社会主义社会发展。"平等"是实现自由的前提和基础。今天的平等已经不是生产力水平极其低下、物质生活极其贫困条件下的平等，而是社会生产力极大发展、物质生活极大丰富基础上的平等，要让全体人民共享改革发展成果。"公正"是中国特色社会主义的内在要求，加紧建设对保障社会公平正义的制度，逐步建立以权利公平、机会公平、规则公平为主要内容的社会公平正义保障体系，努力营造公正的社会环境，保证人民平等参与、平等发展的权利。"法治"是治国理政的基本方式。十八届四中全会提出："全面推进依法治国，总目标是建设中国特色社会主义法治体系，建设社会主义法治国家。"① 依法治国是推进国家治理体系和治理能力现代化的关键；法治是社会主义核心价值观的基本内容，是现代国家治理的首要原则。

个人层面的"爱国、敬业、诚信、友善"是对每个人提出的道德规范和行为准则，一方面确立公民本分，另一方面提倡基本职业道德。"爱国"是每个公民的应尽义务，是中华民族优秀文明传统。以爱国主义为核心的民族精神也是社会主义核心价值体系的重要内容。"敬业"是个人最基本的职业道德。对于所从事职业的尊重，代表着一种对于个人价值的追求，爱自己的岗位，干好本职工作，才可能为国家、为社会、为家庭，也为自己创造未来。"诚信"是社会主义市场经济得以建立的基石。市场经济也叫作诚信经济，公平交易，等价交换，诚实守信，遵守诺言，这既是市场经济竞争主体必须遵循的基本准则，也是市场经济社会信用体系建设最核心的内容。传统的中国社会是一个伦理社会，维系人与人之间的伦理原则是"亲亲"原则，因此最小的伦理单元是家庭。"友善"在直接的意义上讲是家庭之间、邻里之间的相处原则，如睦邻友好、睦邻友善，进而往外推演，人与朋友之间、人与他人之间、人与自然之间都应该友善相处。友善植根于中国土壤，是具有普遍适用性和基础性的价值观念和伦理规范，是社会主义核心价值观的应有之义。

习近平总书记指出，培育和弘扬核心价值观，有效整合社会意识，是社会系统得以正常运转、社会秩序得以有效维护的重要途径。② 培育和践行社会主义核心价值观，作为中国特色社会主义文化建设的重要内容，在党和国家层面受到高度重视；在社会层面受到广泛关注；在个人层面影响每个人的日用行常。党的十八大以来，社会主义核心价值观深入人心、深得人心，以此作为当代中国新价值秩序的主体内容，水到渠成。

---

① 《中国共产党第十八届中央委员会第四次全体会议公报》，人民出版社，2014，第 5 页。
② 参见习近平《把培育和弘扬社会主义核心价值观作为凝魂聚气强基固本的基础工程》，《人民日报》2014 年 2 月 26 日。

二　中国梦、以人民为中心和"五大发展理念"的价值内涵

社会主义核心价值观是一套价值理念系统，然而任何系统一旦形成，其完整性同时也意味着某种意义上的"封闭性"。随着新时代的实践发展，社会主义核心价值观应该保持开放性，构建当代中国新价值秩序应该不断吸纳新的价值资源。我们做出如下概括：以实现中华民族伟大复兴中国梦为价值目标，统筹推进"五位一体"总体布局和协调推进"四个全面"战略布局①，坚持以人民为中心，坚持五大发展理念，坚持人类命运共同体理念，为人类文明进步提供中国价值。这一概括既是实践的，又是理论的；既是事实的，又是价值的；既是现实的，又是理想的。

（一）中国梦

2012 年 11 月 29 日，习近平总书记在参观"复兴之路"展览时首次提出"中国梦"，实现中华民族伟大复兴，就是中华民族近代以来最伟大梦想。中国梦的内涵是"国家富强、民族振兴、人民幸福"，具体来说就是实现"两个一百年"奋斗目标。党的十九大报告提出，2020 年全面建成小康社会后，我们将会向第二个百年奋斗目标前进，这分为两个阶段。第一个阶段是从 2020 年到 2035 年，通过 15 年的努力，基本实现社会主义现代化；第二个阶段是从 2035 年到本世纪中叶，再通过 15 年的努力，把我国建成富强民主文明和谐美丽的社会主义现代化强国。通过上述提法和安排，我们可以得出，第二个百年奋斗目标将在 2035 年实现，前提了 15 年。因此，党的十九大以来，实现中国梦的具体步骤有了新变化，全面建成小康社会—基本实现现代化—全面建成社会主义现代化强国。

---

①　关于"四个全面"战略布局，党的十八大以来，中央先后提出全面建成小康社会、全面深化改革、全面依法治国、全面从严治党。随着全面建成小康社会取得决定性成就，2020 年 10 月，党的十九届五中全会对"四个全面"战略布局的提法做出新变化，"协调推进全面建设社会主义现代化国家、全面深化改革、全面依法治国、全面从严治党的战略布局"（《中国共产党第十九届中央委员会第五次全体会议文件汇编》，人民出版社，2020，第 8 页）。

中国梦作为一种理想追求和奋斗目标，强调国家、民族和个人的三者统一，归复到一个中国传统哲学命题，那就是"国"与"家"的统一。社会主义性质的价值观和价值理念，从来都是集体主义的；对个体来说，国家就是最大的集体。马克思说："人的本质不是单个人所固有的抽象物，在其现实性上，它是一切社会关系的总和。"[①] 社会性是人的固有属性，是现实的人的不自觉和无条件的前提；同时，人的社会性活动，必然会产生"国家"的需要。"国家消亡"论是经典马克思主义国家学说的重要观点。然而，马克思和恩格斯预测的无产阶级的"联合的行动，至少是各文明国家的联合的行动"并没有如约而至，在推翻资产阶级国家和实现自由人的联合体之间人类还在不断经历各种历史。无产阶级革命在经济社会落后的半殖民地半封建国家取得胜利，建立起人民民主专政的社会主义国家。

社会主义国家是更好地实现为人民服务的载体。这正如马克思和恩格斯在《共产党宣言》中所强调的："当阶级差别在发展进程中已经消失而全部生产集中在联合起来的个人的手里的时候，公共权力就失去政治性质。"[②] 社会主义和共产主义需要发展更加先进的生产力，更加完善的经济运行、社会管理、民生服务等体制机制。"社会主义需要国家，但无论是作为政治暴力意义上的国家还是作为掌握庞大公共权力和支配社会财富的国家，其本身并不是目的，而是推进社会主义和人的全面自由发展的工具。"[③] 从根本上说，国家的主人是全体人民还是某个阶级或者少数人，这是问题的关键。社会主义国家正是坚持人民当家作主这一根本原则，全心全意为人民服务这一根本宗旨，是最先进的国家形态。

中国梦是对这一先进的国家形态的价值目标的高度概括。社会主义国家是人民当家作主的国家，中国的社会主义性质决定中国梦的性质。中国梦是中国人民的梦想，中国梦的本质是社会主义的。国家富强和民族振兴，都以人民幸福为归宿。同样，实现中国梦，有赖于每个中国人的付出和努力。

---

① 《马克思恩格斯选集》第 1 卷，人民出版社，2012，第 135 页。
② 《马克思恩格斯选集》第 1 卷，人民出版社，2012，第 422 页。
③ 任晓伟：《从"国家消亡"论到"社会主义国家"观念——20 世纪前半期马克思主义国家理论的变迁》，《长安大学学报》（社会科学版）2013 年第 3 期。

　　中国梦和世界梦是相通的。坚持以人民为中心，共同构建中华民族命运共同体与人类命运共同体，是沟通和连接中国梦与世界梦的根本基础。共产主义的远大理想是人类解放。马克思的"世界历史"已经展开，现代世界相互联系、相互依存、深刻互动，我中有你、你中有我，共处"地球村"。一切地域、国家、民族都紧密地联结在一起，不同的文化、宗教、艺术交流互鉴。同时，我们面临的问题和挑战也是全球性的。"以人民为中心"和"命运共同体"内在一致，中华文明以"天下大同"为己任，全人类的根本目标也是一致的。只要全世界人民携起手来，坚持以人民为中心的发展观，就一定能够创造更加美好的人类未来。

（二）以人民为中心

　　党的十八届五中全会首次提出"以人民为中心"的发展思想，反映了坚持人民主体地位的内在要求，彰显了人民至上的价值取向。党的十九大报告明确指出："坚持以人民为中心。人民是历史的创造者，是决定党和国家前途命运的根本力量。必须坚持人民主体地位，坚持立党为公、执政为民，践行全心全意为人民服务的根本宗旨，把党的群众路线贯彻到治国理政全部活动之中，把人民对美好生活的向往作为奋斗目标，依靠人民创造历史伟业。"① 人民是真正的英雄。坚持人民立场，人民利益至上，是我们党同一切剥削阶级政党的根本区别。历史的人民性决定以人民为中心的发展观是真理与道义的统一。

　　以人民为中心的价值理念，根植于历史唯物主义的群众史观。人民群众是我们党的力量之源、执政之基。首先，老百姓是共产党人的衣食父母，我们要一心一意为老百姓做事。习近平总书记说："对于我们共产党人来说，老百姓是我们的衣食父母。要像爱自己的父母那样爱老百姓，为老百姓谋利益，带老百姓奔好日子。"② 他在讲话中曾多次引用河南内乡县一座古县衙的一副对联："得一官不荣，失一官不辱，勿道一官无用，地方全靠一官；穿百姓之衣，吃百姓之饭，莫以百姓可欺，自己也是百姓。"他认为，共产党人的爱民情怀要高于封建时代的官吏。其次，

---

① 习近平：《决胜全面建成小康社会　夺取新时代中国特色社会主义伟大胜利——在中国共产党第十九次全国代表大会上的报告》，人民出版社，2017，第21页。
② 《习近平谈治国理政》，外文出版社，2014，第432页。

人民是国家的主人，任何权力都是人民赋予的。在谈到权力的来源时，他指出："我们共产党人的权力无论大小，都是人民给的，也只能受命于人民，为人民谋利益。人民把权力交给了我们，我们在使用权力的时候就要让人民放心。"[1] 最后，我们党的执政能力和执政地位从根本上说都来自人民。坚持以人民为中心，加强和改进党的建设，做到权为民所用、情为民所系、利为民所谋。

以人民为中心，一切为了人民，一切从人民利益出发，这是我们党执政理念的核心思想。"不忘初心，牢记使命。"这颗"初心"就是以人民为中心的"心"，人民至上的"心"。不忘初心，最根本的就是不忘人民。老子曰："圣人常无心，以百姓心为心。"（《老子·四十九章》）中国共产党始终保持对人民的赤胆忠心，永远忠于人民，人民利益至上。把人民满意作为工作的根本标准，真正把以人民为中心的价值理念落到实处。

（三）"五大发展理念"

"五大发展理念"与"以人民为中心"一样，首先在党的十八届五中全会上被提出。习近平总书记指出："发展必须是科学发展，必须坚定不移贯彻创新、协调、绿色、开放、共享的发展理念。"[2] 从具体领域看，"五大发展理念"主要对应经济建设，以新发展理念引领经济高质量发展。

（1）创新的发展理念。"创新是引领发展的第一动力，创新发展注重的是解决发展动力问题，必须把创新摆在国家发展全局的核心位置，让创新贯穿党和国家一切工作。"[3] 创新是一个国家、民族进步的灵魂，是社会充满活力的源泉。以改革创新为核心的时代精神与以爱国主义为核心的民族精神，是社会主义核心价值体系的基本内容。创新发展包括制度创新、科技创新、理论创新等内容。第一，科学技术是第一生产力，科技创新对生产力发展至关重要。无论是为了给人类创造更美好的生活

---

[1]　习近平：《摆脱贫困》，福建人民出版社，1992，第 22 页。

[2]　《习近平新时代中国特色社会主义思想学习纲要》，学习出版社、人民出版社，2019，第 109 页。

[3]　《习近平新时代中国特色社会主义思想学习纲要》，学习出版社、人民出版社，2019，第 110 页。

条件，还是为了应对人类面临的灾难和危机，科技创新总是人们赖以信任和依靠的力量。从蒸汽机为代表的工业革命，到电力技术为代表的第二次工业革命，再到计算机及信息技术为代表的第三次工业革命，进而到现如今的第四次工业革命。众说纷纭，人工智能、虚拟现实、量子通信、物联网等，科学技术的创新与发展推动时代的车轮滚滚向前。第二，生产关系和上层建筑对生产力发展具有反作用，建立与生产力发展相适应的生产关系和上层建筑需要在实践中不断进行制度创新。通过制度创新，革除一切影响发展的机制弊端，既要反映生产力发展要求，又要满足人民群众的根本需要。第三，理论之所以具有强大的生命力，在于它是时代精神的集中反映，这要求理论在实践中不断发展，与时俱进，即不断推进理论创新。①

（2）协调的发展理念。"协调是持续健康发展的内在要求，协调发展注重的是解决发展不平衡问题，必须正确处理发展中的重大关系，不断增强发展整体性。"② 改革开放 40 多年来，中国经济社会取得巨大成就，为消除贫困、改善社会不平等奠定基础。同时，区域发展不平衡，特别是西部地区发展不充分的问题仍然比较突出。2014 年 12 月 23 日，国务院扶贫开发领导小组办公室公布了全国 832 个贫困县名单。其中，陕西 56 个，甘肃 58 个，青海 42 个，宁夏 8 个，新疆 32 个，云南 88 个，贵州 66 个，四川 66 个，重庆 14 个，西藏 74 个，内蒙古 31 个，广西 33 个，西部地区占比 68.2%。③ 党的十八大以来，随着脱贫攻坚、全面建成小康社会不断深入推进，到 2020 年 11 月 23 日，全国 832 个贫困县全部脱贫摘帽。脱贫摘帽不是终点，要接续推进全面脱贫与乡村振兴有效衔接，实实在在地向共同富裕迈进。除区域发展不平衡外，还有城乡发展不平衡、行业发展不平衡等，这些都需要从整体性出发，综合施策，协调发展。

（3）绿色的发展理念。绿色发展是经济高质量发展的重要内涵，要

---

① 参见《中共中央举行学习〈胡锦涛文选〉报告会　习近平发表重要讲话》，《人民日报》2016 年 9 月 30 日。

② 《习近平新时代中国特色社会主义思想学习纲要》，学习出版社、人民出版社，2019，第 110 页。

③ 参见《全国 832 个贫困县名单》，http://www.cpad.gov.cn/art/2014/12/23/art_343_981.html，最后访问日期：2021 年 3 月 30 日。

坚持走生态优先，绿色发展之路。从经济发展方式看，绿色既是手段，又是目标。作为手段的绿色发展，要求生产方式的绿色革命，这其中包括生产原材料的绿色化（环保化）、生产工艺和生产流程的绿色化（环保化）、生产产品的绿色化（环保化）。作为目标的绿色发展，要求人与自然和谐相处，经济效益与生态效益相统一。经济活动是以人为主体的对象性活动，绿色发展要求人们在认识和改造客观世界的同时，协调和优化人与自然的关系，构建有序的生态运行机制和良好的生态环境，建设望得见山、看得见水、记得住乡愁的美丽中国。

（4）开放的发展理念。"开放是国家繁荣发展的必由之路，开放发展注重的是解决发展内外联动问题，必须发展更高层次的开放型经济，以扩大开放推进改革发展。"[1] 人类生活在同一个地球村，是你中有我、我中有你的命运共同体。面对百年未有之大变局，只有依靠开放和合作，才能共同应对挑战、迎接机遇，共同走向更美好的未来。改革开放以来，中国特色社会主义事业取得举世瞩目的成就，其中一个重要原因就是始终保持不断开放的胸襟。2018 年 11 月，世界上首个以进口为主题的大型国家级展会——中国国际进口博览会——在上海举行。这向全世界传递和表明，中国的开放政策不会变，开放的大门只会越开越大。一花独放不是春，百花齐放春满园。以更开放的姿态，更高水平的开放实效，更好推动经济社会高质量发展。

（5）共享的发展理念。"共享是中国特色社会主义的本质要求，共享发展注重的是解决社会公平正义问题，必须坚持全民共享、全面共享、共建共享、渐进共享，不断推进全体人民共同富裕。"[2] 在中国共产党的领导下，人民群众既是革命、建设和改革的主体，同时也是共享革命、建设和改革成果的主体，人民群众是为中国梦奋斗和实现中国梦的主体。共享理念的核心是人民主体论，它包括四层内涵。一是全民共享，共享发展是人人享有，不是少数人享有。二是全面共享，全面保障人民在经济、政治、文化、社会、生态各方面的成果和权益。三是共建共享，共

---

[1] 《习近平新时代中国特色社会主义思想学习纲要》，学习出版社、人民出版社，2019，第 110 页。

[2] 《习近平新时代中国特色社会主义思想学习纲要》，学习出版社、人民出版社，2019，第 110 页。

建的过程也是共享的过程。广泛汇聚民智，最大激发民力，形成人人参与、人人尽力、人人都有成就感的良好局面。四是渐进共享，共享发展有一个从低级到高级、从不均衡到均衡的辩证过程。人们常说，做大蛋糕易，分好蛋糕难。共享的价值理念体现社会主义国家发展的重要特征，共同富裕是全体人民的富裕而不是少数人的富裕。如果发展成果只被少数人享有，那么我们在发展理念上就出了偏差，在道路选择上就走了邪路。共享发展是中国特色社会主义的本质要求。

三　当代中国新价值秩序的新内容辨析

　　本书的一个基本观点是：新时代呼唤新价值，新时代也必然诞生新价值。党的十八大以来，中国特色社会主义进入新时代，反映在社会价值观领域，经过长期的培育和践行社会主义核心价值观，以此为主体内容的当代中国新价值秩序逐渐养成，在人民群众当中凝聚起新时代的价值共识。同时，本书的另一个基本观点是：新时代的新实践，反映在社会价值观领域，有了新发展，这是社会主义核心价值观所难以涵盖的。在前面的内容中，我们对中国梦、以人民为中心、"五大发展理念"进行了比较系统的阐述，同时对"生态文明""人类命运共同体"两个价值理念"提"而不"述"。作为全书承上启下的一个章节，我们旨在说明当代中国新价值秩序以社会主义核心价值观为主体内容，同时扩展"生态文明"和"人类命运共同体"两个价值理念，而没有把中国梦、以人民为中心、"五位一体"、"四个全面"、"五大发展理念"等囊括进来。正是基于"生态文明"和"人类命运共同体"在社会价值观层面的创新性和重要性，我们会对这两个价值理念进行专门论述。

　　中国梦是一个集合性概念，包括诸多新价值理念，当代中国新价值秩序也可以称为以中国梦为统领的新价值秩序。中国梦与社会主义核心价值观及其基本内容相比较，显然要高一个层次；如果把中国梦作为当代中国新价值秩序的具体内容来看待，显然把中国梦"降低"了。把中国建设成为富强民主文明和谐美丽的社会主义现代化强国，是中华民族伟大复兴中国梦的具体内涵之一，由此观之，中国梦是一套价值体系，而不仅仅是一个价值理念。如果把中国梦与富强、民主、文明、和谐

（社会主义核心价值观的国家层面的基本内容）放在同一个层次使用，"大概念"与"小概念"的差别是明显的，是不合适的。同理可证，中国梦也无法与自由、平等、公正、法治单独并列，前者与后者是包含和被包含的关系，而不是平行的概念。爱国、敬业、诚信、友善与中国梦的关系同样如此，概莫能外。

以人民为中心是当代中国新价值秩序的底色，是所有价值理念之根本，换言之，与中国梦一样，它和社会主义核心价值观的基本内容也不是同一个层次的概念。以人民为中心的思想和价值追求包含在社会主义核心价值观的基本内容中，体现在培育和践行社会主义核心价值观的具体实践中。当代中国新价值秩序必然要充分反映和体现以人民为中心的价值诉求。在理论上看，以人民为中心与当代中国新价值秩序恰似"本质"和"现象"的关系，是思想领域的"分层"。

"五位一体"和"四个全面"分别是新时代中国特色社会主义的总体布局和战略布局，它们固然反映当代中国新价值秩序的价值内涵；然而就"五位一体"和"四个全面"本身来说，两者是具体措施和战略布局，而不是价值理念，换言之，两者和社会主义核心价值观的基本内容不是同一属性的概念。在推进中国特色社会主义经济建设、政治建设、文化建设、社会建设和生态文明建设的"五位一体"中，在推进全面建设社会主义现代化国家、全面深化改革、全面依法治国和全面从严治党的"四个全面"中，我们必须坚持以中国梦为指引，必须坚持以人民为中心的价值理念，从而具体形成当代中国新价值秩序。

"五大发展理念"从总体看是一种新的发展理念，是引领经济高质量发展的新发展理念。"创新、协调、绿色、开放、共享"，是实现经济高质量发展的方式方法，目的在于教会人们怎样做。换言之，创新发展是手段，而非目的。我们不是为了创新而创新，从经济建设的角度看，创新的目的是成就国富民强的百年梦想。同理可证，协调、绿色、开放、共享都是如何更好实现发展的方法。例如，绿色发展的目标是美丽中国，共享发展的目标是共同富裕。诚然，创新、协调、绿色、开放、共享这些概念，无论从词性看，还是从内容看，都具有"两可性"，甚至某种意义上的"模糊性"。本书为了论述的简洁明了，回归"五大发展理念"提出的初衷，不再做延伸性阐述，因此把"五大发展理念"限定为实现新发展的方式方法，而不把它们作为当代中国新价值秩序的内容。体现新价值理念的实践行动，还不是新价值理念本身。尽管两者极易混淆，但作为当代中国新价值秩序的具体内容，还是有必要厘清和澄清。

从新时代中国特色社会主义的新实践看，中国梦是最高价值目标，统领整个价值系统，是当代中国新价值秩序的理想目标，是"价值的价值""理想的理想"。以人民为中心是所有价值理念的内在本质，无论新价值秩序在内容上如何变化，在根本上还是以人民为中心，这是中国共产党的初心、宗旨，也是具体的思想路线和工作路线的价值精髓。"五位一体"总体布局和"四个全面"战略布局是新时代新实践的框架、路线图、战略，落实新价值秩序，也反映新价值秩序，但两者都不属于价值理念。"五大发展理念"是新发展理念，但作为具体内容，创新、协调、绿色、开放、共享更侧重方法，而非价值。当然，实践和理论、事实和价值、现实和理想、方法论和价值观本来都统一于一个整体，相互支撑，这对凝练和丰富当代中国新价值秩序既是机遇，也提出了更高的要求。

如前所述，本书对中国梦、以人民为中心、"五大发展理念"的新价值内涵进行了详细阐述，同时对中国梦、以人民为中心、"五大发展理念"、"五位一体"总体布局和"四个全面"战略布局不能定义为当代中国新价值秩序进行了说明和辨析。社会价值秩序，一是相较于中国梦、以人民为中心等，要更具体，对人民群众的引导性和日常行为的约束性、规范性更明确；二是相较于"五大发展理念"，它基本上能够把"五大发展理念"的具体内容涵盖其中，并且"五大发展理念"主要对应经济建设的高质量发展；三是相较于"五位一体"总体布局和"四个全面"战略布局，要更凝练和抽象，价值观的意味更浓重。在此意义上，社会主义核心价值观的基本内容具备构成当代中国新价值秩序的可能性和合理性。同时，社会主义核心价值观与新时代中国特色社会主义是同频共振的，是价值理念与现实实践的关系，这为社会主义核心价值观的基本内容构成当代中国新价值秩序奠定了唯物史观的基础。那么，以社会主义核心价值观的基本内容为参照系，有哪些价值理念是社会主义核心价值观没有包括，而对构建当代中国新价值秩序又是十分必要的呢？我想至少有两个新价值理念是应该囊括进来的：一是"生态文明"理念，二是"人类命运共同体"理念。

　　"生态文明"理念从众多新价值理念当中脱颖而出，一个突出的标志是从"四位一体"到"五位一体"，从"富强民主文明和谐"到"富强民主文明和谐美丽"。建设生态文明，是中华民族永续发展的千年大计。党的十八大以来，生态文明受到前所未有的重视，生态文明建设取得前所未有的成效。2015年9月，中共中央、国务院印发了《生态文明体制改革总体方案》，为我国生态文明领域改革做出了顶层设计。"生态文明"是人与自然和谐统一的价值理念，要求变革现代化过程中的粗放型发展模式，达到生态效益、社会效益、经济效益的最优化，从而实现人与自然、人与人、人与社会和谐共生、良性循环、全面发展、持续繁荣。

　　从人类社会发展史看，自然生态环境的最大敌人就是人类工业化，不断掠夺自然资源，污染自然环境，破坏自然生态。福斯特在《生态危机与资本主义》中提出"生态盈亏底线"概念，简单地用经济理性把自然环境资本化、商品化，赋予自然以经济价值并更加充分地将自然环境纳入市场体系之中，其后果是先污染后治理或者边污染边治理。如何不污染环境不破坏生态也能发展经济？如何既要绿水青山又要金山银山？一方面自然生态本身是有经济价值的，如绿色休闲产业、生态农业、循环经济等；另一方面生态环境好，能够提升城市品位、吸引力和竞争力。随着社会进步，人们对生产生活的品质要求越来越高，良好的人居环境和城市生态，越来越成为吸引人才的重要因素。经济发展要遵循人与自然和谐共生的基本要求，以资源环境承载能力为基础，激活"生态生产力"，走生产发展、生活富裕、生态良好的文明新路。生态文明建设，关系人民福祉，关乎国家、民族未来。

　　"人类命运共同体"理念是习近平新时代中国特色社会主义外交思想的核心理念，蕴含着丰富的哲学（价值）内涵，获得国际社会广泛认同。习近平总书记在党的十九大报告中指出："坚持推动构建人类命运共同体。中国人民的梦想同各国人民的梦想息息相通，实现中国梦离不开和平的国际环境和稳定的国际秩序。必须统筹国内国际两个大局，始终不渝走和平发展道路、奉行互利共赢的开放战略，坚持正确义利观，树立共同、综合、合作、可持续的新安全观，谋求开放创新、包容互惠的发展前景，促进和而不同、兼收并蓄的文明交流，构筑尊崇自然、绿色发展的生态体系，始终做世界和平的建设者、全球发展的贡献者、国际秩序的维护者。"① 全球化时代和中国崛起，赋予"人类命运共同体"理念以极端重要性，这也是我们为世界和平、全球治理、人类文明进步贡献的中国智慧。

全人类是一个整体，命运休戚与共。只有抛弃狭隘的国家观、民族观，立足全人类的前途命运和共同利益，人类社会才有未来。"人类命运共同体"理念既超越西方中心主义的国家观"崛起国对抗守成国"，又超越西方中心主义的国际秩序观"非均势即霸权"。② 就具体的社会形态看，奉行集体主义价值观的社会主义比奉行个人主义价值观的资本主义更能代表未来。在当今世界，尽管单边主义、贸易保护主义、逆全球化市场不断有新的表现，但这不过是凸显了构建人类共同价值的必要性。归根结底，"地球村"的世界决定了各国日益利益交融、命运与共，合作共赢是大势所趋。③ "人类命运共同体"理念的独特性还在于，它本身面对的是中国和世界的关系问题，这与社会主义核心价值观的基本内容、"生态文明"理念正好形成差异性补充。

"生态文明"和"人类命运共同体"，是在价值层面对生态文明建设和大国外交这两个极具新时代特点的新实践的理念升华。这里值得说明的是，与富强、民主、文明、和谐，自由、平等、公正、法治，爱国、敬业、诚信、友善相比较，"生态文明"概括成"生态"、"美丽"或者"绿色"，"人类命运共同体"概括成"大同"或者"天下"（赵汀阳），似乎在形式上更合适。然而，也正是因为这一新实践的重要性和新理论的复杂性，用一个词来概括"生态文明"理念和"人类命运共同体"理念，尽管必要，但仍然自觉力有不逮。所以，本书在接下来的两章中，分别以"生态文明"和"人类命运共同体"为主题进行系统阐述。

---

① 习近平：《决胜全面建成小康社会　夺取新时代中国特色社会主义伟大胜利——在中国共产党第十九次全国代表大会上的报告》，人民出版社，2017，第25页。

② 参见张宇燕主编《习近平新时代中国特色社会主义外交思想研究》，中国社会科学出版社，2019，第114～117页。

③ 参见习近平《弘扬"上海精神"　构建命运共同体——在上海合作组织成员国元首理事会第十八次会议上的讲话》，人民出版社，2018。

第七章　生态化时代与"生态文明"理念

构建当代中国新价值秩序，以社会主义核心价值观为主体，很显然，又不仅限于社会主义核心价值观。党的十八大提出"经济建设、政治建设、文化建设、社会建设、生态文明建设"的"五位一体"总体布局；党的十九大提出"把我国建成富强民主文明和谐美丽的社会主义现代化强国"。从社会主义核心价值观在国家层面的基本内容看，"生态文明建设"和"美丽"没有被包括；然而从实际情况看，生态文明是当代中国最具创新性和活力的思想之一，生态、绿色、美丽是当代中国新价值秩序的应有之义。

一　生态危机与生态化时代的到来

自 18 世纪英国工业革命开始，人类拉开了整个世界向工业化社会转变的"现代化"帷幕。三百年的工业文明以人类征服自然为主要特征。世界工业化的步伐使得人类征服自然的文化达到极致。这一方面创造了前所未有的生产力和社会物质财富，另一方面却导致了越来越严重的全球性生态危机。地球是人类赖以生存和生活的唯一家园。与其说地球在人类活动面前尤显脆弱，需要我们的呵护，还不如说人类离不开地球，地球的毁灭实际上是人类的灭亡。工业文明带来的生态危机已经让地球到了无法承受的程度，地球再也没有能力支持工业文明继续前行。我们需要开创一种新的文明形态来延续人类的发展，生态文明正成为人们的普遍共识。无论是主动迎接还是被动接受，人类社会历史的脚步都正迈进生态化时代。

（一）中国生态环境问题不容乐观

改革开放以来，随着经济社会高速发展，生态环境一度不堪重负。森林、草原、河流、湖泊、湿地等受到严重破坏，生态环境面临很大危机。譬如，土地沙漠化问题比较严重，特别在进入 21 世纪初的时候这一问题突出，面临的形势严峻。2001 年，时任国家林业局局长周生贤在一次工作会议上明确指出，我们沙漠化防治总体上仍是治理速度赶不上沙化速度，未摆脱"局部治理、整体恶化"，"沙进人退"的被动局面。土地沙化趋势没有得到根本遏制，形势十分严峻。我国是世界上土地沙化危害最为严重的国家之一。据统计，目前我国沙化土地面积达 168.9 万平方公里，约占国土总面积的 17.6%，涉及近千个县、旗，而且土地沙化面积仍以每年 2460 平方公里的速度扩展，土地沙化已危及 1 亿多人口的生存和发展。① 仅就甘肃一省举例，尽管防沙治沙取得了很大成效，但土地荒漠化沙漠化仍然不容乐观。据甘肃省治理荒漠化基金会常务副会长刘杰华介绍，2013 年，甘肃荒漠化土地面积 19.21 万平方公里，占全省国土总面积的 45.12%；沙漠化土地面积 11.92 万平方公里，占全省国土总面积的 28%。全省还有 2.18 万平方公里具有明显沙漠化趋势的土地，而且甘肃大部分地区正在受到荒漠化的威胁和侵蚀。② 我国的荒漠化沙漠化集中在西部地区，生态环境本身比较脆弱，自然条件也比较艰苦，"破坏容易治理难"的特点更为突出，要想从根本上扭转这一局面，不仅需要强有力的治理手段，而且需要比较长的治理和修复时间。根据第五次全国荒漠化和沙漠化监测结果，全国荒漠化土地面积为 261.16 万平方公里，沙漠化土地面积为 172.12 万平方公里。③ 土地荒漠化沙漠化不仅造成严重的土地资源流失、恶劣的空气污染，而且严重制约当地经济社会可持续发展。

又如，水环境虽然整体得到改善，但仍需巩固和提升，特别是局部的黑臭水体还没有完全消除。2012 年，全国地表水国控断面总体为轻度污染。长江、黄河、珠江、松花江、淮河、海河、辽河、浙闽片河流、西北诸河和西南诸河等十大流域的国控断面中，Ⅰ-Ⅲ类、Ⅳ-Ⅴ类和

---

① 参见董峻《我国仍未遏制沙进人退趋势》，《新华每日电讯》2001 年 9 月 21 日。

② 《甘肃省土地荒漠化严重 已占全省面积 45.12%》，https://www.chinanews.com/df/2013/06-17/4933393.shtml，最后访问日期：2021 年 2 月 22 日。

③ 参见中华人民共和国生态环境部《2019 中国生态环境状况公报》的"土地"部分，http://www.mee.gov.cn/hjzl/sthjzk/zghjzkgb/202006/P020200602509464172096.pdf，最后访问日期：2021 年 2 月 22 日。

劣Ⅴ类水质①断面比例分别为 68.9%、20.9% 和 10.2%。其中长江、黄河、珠江、松花江、淮河、海河、辽河七大水系劣Ⅴ类水质比例分别为：4.4%、18.0%、3.7%、5.7%、17.9%、32.8%、14.5%，部分河流劣Ⅴ类水质超过 50%。② 2019 年，长江、黄河、珠江、松花江、淮河、海河、辽河七大流域和浙闽片河流、西北诸河、西南诸河监测的 1610 个水质断面中，Ⅰ–Ⅲ类、Ⅳ–Ⅴ类和劣Ⅴ类水质断面比例分别为 79.1%、17.9%、3.0%。其中长江、黄河、珠江、松花江、淮河、海河、辽河七大水系劣Ⅴ类水质比例分别为：0.6%、8.8%、3%、2.8%、0.6%、7.5%、8.7%，部分河流劣Ⅴ类水质仍然超过 20%。2019 年，开展水质监测的 110 个重要湖泊（水库）中，Ⅰ–Ⅲ类、Ⅳ–Ⅴ类和劣Ⅴ类水质比例分别占 69.1%、23.6%、7.3%，太湖、巢湖、滇池等整体处于轻度污染。③ 2019 年，酸雨④区面积约 47.4 万平方公里，占国土面积的 5.0%，其中较重酸雨区面积占国土面积的 0.7%。对人口集中居住的城市来说，酸雨问题更加突出，全国城市降水 pH 年均值范围为 4.22（江西吉安市）–8.56（新疆库尔勒市），平均为 5.58。酸雨、较重酸雨和重酸雨城市比例分别为 16.8%、4.5% 和 0.4%。⑤

再如，生物多样性安全受到威胁。生物多样性的前提是生态系统多样性。我国具有地球陆地生态系统的各种类型，其中森林 212 类、竹林 36 类、灌丛 113 类、草甸 77 类、草原 55 类、荒漠 52 类、自然湿地 30

---

① 依照《地表水环境质量标准》（GB3838–2002）中规定，Ⅰ、Ⅱ类水质可用于饮用水源一级保护区、珍稀水生生物栖息地、鱼虾类产卵场、仔稚幼鱼的索饵场等；Ⅲ类水质可用于饮用水源二级保护区、鱼虾类越冬场、洄游通道、水产养殖区、游泳区；Ⅳ类水质可用于一般工业用水和人体非直接接触的娱乐用水；Ⅴ类水质可用于农业用水及一般景观用水；劣Ⅴ类水质除调节局部气候外，几乎无使用功能。

② 参见中华人民共和国环境保护部《2012 中国环境状况公报》的"淡水环境"部分，http://www.mee.gov.cn/hjzl/sthjzk/zghjzkgb/201605/P020160526563784290517.pdf，最后访问日期：2021 年 2 月 22 日。

③ 参见中华人民共和国生态环境部《2019 中国生态环境状况公报》的"淡水"部分，http://www.mee.gov.cn/hjzl/sthjzk/zghjzkgb/202006/P020200602509464172096.pdf，最后访问日期：2021 年 2 月 22 日。

④ 降水 pH 值低于 5.6 为酸雨，pH 值低于 5.0 为较重酸雨，pH 值低于 4.5 为重酸雨。

⑤ 参见中华人民共和国生态环境部《2019 中国生态环境状况公报》的"酸雨"部分，http://www.mee.gov.cn/hjzl/sthjzk/zghjzkgb/202006/P020200602509464172096.pdf，最后访问日期：2021 年 2 月 22 日。

类；有红树林、珊瑚礁、海草床、海岛、海湾、河口和上升流等多种类型的海洋生态系统；有农田、人工林、人工湿地、人工草地和城市等人工生态系统。① 这原本为生物多样性提供了良好的自然条件。但由于人们的生态意识比较薄弱，自然生态和人工生态被破坏的情况常有发生，一些地方政府还存在"重经济轻生态""以牺牲自然环境为代价"等错误思想，这直接导致动物栖息地、植物生长环境、生物多样性环境遭到破坏。全国 34450 种已知高等植物的评估结果显示，需要重点关注和保护的高等植物 10102 种，占评估物种总数的 29.3%，其中受威胁的 3767 种、近危等级（NT）的 2723 种、数据缺乏等级（DD）的 3612 种。4357 种已知脊椎动物（除海洋鱼类）的评估结果显示，需要重点关注和保护的脊椎动物 2471 种，占评估物种总数的 56.7%，其中受威胁的 932 种、近危等级的 598 种、数据缺乏等级的 941 种。9302 种已知大型真菌的评估结果显示，需要重点关注和保护的大型真菌 6538 种，占评估物种总数的 70.3%，其中受威胁的 97 种、近危等级的 101 种、数据缺乏等级的 6340 种。② 譬如，中国独有、被誉为"国宝"的大熊猫，在国人印象中应该是保护得最好的了，而实际情况也并不乐观，其野生种群的生存状况令人担忧。野生大熊猫的栖息地分布在四川、陕西、甘肃三省的 17 个市（州）49 个县（市、区）196 个乡镇。受自然隔离和人为干扰等因素影响，野外大熊猫被分割成 33 个局域种群。其中，种群数量小于 30 只、具有灭绝风险的高达 22 个，18 个小于 10 只的局域种群具有高度的灭绝风险。③ "在《濒危野生动植物种国际贸易公约》（CITES）中列出的 640 个世界性濒危物种中，中国约占总数的 1/4，其中高等野生动物就有 118 种。"④ 生态环境的污染和破坏不仅剥夺和压缩了野生动物的生存

---

① 参见中华人民共和国生态环境部《2019 中国生态环境状况公报》的"自然生态"部分，http://www.mee.gov.cn/hjzl/sthjzk/zghjzkgb/202006/P020200602509464172096.pdf，最后访问日期：2021 年 2 月 22 日。

② 参见中华人民共和国生态环境部《2019 中国生态环境状况公报》的"自然生态"部分，http://www.mee.gov.cn/hjzl/sthjzk/zghjzkgb/202006/P020200602509464172096.pdf，最后访问日期：2021 年 2 月 22 日。

③ 参见孙楠《生态廊道：破解大熊猫生存危机》，《中国气象报》2015 年 9 月 11 日。

④ 转引自魏辅文、娄治平《中国野生动物保护研究现状》，《中国科学院院刊》2010 年第 6 期。

空间，而且直接导致野生动物的死亡和灭绝。环境污染物引发多种多样的毒性，如神经毒性、肝脏毒性、肾脏毒性、内分泌毒性、生殖毒性等，导致动物的生长受阻、内分泌失调、繁殖受影响等，严重的则会导致动物直接死亡。有研究表明，在中华鲟体内检测出大量的三苯基锡，它是由受污染的食物链进入中华鲟体内的。三苯基锡在中华鲟体内的累积，造成幼体畸形，从而导致中华鲟种群数量下降。① 动物是人类的好朋友，然而它们处境堪忧，并且造成这一切的罪魁祸首正是它们的好朋友——人类。这多么具有讽刺意味！

　　生态环境恶化，给"身临其境"的地球居民带来无数难以言说的痛苦。在当今世界上，很多人不仅不能在清新宁静、鸟语花香的大自然中舒展身心，释放紧张工作后的疲惫，反而被迫生活在受污染严重的地区，饮用的是被污染的水，吃的是被污染的食品，生活在受诸如放射性污染、噪声和光污染，甚至尘土飞扬、垃圾遍地的环境中，生活质量和安全堪忧，许多人得了莫明其妙的怪病，婴儿因环境污染致残概率大大高于过去，等等。若不能有效遏制这种糟糕的状况，在人口不断膨胀的压力下，我们必将面临无家可归、无处安身的窘境，很多人必将活得"生不如死"、度日如年，更谈何生命的尊严、实现生命的价值？

（二）生态危机的原因分析

1. 发展观或发展理念方面的误区

　　在人与自然的关系问题上，人类一直处于一种黑暗的探索之中，存在许多认识、观念上的误区。自然目的论认为，人"天生"就是其他存在物的目的，大自然是为了人的利益而创造出来的，其他动物如马、狗、猪、牛、羊、鱼等的存在，是为了给人提供食物和服务；神学目的论认为，人是大自然的主人，明显高于其他生命形式，所有创造物都是上帝创造出来为人类服务的，是为人类的利益而存在的；狭隘的人类中心主义则将人的私利、贪欲以及狂妄自大强加于自然，认为人应当征服自然，让自然交出自己的贡品。

---

①　参见魏辅文、娄治平《中国野生动物保护研究现状》，《中国科学院院刊》2010 年第 6 期。

人类在自然面前傲慢无知，仿佛觉得，人是高于世间一切的生灵，是宇宙的精华，万物的灵长，因而"人定胜天"，可以任意主宰自然。很长一个时期里，人类为了自己的利益与享受，无节制地、掠夺式地开发、征服自然。然而，人对自然的片面征服和无止境的开发，工业化无限制的发展，已经造成严重的环境污染与生态破坏，结果遭到自然界无情的报复，出现了日益严重的环境危机、能源危机、生态危机，导致了不少生态环境灾难，给人自身的生存带来了危机。因此，为了人类全面的幸福与未来发展，我们应该树立科学的生态意识，建立人与自然共生共存的合作关系，以人道主义的态度与情感对待人类自己的生存环境——大自然。维护生态的意识，正在被纳入现代公民应有的道德意识、道德情操与道德义务之中。

当代人意识到了环境的界限和自己生存的界限。海德格尔说："技术越来越把人从地球上脱离开来而且连根拔起。……当我而今看过从月球向地球的照片之后，我是惊慌失措了。我们根本不需要原子弹，现在人已经被连根拔起。我们现在只还有纯粹的技术关系。这已经不再是人今天生活于其上的地球了。"① 因此，人应当守护自然，与自然和谐相处，将诸如中国传统哲学中的"天人合一"思想，批判性地加以继承和发扬。

2. 被异化的深层次的价值动机

在资本逻辑的支配和奴役下，人的欲望不断被激发和放大，利欲和贪欲熏心。人不是"物"的主人，而是"物"的奴隶。人成为异己的存在。其实，现代人应该扪心自问："我的真实需要是什么？"以破坏环境、杀戮野生动物、牺牲健康为代价的消费，是否真的值得？

一个人维持生存、生活所需十分有限，占有一座金山、拥有天文数字的财富，除了满足虚荣、自大心理之外，又有什么真正的价值和意义？现代世界太忙碌了，整天疲于奔命的人们，很少静下心来倾听一下内心的律动，很少用脑反省一下生命的意义。精神退避三舍，物欲强化为成功、幸福的第一要义。在无止境的索求、索求、再索求之中消耗生命，在五光十色的"器物世界"中逶迤穿行，远离自然，远离心灵，看上去似乎很富有，实际上却很贫穷，穷得只剩下了利欲、贪欲，只剩下了金

---

① 《海德格尔选集》（下），孙周兴选编，上海三联书店，1996，第1305页。

钱、物质。"日暮乡关何处是，烟波江上使人愁。"精神家园失落了，失落在肮脏灰暗、日益恶化的现实家园里。乡愁失去了根基，人成了"无根"的存在。

3. 偏执的发展模式或唯意志论的政策取向

在工业文明的大背景下，偏执的发展模式集中表现为 GDP 主义盛行。GDP 主义顾名思义，就是指一个国家或地区的经济发展和增长主要以 GDP 来衡量。长期以来，在很多地方对 GDP 的顶礼膜拜已经演变成一种"信仰"，GDP 是上级政府衡量下级政府的最主要指标，其结果必然导致 GDP 的异化。GDP 主义创造的 GDP 可以估算，但没有任何办法来估算 GDP 主义的社会成本。GDP 是市场条件下"交易"的产物，市场"交易"有一个前提条件，那就是货币化。当一个社会所有的一切，包括人的灵魂和躯体，都可以置于市场"交易"的时候，这个社会的 GDP 必然出现高增长。所以老实讲，在短期内追求高增长的 GDP 并不难，但问题的关键是依靠何种方式取得这种 GDP 的高增长。爱护环境、保护生态，作为一句宣传口号相信没有人质疑和反对。但是，当以牺牲生态环境能够换来 GDP 的高速增长时，当以耗费和污染大自然能够换取不菲的经济收入时，政府有时就不那么"淡定"了。这种唯意志论的政策取向从根本上看就是"以钱为本""以权为本"，想着的是"票子"和"帽子"，全然不顾老百姓安危，甚至连他们自己也搭了进去。2013 年 6 月，习近平总书记在全国组织工作会议上就改进干部考核方法手段时强调，再也不能简单以 GDP 增长率来论英雄了。GDP 不是坏东西，但 GDP 崇拜是一种可怕的误区，GDP 主义是一种错误的发展理念。我们不需要带血的、肮脏的 GDP。

4. 资本的逻辑与生态盈亏底线的专制

现代社会最显著的特征是资本的出现和泛滥。马克思全部政治经济学批判的重点就在于揭示资本的逻辑。资本在现代社会造成了对人的宰制，"它使人和人之间除了赤裸裸的利害关系，除了冷酷无情的'现金交易'，就再也没有任何别的联系了。它把宗教虔诚、骑士热忱、小市民伤感这些情感的神圣发作，淹没在利己主义打算的冰水之中。它把人的尊严变成了交换价值，用一种没有良心的贸易自由代替了无数特许的和自力挣得的自由"①。资本的魔力被马克思称为"商品拜物教"或者"货币拜物教",资本、货币、商品在某种程度上是同义词。资本的逻辑就是"增殖"二字,它发挥威力的平台是自由市场。市场经济的自由竞争原则必然导致资本的聚集效应,不择手段,弱肉强食。资本为了实现增殖,疯狂地向大自然索取,毫无顾忌。美国学者福斯特在《生态危机与资本主义》一书中清晰地阐述了资本逻辑支配下的经济简化论对世界生态环境造成的严重后果,并指出这是"生态盈亏底线"的专制。

所谓"生态盈亏底线",是指简单地用经济理性把自然环境资本化、商品化,赋予自然以经济价值并更加充分地将自然环境纳入市场体系之中。福斯特指出:"环境的再生产条件(即生态的可持续性)不仅像人们通常推想的那样会因为经济不考虑环境成本(环境消耗的外化)而遭到破坏,而且试图将环境纳入经济(将自然商品化)也同样有害。"② 同时,他还援引卡尔·波拉尼《伟大的变革》说:"我们把土地称为自然要素之一,莫名其妙地与人类机构交织在一起。孤立土地并在此基础上建立市场是我们祖先从事的所有事业中最为荒诞的事情。经济功能仅仅是土地多种重要功能之一。土地稳定地维持着人类的生命,它是人类居住的场所,是人类身体安全的条件,是风景和四季。我们可以想象,生命没有土地的支撑,就像人类出生时没有手脚。然而将土地与人类分离并按房地产市场需求构建社会,却是乌托邦市场经济概念中的一个重要组成部分。"③ 在市场经济条件下,资本把世间一切都组织起来、利用起来,贴上价格的标签,并且美其名曰"等价自由买卖"。按照"生态盈亏底线"的逻辑,生态破坏、环境污染都没什么大不了的,给点钱就完了,这样便理所当然、心安理得了,资本还获得了"救世主"的美名。殊不知,我们的地球不容买卖,我们的良心和尊严不容买卖。经济理性以个体利益最大化为最终目标,以个体盈亏作为判断经济行为的唯一标准,这样只会使人和自然的关系变成工具关系。生态理性则力图适度利

---

① 《马克思恩格斯选集》第 1 卷,人民出版社,2012,第 403 页。

② 〔美〕约翰·贝拉米·福斯特:《生态危机与资本主义》,耿建新、宋兴无译,上海译文出版社,2006,第 23 页。

③ 〔美〕约翰·贝拉米·福斯特:《生态危机与资本主义》,耿建新、宋兴无译,上海译文出版社,2006,第 23 页。

用劳动、资本、自然资源，超越"生态盈亏底线"，满足人们适可而止的需求，以人类社会整体福利最大化为最终目标。坚持可持续发展，才能真正破解生态环境难题。

不可否认，市场经济激活了生产力要素的每一个细胞，有利于创造和推进生产力的发展。然而，资本的逻辑在背后主导着自由市场，导致了"生态盈亏底线"的专制，自然环境只是作为资本增殖的对象和手段存在。那么，我们如何把资本作为生产要素"发扬光大"，取消资本作为人类生产活动和一切社会活动的唯一目的性，重新唤起人类对自然的尊重，这就成了当前生态文明建设必须面对的重要问题。

（三）生态化时代的特点

在严峻的资源环境形势下，可持续发展的渴望呼唤一种新型的"生态文明"。1972 年 6 月 5 日，联合国在瑞典斯德哥尔摩召开了人类环境会议。与会的 113 个国家，共计 1300 多名代表共同通过了《人类环境宣言》。宣言明确提出：人类只有一个共同的地球，保护和改善人类环境已经成为人类的迫切任务。这一标志性事件开启了人类的生态化时代。此后，1987 年联合国环境与发展委员会发布研究报告《我们共同的未来》；1992 年联合国在巴西里约热内卢召开环境与发展世界首脑大会，共同发表《21 世纪议程》；2002 年联合国在南非约翰内斯堡举行可持续发展世界首脑会议，倡议更好履行《21 世纪议程》；2012 年联合国在巴西里约热内卢召开可持续发展大会，联合国希望在 2015 年后将《21 世纪议程》、千年发展目标（MDGs）等逐步整合到可持续发展目标（SDGs）中。这是人类共同建构生态文明时代的重要里程碑。

生态化时代作为这个时代精神的主题性概括，与全球化、信息化和国际形势变迁紧密联系，真正凸显了生态文明之于世界文明的重要维度。生态化时代呈现以下特征。

（1）开放性。生态化是处于一定时空当中的生态化，是一个复杂的"自然－人文"复合系统。生态化系统的组成部分包括经济、政治、科技、文化、社会生活、物质环境、社会心理等因素，它们之间存在复杂的、内在的有机联系并相互制约，任何一个"部分"的变化和发展，都要受制于并影响其他"部分"，都会引起生态化整体系统的变化和发展。

因此，生态化的首要精神特质是开放性。生态文明建设不能局限于某一点、某一线、某一面，而应该点线面相结合，以开放性的姿态真实地"触碰"和解决当前面临的生态环境问题。生态文明建设必须被放置在经济、政治、文化、社会等具体领域中才具备现实性和真实性。例如，昆明滇池水污染治理问题，从 20 世纪 60 年代的围湖造田，到后来的城市扩张，滇池河道接纳了绝大部分昆明城区的生活污水，以及西、南郊区的工业废水。滇池治理不仅仅是滇池自身的问题，还关系到昆明市，乃至云南省整体发展大计的问题。在开放的生态化系统中，滇池污染、昆明城市发展、云南工程性缺水问题、老百姓的日常生计，环环相扣，这是一个系统的"解套"工程。当然，生态化时代的最基础的存在论前提是全球一体化。20 世纪 70 年代以来，各国各地区都在探索体制改革创新，突破地界的封锁及旧体制、旧思想的束缚，国际政治、经济、文化、科技等领域的相互融合为生态化时代的到来创造条件，整个世界呈现开放的景象。

（2）多元性。由各国生产力多层次、发展不平衡规律所决定，经济结构必然通过改革而趋向多种经济形式和组织形式共同发展的格局。伴随着各国市场和国际市场的开放，以及传统单一化生产模式的改变，人们在多元性需求的实现中推进着价值选择的多元性发展。[①] 在工业化和后工业化相互交织的时代，生态化尽管在一定程度上形成了所谓全球性"共识"，然而，这并不意味着生态化时代趋向价值一元论。正如我们反复说明的，"无论是主动迎接还是被动接受，我们都正迎来一个崭新的生态化时代"，在某种程度上，生态化可以被看作这个时代的被给予性。地球只有一个，我们赖以生存的家园只有一个，尽管如此，对待地球家园的态度却不尽相同。经济发展与生态环境、后发国家与先发国家、工业文明与后工业文明，这一系列的差异导致生态化时代的价值多元性。令人鼓舞的是，党的十八大报告提出建设生态文明和建设美丽中国，这无疑是吹响了生态化时代的号角，可以看作生态化时代的中国宣言书。改革开放以来的中国，在经济全球一体化的大格局大背景下，以自己的艰苦奋斗创造了经济社会发展的伟大奇迹。现在的中国，以务实负责任的

---

① 王遐见：《论生态化社会主义价值观》，《哲学研究》2012 年第 7 期。

态度，大力推进生态文明建设，努力建设美丽中国，勇敢追逐中华民族伟大复兴"中国梦"，是生态化时代多元格局中的重要力量，为未来世界文明新形态探索道路。

（3）创新性。生态化是一个系统性问题，生态化时代要求创新精神。例如，浙江嘉兴在生态化时代走上了一条创新型生态建设道路。在工业化时代，企业是排污的主体，理应成为治污的主体。如何激励企业的减排、治污、环保的积极性？嘉兴成立排污权储备交易中心，把排污权作为一种稀缺资源在市场流通，激发企业的积极性和创造性。"排污要花钱，治污却能赚钱。"这成为嘉兴创新型生态建设的一大亮点。在生态建设中，如何调整和理顺政府、社会、企业、个人之间的关系，最大限度地激发参与主体的积极性和能动性，规避经济社会发展过程中的生态环境风险，这需要发挥创新性能力。创新性是生态化时代的内在精神特质。

（4）共生性。生态化时代，并不是对前生态化时代的断裂，换言之，它是现时代生态危机的一种"倒逼"。生态化时代并不意味着生态环境问题"转危为安"和彻底解决，反而是生态环境问题的进一步凸显和明晰化。因此，生态化时代是问题与出路、危机与变革相互共生的时代。因为人对环境还不太友好，人利用资源还存在浪费，所以我们要建设"环境友好型、资源节约型"社会；因为生态文明建设还有缺陷、美丽中国还不够美丽，所以要建设生态文明、建设美丽中国。2013年"两会"期间，习近平总书记在参加上海代表团讨论时，在谈及雾霾天气的时候说，在问题面前也急不得，要用生活的淡定去面对这些问题。以前环境污染也存在，北京冬天沙尘天气，加上煤气，不是PM2.5，而是PM"250"。随着经济社会发展，老问题解决了，但新问题又出现了，或者说新、老问题叠加。我们只有认清生态环境问题与生态化时代的辩证关系，才能真正认清这个时代，不能盲目乐观也不能消极悲观，在危机中求发展、在发展中求进步，努力实现生态文明、美丽中国的目标。

党的十八大报告指出："建设生态文明，是关系人民福祉、关乎民族未来的长远大计。面对资源约束趋紧、环境污染严重、生态系统退化的严峻形势，必须树立尊重自然、顺应自然、保护自然的生态文明理念，把生态文明建设放在突出地位，融入经济建设、政治建设、文化建设、社会建设各方面和全过程，努力建设美丽中国，实现中华民族永续发展。"① 生态问题不仅关系人民当前福祉，而且关系民族千秋万代。建设生态文明、建设美丽中国，是在客观分析人类所面临的严峻的资源环境形势后，对世界现代化发展模式的新探索；也是在客观分析全球所面临的生态危机的基础上，对未来世界文明形态的新构想。我们正迎来并经历一个前所未有的生态化时代。

二　生态化时代的重要转变

生态文明是人类对工业文明批判和超越的结果，是人类文明发展理念、道路和模式的深刻变革。21 世纪是绿色增长的世纪，是生态文明的世纪。生态化时代至少包括以下转变：生产环保化、消费绿色化、思维生态化和科学技术生态化。

（一）生产环保化

以人和自然的相互关系为视角来对人类社会历史发展进行整体考察，我们经历着农业文明—工业文明—生态文明的依次递进，相应地表现为白色生产力—灰色生产力—绿色生产力的三种划分。在农业文明形态下，人类保持着对自然的敬畏，"靠天吃饭"，基本上没有环境污染和生态破坏的现象。在工业文明形态下，人类利用自然、改造自然的能力不断增强，生产力水平突飞猛进，然而对自然造成的伤害也是前所未有的。地球家园不是人类的"原料库"和"垃圾场"，我们要大力发展绿色生产力，实现生产方式绿色化、环保化。

生产环保化是对工业化生产方式的生态化改造，努力实现"自然-社会-人"的全面均衡发展。具体来讲，所谓生产环保化，是生态化生产方式出于生态利益的整体考量，以科技为支撑，以文化为先导，以生态产业为实践基础，以生态系统中的物质循环、能量转化和新陈代谢的规律为依据，充分考虑经济产业间的紧密联系，并在集中了"末端治

① 胡锦涛：《坚定不移沿着中国特色社会主义道路前进　为全面建成小康社会而奋斗——在中国共产党第十八次全国代表大会上的报告》，人民出版社，2012，第 39 页。

理"、"清洁生产"以及"循环经济"优势的基础上构建发展起来的一种系统全面的生产方式。[①] 事实上，我们正处于工业化时代和生态化时代的双重语境之中。所谓生产方式生态化并不是绝然于或者超脱于工业文明基础之上，而是身处其中。在全球工业化的大背景下，高能耗、重污染的粗放型经济快速发展，一方面创造了巨大的社会物质财富，另一方面造成了严重的生态环境问题。"先污染后治理"的"末端治理"模式是一种别无选择的选择。然而，绿色生产绝不能停留在"末端治理"模式，我们应该主动出击，创新生产方式。"抓源头，零污染"的"清洁生产"模式和"多重循环回馈式"的循环经济模式是生产方式生态化转型的重要范本。

　　生产环保化不仅表现为生产模式的生态化创新，而且表现为一种强大的生态生产力，是人类利用自然和保护自然两种能力的统一。与传统生产力相比较，生态生产力有其不同的特征，主要表现为：（1）生态性，以保护生态为优先发展方向；（2）环境性，把崇尚环境纳入生产力经济学发展的要素；（3）资源性，把绿色资源的有序供给和有效供给结合起来；（4）协调性，即强调人与自然及人与人的和谐。[②] 作为中国最早的经济特区和改革开放前沿，珠海始终坚持生态优先发展理念，没有拼资源、拼环境、拼速度，坚持绿色发展，好字当头、又好又快发展经济，整座城市镶嵌在山海之间，碧水蓝天，海风白云，陆岛相拥，绿荫环绕，生态品牌已成为珠海最闪亮的城市品牌。在经济社会转型期，珠海的生态环境基础和生态文明发展理念已经使城市、产业呈现了独特的"生态附加值"，增强了珠海对人才、资金、技术的吸引力，尤其是吸引高端产业和高级人才落户，从而增强了城市的魅力、实力和竞争力。在中国社会科学院发布的《中国生态城市建设发展报告（2013）》中，珠海位列生态城市榜单第六位，其中多项指标排名进入前十：在环境友好型城市排名中位列第七，在资源节约型城市中排名第七，在景观休闲型城市中排名第四，在绿色消费型城市中位居第七，在综合创新型城市排

[①]　赖章盛、张宇丰：《生态文明与现代生产方式的生态化转型》，《法制与社会》2009年第9期。

[②]　参见张术环、王环《生态生产力——社会和谐发展的动力》，《河北学刊》2005年第4期。

名中排第五。① 同样，在中国社会科学院发布的《中国城市竞争力报告 No.11》中，珠海也是多项指标位居全国城市前列，其中宜居城市竞争力位列全国第五，人均绿色 GDP 居于全国前列。② "绿水青山就是金山银山"，以珠海为代表的城市发展展示出生态生产力的强大魅力。

中国的现代化建设必然要走生态化道路，我们必须努力实现生产方式生态化转变，大力开拓和建设新型工业化，加强环境保护和生态建设。党的十九大报告提出，到 2035 年，生态环境根本好转，美丽中国目标基本实现；到本世纪中叶，我国物质文明、政治文明、精神文明、社会文明、生态文明全面提升，建成富强民主文明和谐美丽的社会主义现代化强国。③ 这给我们的生态文明建设指明了方向，明确了目标，必须长期坚持，一张蓝图绘到底。

（二）消费绿色化

面对传统的工业文明发展模式带来的资源、环境和气候等问题，大到国家、社会，小到具体的每一个人，都应该积极行动起来，从身边点滴做起，倡导消费绿色化和绿色消费。它是一种以适度节制消费，避免或减少对环境的破坏，崇尚自然和保护生态等为特征的消费行为和过程。绿色消费可以被概括为 5R 原则：节约资源，减少污染（reduce）；绿色生活，环保选购（reevaluate）；重复使用，多次利用（reuse）；分类回收，循环再生（recycle）；保护自然，万物共存（rescue）。④ 消费绿色化不仅要考虑自身的需要，还要考虑人类代际可持续发展的需要，是个体与整体、当前与长远的有机统一的消费。

首先，就消费内容来说，消费绿色化倡导选择未被污染或有助于公众健康的绿色产品。有句著名的公益广告词说得好，"没有买卖，就没有

---

① 参见宋显晖《全国十大生态城市评选名单出炉　珠海位居第六》，《珠海特区报》2013年 6 月 21 日，详见孙伟平、刘举科主编《中国生态城市建设发展报告（2013）》，社会科学文献出版社，2013。

② 参见《2013 年〈城市竞争力蓝皮书〉发布会》，http://www.scio.gov.cn/xwfbh/gbwxwf-bh/xwfbh/sky/document/1323846/1323846_1.htm，最后访问日期：2021 年 3 月 1 日。

③ 参见习近平《决胜全面建成小康社会　夺取新时代中国特色社会主义伟大胜利——在中国共产党第十九次全国代表大会上的报告》，人民出版社，2017，第 28~29 页。

④ 参见杨通进《何谓绿色生活方式》，《书摘》2003 年第 12 期。

杀害"。消费者在消费内容上坚持绿色、健康、可持续原则，不消费或者尽量少消费对生态环境有害的产品，不消费或者尽量少消费有害于公众健康的商品，那么也就主动地对非绿色商品进行了一个淘汰的过程，非绿色商品生产者就不得不转向绿色商品生产了。例如我们的城市居民主动选择乘坐公共交通，减少私家车出行；开车的朋友购买清洁能源汽车，使用清洁能源，尽量减少汽车尾气排放。库里蒂巴是巴西南部城市，巴拉纳州首府，市区人口 180 万，26 个卫星城人口 70 万，汽车近 100 万辆，却没有交通和空气污染问题。其中一个重要原因就是库里蒂巴拥有巴西最密集繁忙的公共交通系统，75% 的居民出行都选择公共交通。库里蒂巴市民已经养成了一种良好的绿色出行习惯和绿色消费方式。当然，这一切与库里蒂巴政府积极引导市民绿色消费、努力创造绿色消费环境密不可分。库里蒂巴被联合国授予"世界三大生活质量最佳的城市之一"的荣誉称号。[①] 只有作为消费者的我们的消费内容绿色、健康、可持续了，我们才能减少和避免对生态环境造成破坏，才能建设生态文明。

其次，就消费过程来说，消费环保化和绿色化要求对垃圾进行有效处理，避免造成或尽量减少环境污染。就普通居民的日常生活来说，我们可能在选购消费品时注意绿色环保，例如购买有机食品、环保产品等，因为这直接关系到我们自己的身体健康。然而，在使用完消费品后，如何处理日常生活垃圾却往往容易被人忽视，我们常常自觉不自觉就成为污染环境的"刽子手"。消费绿色化不仅包括购买绿色产品或享用绿色服务以及对"环境不友好"物品的抵制，而且包括消费过程中处处体现的节约资源、减少污染的环保意识，涵盖与绿色消费相关的、有利于环境保护的理论和实践。香港，面积小、人口多、人口密度大，但是环境却很好，这与他们坚持绿色消费有关，其中非常重要的一条成功经验是垃圾分类回收。香港从 2005 年 1 月起推行"家居废物源头分类计划"，配合"计划"的推行，香港环保署编写了《住宅楼宇废物分类源头指引手册》。2005 年 12 月，香港特区政府又发布了《都市固体废物管理政策大纲（2005—2014）》，要求建立垃圾收集与分隔系统，并解决回收物料

---

① 参见李景源、孙伟平、刘举科主编《中国生态城市建设发展报告（2012）》，社会科学文献出版社，2012；周婧博、张拓宇、王强《国内外生态城市建设经验对美丽天津建设的启示》，《天津经济》2014 年第 11 期。

的销路，以杜绝"分类收集、混合处置"现象。香港特区政府在此前的三色分类回收桶系统和干湿废物分类试验的基础上发展出更加细致、更倡导因地制宜的垃圾分类与回收方法。① 一部分生活垃圾，如餐厨垃圾，回收利用率低，经过处理后填埋或焚烧；一部分生活垃圾，如废旧电子产品等，回收再利用，既节约资源又保护环境，"变废为宝"。

　　2017年3月，国务院办公厅转发国家发展改革委、住房城乡建设部《生活垃圾分类制度实施方案》，部署推动生活垃圾分类，完善城市管理和服务，创造优良人居环境。《生活垃圾分类制度实施方案》要求，2020年底前，在以下重点城市的城区范围内先行实施生活垃圾强制分类。（1）直辖市、省会城市和计划单列市。（2）住房城乡建设部等部门确定的第一批生活垃圾分类示范城市，包括：河北省邯郸市、江苏省苏州市、安徽省铜陵市、江西省宜春市、山东省泰安市、湖北省宜昌市、四川省广元市、四川省德阳市、西藏自治区日喀则市、陕西省咸阳市。（3）鼓励各省（区）结合实际，选择本地区具备条件的城市实施生活垃圾强制分类，国家生态文明试验区、各地新城新区应率先实施生活垃圾强制分类。② 目前，生活垃圾分类在我国城乡已经普遍展开，推广的速度好于预期，成效也比较明显。对消费者来说，处理垃圾是完成消费的最后一个环节。垃圾分类作为绿色消费的重要内容，精细化是其必然趋势，这对消费者、广大民众的素质会逐步提出更高的要求。积极吸收、借鉴先进经验，有助于提供绿色消费的水平。

　　最后，就消费观念来说，消费绿色化积极倡导崇尚自然、追求健康、注重环保、节约资源的绿色消费观。（1）绿色消费作为一种消费活动，它的主体依然是消费者。绿色消费，只有从每个人的点滴做起，才能形成良好的社会氛围。（2）企业也是绿色消费的主体。企业既是生产者，也是消费者。在生产过程中，对原材料的采购挑选绿色产品；在生产工艺上，选取绿色、节能、环保的技术；在生产的产品方面，满足并引导

---

① 参见英震《城市垃圾管理模式比较研究——以香港和新加坡为例》，《时代经贸》2019年第30期。

② 参见《国务院办公厅关于转发国家发展改革委住房城乡建设部生活垃圾分类制度实施方案的通知》，http://www.gov.cn/zhengce/content/2017 - 03/30/content_5182124.htm，最后访问日期：2021年3月1日。

绿色消费。企业自身培养绿色消费观，践行绿色消费观，不仅有利于保护生态环境，而且有利于企业长远发展。（3）政府是绿色消费的管理者和引导者。绿色消费观的培育和践行离不开政府的引导作用。通过多种手段，鼓励企业绿色生产和生产绿色产品；引导广大人民群众的绿色消费习惯；对假冒伪劣、产品质量问题加大打击力度。只有在消费观念上发生绿色革命，整个社会的绿色消费才能蔚然成风。①

现阶段，随着中国经济的快速发展和人民生活水平的提高，人们的消费需求和消费观念也在逐步发生转变，推动着消费结构的升级。党的十九大报告提出，"倡导简约适度、绿色低碳的生活方式"②，环保的、生态的、节约资源的、绿色健康的消费品越来越受到消费者的青睐。绿色消费不仅是国家发展规划的一部分，而且已经融入每个人的日常生活。消费绿色化和绿色消费不仅是一条必需之路，而且是一条必然之路。

（三）思维生态化

在工业文明向生态文明的历史转型过程中，不仅要求实现生产方式的生态化变革，也要求实现思维方式的生态化变革。思维方式，也称思想方式，是指定型化了的思想方法。任何一种思维方式，都是由思维根据、世界图景、思维方法和价值取向四个方面构成的有机整体。生态思维，是指用人与自然和谐统一的有机的、整体性的生态理念，来改造工业文明尤其是粗放型经济增长背景下的反生态思维，使之逐步转变为同生态化的生产方式和整个生态文明相适应的思维方式生态化过程。③思维生态化包括思维根据生态化、世界图景生态化、思维方法生态化和价值取向生态化。④

首先，思维根据生态化指由经济理性转向生态理性。工业文明条件

①　李景源、孙伟平、刘举科主编《中国生态城市建设发展报告（2012）》，社会科学文献出版社，2012，第427~428页。

②　习近平：《决胜全面建成小康社会　夺取新时代中国特色社会主义伟大胜利——在中国共产党第十九次全国代表大会上的报告》，人民出版社，2017，第51页。

③　参见舒远招《何谓思维方式生态化？——对思维方式生态化含义的具体理解》，《湖湘论坛》2010年第3期。

④　参见刘湘溶、张润泽《略论思维方式生态化转向的四个维度》，《当代世界与社会主义》2011年第3期。

下的思维方式表现为一种经济理性的思维。按照经济理性的要求，经济主体总是从诸种可能的经济行为中，选择预期会实现其效用最大化的行为。经济理性是工业文明技术理性在经济领域内的展开与呈现。经济理性具有计算主义、物质利益至上主义、工具主义三大特征。经济理性的滥觞为市场经济的勃兴和工业文明的挺进立下了不可磨灭的功劳。与此同时，经济理性也致使工业文明陷入了日益加剧的现代性困境——生态危机当中。在对经济理性的反思过程中，生态理性的概念与生态文明同时应运而生。在通常情况下，具有生态理性的人，其行为不会单纯以个人利益为目的，而会考虑到整个生态环境、社会发展等各方面因素，他能对一切与环境有关的事物做出符合生态学的评价，用自觉的生态意识来保护整个生态系统，以维护全人类共同的利益。从生态理性与经济理性的进一步对比来看，两者的不同之处还在于以下三点。其一，生态理性是一种价值理性，着眼于人类未来的利益与处境；经济理性是一种工具理性，着眼于现实的利益与处境。其二，生态理性的思维出发点是人类所处世界的资源有限性，因此它提倡一种勤俭知足的社会发展模式；经济理性的思维出发点是人类自身无限的需求和欲望，所以它甚至允许奢侈和浪费。其三，生态理性提出用生态方法对待生态风险和生态危机；而经济理性对生态危机束手无策，因为它本身就是生态危机的症结所在。与经济理性的口号"不求更好，但求更多"不同，生态理性的口号可归结为"更少但更好"。生态理性暗含着一条适度发展原则，生态理性支配下的发展模式追求适度，而不是更多，它的目标是建立一个我们在其中生活得更好而劳动和消费得更少的社会，它强调在满足人类生活基本需求的同时还应确保人类发展的长期安全。

其次，世界图景生态化指由机械论世界图景转向有机论世界图景。机械论世界图景用物质因素来解释世界，它是还原论的、原子论的、决定论的世界图景。这一图景的核心理念是用微观层次的运动解释较高层次的运动，从时间的维度展示宇宙和生命的发展历程。它将世界视为一种可理解的构造性体系，由此从根本上消解了自然的神秘性，开启了对世界的物质化、齐一化和功能化认识，也开启了技术同自然的竞争，技术的产物——人工物品——逐渐具有了与自然造化媲美的可能。机械论世界图景反映到社会发展问题上就形成了一种线性的发展观。机械论世界图景构成了工业文明条件下思维方式的整体知识背景，它在长达两百多年的时间里统治了人类的思想，这一状况一直持续到 20 世纪中期随着"生态文明"的兴起才有所改善。生态文明背景下出现的系统科学、非线性科学，已经向经典物理科学发起了根本性的挑战，特别是生态科学，它试图提出一种新的有机论世界图景去取代物理科学的还原论、原子论、决定论的机械论世界图景。从生态科学的视角来看，世界是一个有机体和无机体相互作用的、永无止境的复杂网络，每一部分或环节只有在其系统中，才有明确的功能和作用，而这远不是人所能模拟或者实验所能还原和验证的。每一部分或系统，都有其演变的规律且同时又制约或受制于更大或更小的系统。作为一个相互联系、相互依存的统一整体的一部分，个体的价值存在于系统之中，脱离了系统就无所谓价值。物种和环境并不能截然区分，它们是作为相互依存的部分而存在的。人类进化的每一个步骤，不仅与自身有关，更与环境相关，其生存状态既取决于自身，又取决于环境。人与自然是不可分离的，人类的一切活动既是社会的过程，也是自然的过程，必然要受到自然的制约，此时的人类不是凌驾于自然之上，而是自然的一部分，依靠大大小小、相互关联的自然生态网络而生存。

再次，思维方法生态化指由形而上学思维转向辩证思维。工业文明条件下反生态的思维方式，从哲学方法论来看，其实质是一种形而上学思维。所谓形而上学思维，也就是用孤立的、静止的和片面的观点去看世界，把世界上一切事物及其形态和种类，都看成彼此孤立和不变化的，如果说有变化，也只是数量的增减和场所的变更，而且这种增减和变更的原因，不在事物的内部而在事物的外部。形而上学思维与机械论世界图景的内在要求是一致的，其主要特征是先把事物从整体中分离出来，然后对它们进行孤立的认识和研究。在这种思维方法支配下，人和自然在生态系统中被割裂开来，人的主体性得到无限宣扬，社会发展仅仅被理解为人们对物质世界的物质占有，被理解为人类自身的经济增长、科技进步等。种种危机已经表明，工业文明条件下以形而上学为方法论特征的反生态的思维方式不能从根本上解决人类的发展问题，不能从根本上解决人与自然、人与社会的关系问题，人类必须运用一种新的思维方式——辩证思维，来拓宽人类发展的视野，构建新的发展观。辩证思维是反映和符合客观事物辩证发展过程及其规律的思维方法，它考察对象的内在矛盾的运动变化和对象各个方面的相互联系，以便从整体、本质上完整地认识对象。辩证思维运用逻辑范畴及其体系来把握具体真理，其对象具有最大的广泛性，涵盖了自然界、人类社会和人的思维等各个领域，分别揭示了自然规律、社会规律和思维规律等。辩证思维有两个特征，一是联系的观点，二是发展的观点，它的核心是对立统一。在思维方式生态化过程中，必须实现由形而上学思维向辩证思维的自觉转变；只有将辩证法贯彻始终，思维方式的生态化转向才能最终完成。

最后，价值取向生态化指由单向功利型向双向互利型转变。工业文明催生出巨大的社会物质财富，也激发出巨大的人类物质欲望。在传统工业文明框架下，生产活动往往采用"高生产－高能耗－高污染"模式，导致严重的生态环境问题，人类的生存与发展难以为继。然而，人类生存的一个基本事实是，人类离不开地球，而地球可以没有人类。告别经济理性支配的人类中心主义，走向以互惠互利为原则的人与外部世界的双向互利关系。这体现出生态化思维方式的整体性、多样性、开放性和未来优先性等特征。在人、自然、社会的多重系统内，真正实现和睦相处、互利互惠、共存共荣的可持续发展道路，建设美丽中国。

（四）科学技术生态化

从 18 世纪后期以蒸汽机的发明和应用为主要标志的第一次科技革命算起，我们已经经历了三次科技革命，并且，当前我们正处于第四次科技革命浪潮之中。科学技术的巨大发展和进步推动着人类生产力水平的显著提高和社会物质财富的极大丰富。科学技术本身是中性的，科学技术的运用则是一把双刃剑。为了迎接和拥抱生态化时代，我们在强调实现生产方式生态化转变和思维方式生态化转变的同时，把科学技术生态化问题单独提出是有特殊意味的。

科学技术生态化蕴含着发展观的生态化。一方面，科学技术是人的科学技术，科学技术创新的世界是属人的世界。我们在现实的经济社会生产过程中，务必要防止为了科学技术而发展科学技术，务必要防止科学技术对人的绑架和异化。另一方面，人是与自然、社会同呼吸共命运的，这一存在论前提决定科学技术的发展必须与自然、社会相协调。

1987 年，联合国世界环境与发展委员会在《我们共同的未来》研究报告中，首次清晰地表达了可持续发展观，即"可持续发展是既满足当代的需求，又不对后代满足需求能力构成危害的发展"。可持续发展理念要求我们在开发、应用科学技术过程中全面引入和贯彻生态学概念，努力避免科技负面影响，保持生态环境平衡，即实现科学技术的生态化转向。

科学技术生态化的含义包括两个层次。第一层次即科学技术系统的生态，可称之为内生态。这个系统主要是解决科技与科技间通过兼容方式相互匹配耦合的有效性问题，目的是使科技系统本身协同进化，处于最优化的有秩序的良好运行之中。科学技术生态系统的各个元素、各个部分之间既有着直接、显性的联系，也有着间接、隐性的联系，它们之间通过这种联系相互匹配耦合，形成互相依赖、互相制约的有机整体。第二层次是科学技术系统作为一个整体与其环境间的生态关系，可称之为外生态。这个层次主要解决的是科技系统与其环境间的相互作用、相互适应、共生融合，以便更好地实现科学技术与生态问题的高度统一。① 科学技术内生态系统和外生态系统并不是彼此孤立的，而是处于相互关联之中。科学技术生态化必须落实到内生态和外生态的双重生态化。一方面，从科技系统本身来看，由于科技发展本身的规律性，其存在与发展也有一个优化组合问题，必须模拟生态系统的行为机制，使科技的组合形成竞争、共生、再生、自生关系，既促进科技发展又符合生态机制。另一方面，从科技与环境的角度来看，不同的科技组合与环境的作用关系是不相同的，它包括科技与环境之间的促进、抑制、适应、改造关系，也就是说，不同的科技组合，会产生不同的环境效益。科学技术外生态系统必须面对"自然－社会－人"的有机整体，既考虑满足人的需求，又注重生态环境的保护与可持续发展原则，既实现社会价值又保护自然价值，最终促进人类社会与自然环境良性互动与有序发展。

科学技术生态化分为四个阶段：科技创新生态化、工艺生态化、企业科技生态化和产业科技生态化。② 科学技术是第一生产力，科学技术

---

① 参见纪占武《技术演化论视野下的技术生态化》，《科技视界》2011 年第 9 期。
② 参见刘㳀翔、张欣《可持续发展与技术生态化》，《科学技术与辩证法》1999 年第 1 期。

生态化与生态生产力内在统一。科学技术只有真正在现实生产生活领域发生作用才会涉及生态化问题。科学技术现实化的过程也可被看作内生态向外生态不断发展延续的过程。首先，在科学技术发明与设计阶段，我们不仅要考虑其科技功能、经济效果，还要考虑其生态后果。譬如，对"克隆人"技术的争论、担忧正体现出科技创新生态化的现实性和重要性。其次，紧承科技创新生态化的是工艺生态化。工艺生态化指通过对生产进行符合生态学规则的设计来保证自然资源的高效、永续利用并减少污染物的产生。再次，企业是科学技术现实化的载体，企业科技生态化是内生态向外生态交换的重要环节。企业是科学技术发挥力量的主战场，我们所谓循环经济、绿色经济、低碳经济等，最终无一不是通过企业来实现。最后，企业的聚集形成产业，企业科技生态化内在驱动产业科技生态化。只有个别企业实现生态化，是不能实现清洁生产和可持续发展目标的。只有当整个产业都实现了生态化，才能释放人类社会整体的生态环境红利。只有在以上四个阶段共同实现生态化，科学技术生态化才不会落空，科学技术生态化才会释放强大的生态生产力。

三 "生态文明"理念的核心内涵

生态化时代是人类社会历史发展的必然选择，换言之，我们所处的时代呼唤生态文明。党的十九大报告提出："建设生态文明是中华民族永续发展的千年大计。"[①] 时代生态化、生态文明是大势所趋，这一方面迫于工业文明造成的严重生态环境压力和对压力的深刻反省，另一方面出于对美好生活、美丽中国的规律性认识和价值性追求。坚持人与自然和谐共生，还自然以宁静、和谐、美丽，满足人民日益增长的优美生态环境需要，建设美丽中国。

（一）天人合一

习近平总书记指出："自然是生命之母，人与自然是生命共同体，人

---

① 习近平：《决胜全面建成小康社会　夺取新时代中国特色社会主义伟大胜利——在中国共产党第十九次全国代表大会上的报告》，人民出版社，2017，第 23 页。

类必须敬畏自然、尊重自然、顺应自然、保护自然。"① 人从自然而来，是自然的组成部分，人的生存依赖自然，人与自然是一个有机统一体，是"生命共同体"。这是生态文明价值理念的本体论前提，天人合一是生态文明价值理念的核心内涵之一。韩震认为，新"天人合一"生态文明观基于中国天人合一、尊重自然的传统，吸收西方人地关系积极合理的成分，达到"人与天地参"的可持续发展境界，为人类文明的未来提供中国智慧。

天人关系是中国传统哲学的一对核心范畴。汤一介先生尝试用天人合一、知行合一、情景合一构建中国传统哲学的概念体系，并且认为天人合一意在解决"人"和宇宙的关系问题，探讨的是世界统一性问题，即本体论问题，因而是整个概念体系的基础，知行合一、情景合一是由天人合一派生而成。"天"和"人"是内在统一的，皆以"仁"为性。"天"是"仁"的表现，孕生万物，"人"也在其中；"人"敬"天"，尊"天命"，行"天道"，即为"仁"。② 坚持天人合一，而非天人二分，才能深刻理解人与自然是生命共同体，才能深刻理解习近平生态文明思想的哲学内涵。

天人合一，既是本体，又是境界。基于天人合一，中国传统哲学具有丰富的生态文明思想。《孟子·梁惠王上》曰："不违农时，谷不可胜食也；数罟不入洿池，鱼鳖不可胜食也；斧斤以时入山林，材木不可胜用也。谷与鱼鳖不可胜食，材木不可胜用，是使民养生丧死无憾也。养生丧死无憾，王道之始也。"遵守自然规律，顺应自然，合理开发利用资源，人与自然和谐相处，实现可持续发展，这才是安邦定国的王道。荀子也有相同的思想和类似的表述，《荀子·王制》中也讲："圣王之制也，草木荣华滋硕之时，则斧斤不入山林，不夭其生，不绝其长也；鼋鼍、鱼鳖、鳅鳝孕别之时，罔罟、毒药不入泽，不夭其生，不绝其长也。"在中国传统哲学中，"天"和"人"不是分开的，无论孟子还是荀子，虽然在讲自然规律，"天"之道，实则在讲圣制王道，"人"之道。

---

① 《习近平新时代中国特色社会主义思想学习纲要》，学习出版社、人民出版社，2019，第 167 页。

② 参见汤一介《儒学十论及外五篇》，北京大学出版社，2009，第 1 章"论'天人合一'"。

习以成"人"，关键在于懂得、遵守、践行天道即人道，不断克服和超越自身的局限性，从而达到天人合一的理想境界。

天人合一以自然优先为存在论根据，但并非"唯自然论"。从农业文明向工业文明的转变和发展中，人类不断增强认识自然、改造自然、利用自然的能力和本领，也克服了许多自然本身带来的灾害，为人类安居乐业，追求和满足对美好生活的需要创造了更好的条件。譬如，水利工程的兴起，减少或阻止了旱涝灾害对人类生存生活生产的不利影响。现代交通工具、通信技术的发展，解放了人类活动半径的限制，"世界那么大"，我们也可以随时"踏遍青山"且"人未老"。尊重自然，不是基于古代那种对自然的无知和畏惧，恰好相反，是基于对自然更深刻的认识，用人类智慧来保护自然、爱护自然，让整个世界更加美丽、更加美好。

天人合一的生态文明思想，反对人类中心主义。西方哲学的传统是主体和客体二分，中国哲学的传统是主体和客体同一。前者以知识论的方式支撑形而上学，后者以存在论的方式支撑形而上学。物我分离的西方哲学肯定人对自然的欲望和意志，把人类置于自然之上，以主客二分、分析的方法对待自然，征服自然，创造了近代以来的工业文明。然而，它带给人类的"副作用"也是巨大的，特别在资本逻辑不断转嫁危机的过程中，人类面临"流离失所""无家可归"的困境。实际上，这也引起了西方学者的反思。克莱夫·庞廷认为："地球上生命的不同形式包括人类，不能独立存在。它们是生态系统的一部分，——生态系统指的是有机体及其环境的结合。"[①] 从已有的人类文明看，人不能没有地球。即便有一天人类可以在星际自由穿梭、移居，人依然离不开自然。人是生态系统的一部分，人对系统造成的伤害，系统也会传导回人自身。人作为区别于自然的存在，意味着肩负更大的责任和使命。地球可以没有人类，而人类不能没有地球。从遥远的未来看，自然可以没有人类，而人类不能离开自然。

天人合一的生态文明思想，主张人与自然和谐共生。山水林田湖草，是一个有机的生命共同体，互为条件，相互制约，相互依靠。习近平总

---

①　〔英〕克莱夫·庞廷：《绿色世界史：环境与伟大文明的衰落》，王毅、张学广译，上海人民出版社，2002，第13页。

书记指出，"人的命脉在田，田的命脉在水，水的命脉在山，山的命脉在土，土的命脉在林和草"。① 人的生存离不开物质基础，"吃穿住行"，"吃"是第一位的，粮食生产离不开田地。田地里生长出水稻、小麦等粮食，离不开水，没有水也就没有生命，包括动物和植物生命。那水来自哪里？无论世界还是中国，"山川"不可分。无论长江、黄河这样的大江大河，还是各地不知名的小川小溪，都发源于山，"山"蕴含着"川"。常言道，石头山不养人。山之所以孕育生命，就在于有土，山离不开土。那么，土为何能附着于山而不改呢？在于林和草。从生物学上说，林和草的根系牢牢抓住了土，使土不离开山，同时也锁住了水。山水林田湖草用最朴素的语言，表达了最深刻的哲理。人与自然是一个体系，人与自然命运与共。人类用平行的视角去看待自然，没有傲慢与偏见、没有屈尊与卑微，置自己于天地万物之中，像爱护眼睛一样保护生态环境，"道不远人"，宁静、和谐、美丽就在身边。

（二）绿水青山就是金山银山

我们在前面详细论述了生态化时代要求并逐步实现的几种转变：生产环保化、消费绿色化、思维生态化和科学技术生态化。这些现实层面和实践层面的转变，投射到社会价值观领域主要表现为"绿色"和"生态"的价值理念，习近平总书记创造性地发展为生态文明思想，核心要义是"绿水青山就是金山银山"。

关于绿水青山和金山银山的关系问题，习近平总书记做了全面细致的论述。他指出："我们既要绿水青山，也要金山银山。宁要绿水青山，不要金山银山，而且绿水青山就是金山银山。"② "绿水青山"即指生态环境，"金山银山"即指经济发展。如何处理保护生态环境和发展经济这对矛盾？第一，"我们既要绿水青山，也要金山银山"。发展是第一要务，而问题的关键是怎样发展。良好的生态环境，健康可持续的经济社会，都是我们需要的。保护生态环境，不是我们不发展的原因和

---

① 《习近平新时代中国特色社会主义思想学习纲要》，学习出版社、人民出版社，2019，第 173 页。

② 《习近平新时代中国特色社会主义思想学习纲要》，学习出版社、人民出版社，2019，第 169～170 页。

理由，而是要求找准两者的有机结合点，实现两者的辩证、协同发展。第二，"宁要绿水青山，不要金山银山"。保护生态环境和发展经济这对矛盾，如果完全是一道假命题，也就不会长期困扰大家了。那么真正遇到不可调和的矛盾时，如何取舍呢？在鱼与熊掌不可兼得的情况下，我们不能以牺牲生态环境为代价，绿水青山比金山银山更具战略价值。第三，"绿水青山就是金山银山"。良好的生态环境本身就是生产力，绿水青山本身就蕴含着巨大价值和财富。我们要善于把绿水青山转化为金山银山，"绿水青山就是金山银山"理论也是一种绿色发展观、绿色财富观、绿色幸福观。

"绿水青山"的底色是"绿色"。"绿色"也是"五大发展理念"的内容之一，实现经济高质量发展离不开"绿色"发展理念。从颜色代表的含义说，绿色是大自然的颜色；山水林田湖草的理想色就是绿色；绿色象征着生命和希望。"绿水青山就是金山银山"，意味着人们的生产方式和生活方式需要实现绿色革命，这也表明中国向绿色发展转型的信心和决心。党的十八大以来，生态文明建设的成就有目共睹，举世瞩目。北京的雾霾天变少了，库布齐沙漠变绿了，黄河的水变得没那么浑了……无论城市，还是乡村；无论东部，还是西部……从垃圾分类到温室气体减排，从大气污染、水污染、土壤污染的防治行动计划相继出台到《国家生态文明试验区（海南）实施方案》落地……。深入践行"绿水青山就是金山银山"理论，让居民望得见山，看得见水，记得住乡愁。要给子孙留下天蓝、地绿、水净的美好家园，绝不能以牺牲后代人的幸福为代价换取当代人的所谓"富足"。

"绿水青山就是金山银山"突出了"生态"价值。"生态"原义是指生物的存在状态；按此理解，"生态文明"是指一切自然元素都恢复到原有的自然的存在状态。人作为大自然的一分子，与绿水青山是一体的。"小桥流水人家"，既是自然的人化，也是人的自然态。因此，生态必然意味着一套系统；生态价值必然是一种系统性价值；生态优先就是指生态系统优先，绿水青山优先。生态是人的存在论基础，绿水青山为人的生存发展提供物质条件。一方面，人类必须顺应绿水青山的发展规律，另一方面人类要积极主动作为，充分发挥绿水青山的生态价值，对生态系统进行"程序更新"和"价值升级"。前文提到的思维生态化和科学技术生态化，强调的正是我们思考问题要增加生态维度，从有利于生态健康出发，科学技术的发明创造、应用运用要重视生态价值。人与自然的生命共同体本身具有生态价值，在新时代条件下更好地促进生命共同体健康发展，不断提升生态价值。这种生态价值既是物质性的，也是精神性的，作为价值理念就称为"生态"。"生态"价值理念要求人与自然和谐相处，在发展中保护、在保护中发展，实现生态利益、经济利益、社会利益相统一的可持续发展。

"绿水青山就是金山银山"理论作为习近平生态文明思想的重要内容，既是对中华文明传统的创造性转化和创新性发展，又是在全球面临严峻的生态环境问题条件下发明的中国理论。2013 年 2 月，联合国环境规划署第 27 次理事会通过了推广中国生态文明理念的决定草案。生态不分国界，人类是命运共同体，地球是生命共同体，说到底，"绿水青山就是金山银山"具有全人类的价值和意义。

（三）美丽中国

党的十八大首次提出"美丽中国"概念，要求大力推进生态文明建设。党的十九大明确指出"加快生态文明体制改革，建设美丽中国"。美丽中国，既形象生动地表达了生态化时代的价值理想，又充实和完善着生态化时代的精神内涵。它集中体现了中国共产党执政理念、治国理念和发展理念的提升。美丽中国是生态化时代的最强音。

（1）美丽中国表征着人民对美好幸福生活的无限向往。人民是美丽中国的建设者和受益者，是美丽中国事业的主体。建设生态文明，首先关乎的是人民群众的切身利益。在"自然－社会－人"的系统中，优美的自然环境、舒适的生态人居、和谐的社会关系，三者相互联系、内在一致。如果生活在肮脏、嘈杂的环境中，人的生命健康就会受到威胁，人的心情也不会好，社会也不可能和谐。只有环境改善了，优美了，人们的高质量生活才有基础和保障，和谐社会才会应运而生。美丽中国所包含的，正是人民群众所向往的；美丽中国所欲达到的，正是人民群众所欲实现的。生态化时代从来都没有并且也不会放弃以人为本的原则，生态文明说到底是人民的生态化生产生活，美丽中国和人民群众的美好愿景高度一致。

（2）美丽中国代表着中华民族对永续发展的孜孜追求。曾几何时，高大的烟囱冒着浓烟，是一座城市工业发达的"美妙景观"。在经济社会发展水平、技术条件、思想观念都比较落后的情况下，一味重视经济利益而忽视生态后果的发展模式比较普遍，在比较短的时期内也确实创造了比较大的经济社会财富。这些"成绩"背后是以对自然资源的高消耗、对生态环境的高污染为代价的。为了满足这一代人的眼前利益，实际上是在透支下一代人的资源，牺牲子孙后代的长远利益，从根本上说是难以为继的，也是代际不公平的。生态文明是人类可持续发展的必由之路，建设生态文明关乎民族前途命运。生态化时代不仅是个人的生态化，更是民族的生态化。美丽中国是中华民族对自身可持续发展的思想自觉和行动自觉。

（3）美丽中国体现着党和国家对人民的高度责任感和使命感。建设美丽中国，不能停留在口号上，"空谈误国，实干兴邦"，唯有真抓实干才能实现目标和理想。建设美丽中国，不可能一蹴而就，"路漫漫其修远兮，吾将上下而求索"，唯有锲而不舍才能逐步实现。面对全球性的生态危机和倒逼而来的生态化时代，党和国家果断决策，从"四位一体"到"五位一体"，把生态文明建设提升到总体布局的高度，再次赢得人民群众的高度认可和普遍赞誉。

（4）美丽中国要求我们走生态优先、绿色发展之路。生态环境问题说到底就是工业文明和后工业文明之间的冲突问题，生态化时代被工业文明推向和被后工业文明拉上世界历史的舞台，是工业文明和后工业文明相互叠加的时代。当代中国一方面工业化尚在推进、尚未完成，另一方面生态化建设势在必行。一种以人与自然和谐共生、持续繁荣为基本宗旨，以建立可持续的经济发展模式、绿色健康的消费模式为主要内涵，以打造资源节约型、环境友好型、生态宜居型为重要目标的生态优先、绿色发展之路正在形成。

（5）美丽中国推动世界文明形态的新探索、新发展。生态化时代不仅是中国的生态化，而且是世界的生态化。生态环境问题不仅是中国发展过程中的问题，而且是世界发展进程中的问题。生态无国界，"我们只有一个地球"。建设美丽中国，建设生态文明，一方面需要用世界的眼光分析中国的问题，另一方面也需要用立足中国的方式解决世界的问题。

中国作为世界上最大的发展中国家，其生态文明之路注定是承前启后的，吸引着全世界的目光。随着生态、绿色、美丽的"生态文明"价值理念深入人心，生态文明建设在中华大地稳步推进，美丽中国的画卷正徐徐展开，为美丽世界、美丽地球贡献中国方案。

第八章　全球化时代与"人类命运共同体"理念

人类只有一个地球，各国共处一个世界。党的十八大报告首次提出，"倡导人类命运共同体意识，在追求本国利益时兼顾他国合理关切，在谋求本国发展中促进各国共同发展"。① 随着现代科技和交通系统的迅速发展，世界市场已经形成，人们的交往更加便利，联系更加紧密，地球成为"地球村"。美国学者罗伯森认为："全球化既指世界的压缩，又指认为世界是一个整体的意识的增强。"② 世界在空间和时间上被压缩，经济、政治、文化、信息、科技、生态等日益失去了国界的限制，全球化时代已经到来。习近平总书记指出："没有哪个国家能够独自应对人类面临的各种挑战，也没有哪个国家能够退回到自我封闭的孤岛。"③ 世界各国要顺应时代发展潮流，开展全球性协作，构建人类命运共同体。建设持久和平、普遍安全、共同繁荣、开放包容、清洁美丽的世界是各国人民的共同愿望，要相互尊重、不要霸权强权，要合作共赢、不要零和博弈，要开放包容、不要狭隘封闭。"人类命运共同体"理念，为维护全人类的和平、发展、繁荣，提供中国智慧。

一　全球化时代的主要特点

全球化时代是何时到来的？对于这一问题的答案有很多种，譬如：有人认为始于 15 世纪地理大发现，有人认为始于 18 世纪英国工业革命，有人认为始于 19 世纪末 20 世纪初资本主义发展到帝国主义阶段的大扩

---

① 胡锦涛：《坚定不移沿着中国特色社会主义道路前进　为全面建成小康社会而奋斗——在中国共产党第十八次全国代表大会上的报告》，人民出版社，2012，第 47 页。
② 〔美〕罗伯森：《全球化：社会理论和全球文化》，梁光严译，上海人民出版社，2000，第 11 页。
③ 《习近平新时代中国特色社会主义思想学习纲要》，学习出版社、人民出版社，2019，第 209 页。

张。马克思、恩格斯在《共产党宣言》中对"世界历史"也有非常精彩的描写和论述，"一切民族甚至最野蛮的民族都卷到文明中来了"①，历史成为世界历史。笔者对全球化时代的界定有所不同，在凸显时代性的意义上，特指冷战结束之后的现时代。

诚然，东欧剧变和苏联解体给世界共产主义运动造成巨大损失，整个世界共产主义运动陷入低潮。然而，最近30年的世界历史表明，共产党为之奋斗的社会主义无论作为一种思想体系、一种社会运动还是一种社会制度，并没有像西方政治家所预言的那样走向"终结"，而是在低潮中坚持、调整、发展。资本主义虽然暂时占据上风并经历了一个黄金发展期，但并没有解决自身的根本矛盾，2008年美国次贷危机引发的全球金融危机和经济大衰退（简称"全球金融危机"），给全球带来巨大冲击，再次引发人们对资本主义的大反思大讨论。与此同时，改革开放以来的中国特色社会主义事业蓬勃发展、迅速崛起，特别是中国在全球金融危机中的良好表现，使"历史终结论"者自己都不得不自我否定和自我修正。即便在西方，越来越多的人也开始重新思考：资本主义没有他们鼓吹的精彩，社会主义和共产主义也没有他们想象的脆弱。全球化时代不是冷战时期的两极争霸，也不是现在某些人想象的一极独霸，而是走向更深层次的多极化。

（一）世界格局多极化

尽管当前美国仍然是一家独大，但是这种多极化特征已经越来越明显。有学者总结了冷战后美国维和政策的演变及特征，指出："冷战结束以来，美国的维和政策经历了三次大的演变：从'有效的国际主义'到'坚定的多边主义'，从'有选择的多边主义'到'美国式的国际主义'，最后回归到'有效的多边主义'。"② 我们首先从冷战后美国的国家安全策略的演变来一探究竟。

在冷战结束之初，老布什认为美国在联合国中"保持有限的作用不再是站得住脚的"，联合国维和行动要想取得成功，"美国就必须发挥更

---

① 《马克思恩格斯选集》第1卷，人民出版社，2012，第404页。
② 赵磊：《冷战后美国维和政策的演变及特征》，《美国研究》2011年第4期。

大的作用"，这就是所谓"有效的国际主义"。很明显，美国在试图利用自己的唯一超级大国地位来绑架联合国，"有效的国际主义"实质上是一种单边主义。克林顿坚持并发展了这一政治主张，其间经历"坚定的多边主义"和"有选择的多边主义"，试图建立以美国为主导的全球领导权，同时降低本国维和成本并迎合国际国内民意。2001年"9·11"事件沉重地刺痛了美国的神经，小布什重新确认美国的全球领导权身份。时隔一年，2002年9月17日小布什政府发布的《美国国家安全战略报告》明确指出："美国维和政策的基础是'美国式的国际主义'，因为这一主义反映了美国的价值观和国家利益。""美国式的国际主义"要求美国在国际事务中拥有绝对的领导权，反对美国"过多地"参与联合国维和行动，同时倾向于以单边主义来确保美国的国家利益。2008年美国爆发次贷危机，进而引发全球金融危机和经济大衰退。2009年，奥巴马以变革者的姿态入主白宫，他提出通过回归"有效的多边主义"来纠正小布什的"美国式的国际主义"。美国政府本着现实主义和实用主义的态度，深知世界多极化格局不可阻挡，在"内忧外患"中唯有实行"有效的多边主义"方可救自身于水火，同时还能继续保持美国的强势地位。2017年，顺应美国民粹主义的特朗普当选第45任总统，强调"美国优先"，逆全球化而动，大搞单边主义、贸易保护主义，对世界主要经济体先后发动贸易大战，受到各国普遍抵制和强有力回击。这恰好反证了美国试图维护的"一家独大"的世界格局越来越难以维系，全球化和多极化已是大势所趋。

作为当今世界影响力最大的两种多边外交对话机制，G8峰会的日子显然没有G20峰会的日子好过。G8峰会是八国集团首脑会议（Group 8 Summit）的简称。八国集团始创于1975年的六国集团（简称"G6"），始创国包括法国、美国、英国、西德、日本、意大利。其后，加拿大于1976年加入，成为七国集团（简称"G7"）。俄罗斯于1991年起参与G7峰会的部分会议，至1997年被接纳为成员国，G7正式成为G8。该会议作为西方主要工业发达国家的首脑会议，旨在对复杂多变的国际政治经济形势，从整体上协调共同的和各自的政策，缓解内部矛盾，以维护成员国在世界经济和国防政治中的地位。无论是G6、G7，还是G8，它们都表明西方发达资本主义国家试图抱团维护各自政治、经济、军事等国家利益的目的。同时，无论是从 G7 向 G8 的演变，还是暂停俄罗斯 G8 成员国地位，都反映出 G7 试图改变俄罗斯，维护世界经济政治旧秩序的目的。

G20 峰会是 20 国集团会议（Group 20 Summit）的简称。20 国集团是一个国际经济合作论坛，于 1999 年 9 月 25 日由八国集团的财长在华盛顿宣布成立，属于布雷顿森林体系框架内非正式对话的一种机制，由原八国集团和十一个重要新兴工业国家（中国、阿根廷、澳大利亚、巴西、印度、印度尼西亚、墨西哥、沙特阿拉伯、南非、韩国和土耳其）以及欧盟组成。20 国集团的 GDP 占全球经济的 90%，贸易额占全球的 80%，人口约为 40 亿。20 国集团会议最初只是由各国财长或各国中央银行行长参加，从 2008 年开始举行二十国集团首脑会议，扩大各个国家的发言权，这取代之前的 20 国集团财长会议。G20 相较于 G8，最大的亮点无疑是新兴工业国家的加入和影响力的不断提高。20 国分布广泛，除了八个老牌工业国家外，中国、印度、巴西、南非等都是重要的"金砖国家"，澳大利亚、阿根廷、印度尼西亚、墨西哥、沙特阿拉伯、韩国和土耳其等都是重要的区域性国家，在国际事务中发挥着越来越重要的作用。

G20 比 G8 更具代表性和说服力，表明世界格局多极化的趋势和特征越来越明显，而且越来越广泛。当然，G20 还只是一个代表性的非正式世界会议组织。除此之外，例如 1996 年 4 月 26 日上海合作组织成立，2002 年 1 月 1 日东盟自由贸易区正式启动，2002 年 7 月 9 日至 10 日非盟正式取代非统组织，等等。在全球化时代，越来越多的国际、区域、国家力量崛起，从绝对对立的冷战思维中解放出来，努力开创国际新格局、新秩序。

（二）和平与发展是主题

过去的 20 世纪中，人类经历了两次世界大战，数以万计的人惨遭杀害，代价是沉重的，教训是沉痛的。第二次世界大战结束之后，又经历了较长时间的社会主义和资本主义两大阵营的对立，也就是冷战时期。东欧剧变和苏联解体标志着美苏争霸两极格局崩溃，雅尔塔体系解体，冷战结束。世界政治格局由紧张趋向缓和，由对抗转向对话，世界多极化趋势越来越明显。在经济全球化、社会信息化的影响下，世界各国相互嵌入，牵一发而动全身，越来越形成紧密的利益共同体。"和平与发展"成为世界各国人民的共同心声，也成为世界政治格局的新主题。

第一，世界大战是可以避免的，较长时期的世界和平是可能的。20世纪80年代，邓小平通过对国际形势以及我国周边环境的冷静观察和科学分析，对战争与和平问题做出新判断，明确指出："在较长时期内不发生大规模的世界战争是有可能的，维护世界和平是有希望的。"① 20世纪80年代末90年代初，世界形势发生重大变化。随着东欧剧变和苏联解体，国际形势进一步趋向缓和。对此邓小平指出，我们过去对国际问题的许多提法，还是站得住的。事实正是如此，随着冷战结束，世界多极化格局越来越明显，世界主要大国关系总体上保持稳定。当然，世界局部地区仍不太平，中东、北非等地区战争还比较频繁，这反映出西方霸权主义和强权政治思维仍然存在，但是，从战争的规模、战事的过程来看，即使相关国家也不愿意付出太大代价，不愿意深陷战争泥潭。战争损人不利己，和平是世界人民的共同愿望。

第二，和平与发展相辅相成，不能离开和平谈发展，也不能离开发展谈和平。世界各国都深谙只有在和平环境中才能发展进步，西方霸权强权国家十分重视本国的和平稳定，尽管它们常常在他国引发战火。2001年"9·11"事件让美国、西方神经紧绷，深深感觉到它们自身的安全稳定受到极大威胁。"自从'9·11'事件后美国政治讨论的主题就由'人道主义干涉'变成了反复宣布的'反恐战'……美国为了自身的安全迫不得已去占据这些（所谓'失败国家'）地带，正如美国当年要'集中力量开拓自然疆土，砍倒树木并打到印第安人'。"② 美国为了维护本国的和平环境，不惜对他国发动所谓"反恐战"。"美国已成为最大的国家恐怖主义者，信奉'先发制人'，还干出了无数其他的'流氓'行为。"③ 有时现实是残酷的，反观世界上那些最不发达国家和地区，例如索马里、埃塞俄比亚、阿富汗等，战争不断，民不聊生，谈何发展？可

---

① 《邓小平文选》第3卷，人民出版社，1993，第127页。

② 〔美〕诺姆·乔姆斯基：《失败的国家——滥用权力和践踏民主》，白璐译，上海译文出版社，2009，第137页。

③ M. Selden, and A. Y. So, eds., "Introduction," in *War and State Terrorism：The United States，Japan，& the Asia-Pacific in the Long Twentieth Century*（Washington DC：Rowman and Littlefield Publishers，2004）.

见，发展离不开和平的环境。

同时，我们也不能离开发展而谈和平。落后就要挨打，不发展就会受欺负。自1840年鸦片战争以来，关于这一点每个中国人都有切身感受。清政府腐败无能，丧权辱国，受尽欺辱；民国政府风雨飘摇，中华民族深处水火，危难存亡。只有中国共产党，带领中国人民取得新民主主义革命的胜利，建立新中国，人民当家做了主人，"站起来"了。通过革命战争，我们赢得了和平；我们如何巩固和捍卫这来之不易的和平？唯有发展。邓小平面对当代世界的纷繁复杂的问题，以其敏锐的洞察力指出："现在世界上真正大的问题，带全球性的战略问题，一个是和平问题，一个是经济问题或者说发展问题。和平问题是东西问题，发展问题是南北问题。概括起来，就是东西南北四个字。南北问题是核心问题。"① 离开发展谈和平，只能是一厢情愿的美好愿景。从G6、G7、G8到G20，不是美国、英国等西方发达资本主义国家落后了，而是中国等广大新兴国家、发展中国家进步了。改革开放使中国人民"富起来"了；进入新时代，以习近平同志为核心的党中央带领中国人民"强起来"。从世界格局看，只有越来越多的发展中国家发展起来，才能挑战不公平不合理的国际政治经济旧秩序，才能真正维护世界和平。

第三，发展没有一成不变的模式，必须坚持改革创新。一方面，资本主义为了克服自身产生的矛盾和冲突，展开了深刻反省，吸收和借鉴了很多社会主义的方法措施。在新自由主义全球化的进程中，反复出现的、由泡沫破灭所引发的金融危机是继17世纪的郁金香危机、18世纪的南海泡沫之后，资本主义内在矛盾的当代重现，是资本主义制度的痼疾。尽管无法根除，但是通过改革创新可以进行调整，获得暂时性的平衡和发展。另一方面，社会主义在建设过程中也肃清了自身的思想障碍，以改革创新促发展。我们在发展过程中遭遇的阻碍和困难很多，一方面是先发国家对后发国家的封锁和控制，甚至包括意识形态的打压；另一方面是后发国家本身的落后和复杂的现状，起点低、力量弱、形势紧。越是这样，我们越要发展。通过改革创新，唤醒了我们对当今世界形势和趋势的正确认识，唤出了无穷的生产力。贫穷不是社会主义，我们要

---

① 《邓小平文选》第3卷，人民出版社，1993，第105页。

以经济建设为中心，坚持四项基本原则，坚持改革开放，努力建设富强民主文明和谐美丽的社会主义现代化强国。

（三）合作与竞争并存

告别冷战的全球化时代，让人类社会历史发展回归到正常轨道上来。事实证明，斯大林模式的苏联社会主义是大国沙文主义和国际霸权主义的怪胎。反过来说，经历过冷战时代的当代人类社会必然会更加理智。在后冷战时代，真正回归到资本主义和社会主义长期共存、相互竞争的状态。合作与竞争并存是全球化时代的第三个特点。

伴随着全球化和信息化的快速发展，现代社会早已是我中有你、你中有我的社会。马克思、恩格斯在《共产党宣言》中曾指出："资产阶级，由于开拓了世界市场，使一切国家的生产和消费都成为世界性的了。……旧的、靠本国产品来满足的需要，被新的、要靠极其遥远的国家和地带的产品来满足的需要所代替了。过去那种地方的和民族的自给自足和闭关自守状态，被各民族的各方面的互相往来和各方面的互相依赖所代替了。物质的生产是如此，精神的生产也是如此。各民族的精神产品成了公共的财产。民族的片面性和局限性日益成为不可能，于是由许多种民族的和地方的文学形成了一种世界的文学。"① 物质的生产和精神的生产都是世界性的生产，世界历史真正形成了。当然，马克思和恩格斯当年还不曾体验到现代科技带来的更大冲击，例如互联网技术消除了国别、地域、民族的差别，我们每个人的历史就是世界历史的微缩形态。不过，难能可贵的是，马克思和恩格斯还指出："无产阶级只有在世界历史意义上才能存在，就像共产主义——它的事业——只有作为'世界历史性的'存在才有可能实现一样。而各个人的世界历史性的存在，也就是与世界历史直接相联系的各个人的存在。"② 我们的社会主义和共产主义事业是建立在生产力高度发达、世界历史高度发达的基础上的，因此，我们必经的不是具体的资本主义形态，而是生产力由低级到高级、到高度发达的发展次序。在现时代，资本主义的生产力还没有完全发挥出

① 《马克思恩格斯选集》第1卷，人民出版社，2012，第404页。
② 《马克思恩格斯选集》第1卷，人民出版社，2012，第166~167页。

来，社会主义还处于初级阶段，资本主义和社会主义相互依存、相互博弈。

当今时代改变了冷战格局下的形而上学思维方式，从"在绝对不相容的对立中思维"的思维方式中解放出来。资本主义国家与社会主义国家、发达国家与发展中国家，为了共同的政治、经济、文化、军事等利益，携起手来，合作共赢。这样的典范和事例很多。譬如，从1992年到2012年的20年里，中国对美国的货物和服务出口额从96.5亿美元暴增至3640亿美元；美国对中国出口从105亿美元增加至1630亿美元。2012年，中美双边贸易额超过5000亿美元，美国成为中国最大的出口市场，中国也成为美国农产品最大出口市场。对美国来说，按照2010年计算，每向中国出口10亿美元货物和服务，可带来8.66亿美元GDP附加值和6300个就业岗位，因此当年共创造982亿美元附加值和71万个就业岗位。同时，来自中国的廉价商品成功帮助美国压低了通胀率。而中美贸易将中国纳入全球产业链后，也提高了美国企业的全球竞争力。对中国来说，中美贸易带来了巨大经济产出和就业机会。按照2010年计算，中国每对美国出口10亿美元货物和服务，可带来5.98亿美元GDP附加值和3.4万个就业机会，因此当年中美贸易给中国带来了1754亿美元附加值和997万个就业机会。此外，在投资领域，据美国经济分析局（BEA）统计，截至2010年，1189家美国企业在华投资，销售额达3040亿美元，雇用劳动力154.1万人。[①] 当然事情并不总是一帆风顺，特朗普上台以来，美国逆全球化、贸易保护主义抬头，并且愈演愈烈，试图阻止以中国为代表的新兴经济体发展，在许多领域对中国企业进行打压。譬如美国政府以所谓国家安全名义，打压华为、中兴等中国民营企业，实施"科技禁运"，试图阻止华为在移动互联网尤其是5G领域的领先发展态势。可以想见，随着中国科技从"跟跑"到"并跑"，再到越来越多领域"领跑"，并且中国经济体量越来越接近美国，美国还会制造更多的科技摩擦、贸易摩擦，以此来阻击中国发展和壮大。青山遮不住，毕竟东流去，全球化的浩荡之势不会因为美国的"开倒车"行为而停止。美国的行为损人不利己，搬起石头砸自己的脚，一意孤行终将被全球化时代所淘汰。

---

① 金旼旼：《中美合作大于竞争的经济逻辑》，《中国证券报》2013年6月8日。

当今时代，很多事业必须依赖于全球合作，在环境保护、生态治理方面表现就很明显。全世界人民生活在同一个地球上，生态环境问题没有国界。例如，2013 年 6 月印度尼西亚苏门答腊岛因"烧芭"火灾产生的烟雾给邻近的新加坡和马来西亚造成严重空气污染。"烧芭"是印度尼西亚悠久的传统农业文化，当地民众在森林山地放一把火将之烧成"空地"，利用燃烧的灰烬作为"天然"肥料，山民们便在那里耕作收获。每年 6 月是"烧芭"的高峰时期，大量烟雾因此产生。再如，春季困扰东亚地区的沙尘暴及空气污染问题。亚洲沙尘暴有 3 个主要源区：蒙古国南部的沙漠和戈壁、以塔克拉玛干沙漠为主体的中国西部高沙尘沙漠区、以巴丹吉林－腾格里－乌兰布和沙漠构成的中国北部高沙尘沙漠区。中国国境之外的源区，构成了亚洲沙尘释放总量的约 40%。亚洲沙尘暴确有一部分来自人为活动新增的沙漠和沙地，但这些新增沙地只占中国原始沙漠约 6% 的面积，换言之，中国境内产生的沙尘暴的主因是原生沙漠。事实上，中国的沙漠化和荒漠化治理一直在进行，并且取得不错的成效。譬如地处巴丹吉林（我国第三大沙漠）和腾格里（我国第四大沙漠）两大沙漠之间的甘肃民勤县，通过一代代人接续奋斗，防沙治沙，已经从"沙进人退"向"绿进沙退""人沙和谐"转变，全县沙漠化和荒漠化面积已由峰值的 94.5% 降低到 90.3%。此外令人鼓舞的是，中国与日本、韩国和蒙古国已经制定了东北亚联合治理沙尘暴的总体规划，相关治理项目也在稳步推进中。世界银行、亚洲开发银行也给予中国西部沙漠化治理项目贷款和技术援助赠款。另外，来自各国企业等民间力量也积极投身中国沙漠化和荒漠化治理，例如兄弟（中国）商业有限公司启动内蒙古防沙漠化公益项目等。面对全球性的生态环境问题，相互指责、相互推诿是无济于事的，唯有一起携手，共同合作，才能解决问题，治愈"伤疤"，共创美好。

随着新一轮科技革命的兴起，国际分工越来越细，资金、技术、资源、环境、劳动力成本、管理以及服务等按照比较优势原则在不同国家和地区间自由流动。合作共赢已经成为国家间、地区间、企业间、科研机构间、社会团体间的存在方式。然而，这并不意味着没有竞争、没有冲突，实际上这种竞争随着合作的加强而日趋激烈。中美贸易争端主要发生在两个方面：一是中国具有比较优势的出口领域；二是中国没有优势的进口和技术知识领域。面对分歧和摩擦，中国愿意采取合作的方式加以解决，同时在重大原则问题上绝不让步。中国不愿打贸易战，但也不怕打贸易战。"打铁还需自身硬"，面对竞争，最好的方式是做好自己的事情。全球化，不是单一性的"西方化"和"美国化"，而是世界多元文明的共存、共融和共生，反对形形色色的霸权主义、单边主义和中心主义，坚持相互尊重、公平正义、合作共赢，构建人类命运共同体。

二 全球金融危机与资本主义批判

在全球化的进程中，西方资本主义国家特别是美国起着主导作用。有一种观点认为，全球化就是西方化、美国化，譬如吉登斯把全球化看作西方现代化的各项制度在全球范围内的扩展。进入 21 世纪以来，这种用西方化、美国化来定义全球化的模式在西方资本主义国家（以美国为代表）内部发生了动摇，甚至表现出逆全球化、反全球化的迹象。2008 年，由美国次贷危机引发的全球金融危机，正是标志性事件。尽管全球化势不可挡，但人为的风险和挑战在加剧，这需要人类有足够的新智慧来应对。

（一）全球金融危机中的当代资本主义

2008 年爆发的全球金融危机，给以美国为首的西方资本主义国家带来继 20 世纪 30 年代经济大萧条以来最严重的危机。它从次贷危机发展到一般信用危机，从虚拟经济危机扩展到实体经济危机，从美国危机扩展到欧债危机，对世界资本主义体系形成了巨大冲击，造成全球范围的经济动荡和衰退，也引发人们对资本主义的广泛讨论。从 2009 年初英国《金融时报》刊登有关"资本主义的未来"的系列文章和时任法国总统萨科奇与英国前首相布莱尔召集的"新世界，新资本主义"大会，到 2012 年初《金融时报》发表"资本主义的危机"的系列文章和 2012 年达沃斯论坛对于"20 世纪资本主义是否适合 21 世纪"的大讨论，这种趋势一直在继续，并有很明显的更深入和更彻底的倾向。[1]

---

[1] 参见李慎明、张宇燕主编《全球政治与安全报告（2013）》，社会科学文献出版社，2013，第 297～302 页。

全球金融危机主要表现在以下几个方面。

（1）经济——全球复苏步履蹒跚。欧洲央行（ECB）数据显示，2012年第二季度，欧盟27国中有13个国家按年率计算的GDP季度环比增长率为负。其中包括深陷主权债务危机泥潭的意大利、西班牙、葡萄牙和希腊等国以及英国等欧元区外国家。截至2012年第二季度，意大利连续四个季度出现经济萎缩，GDP季度环比增速分别为－0.2%、－0.7%、－0.8%与－0.8%；葡萄牙连续七个季度出现经济萎缩；英国和西班牙连续三个季度出现负增长；法国连续三个季度处于零增长。

（2）就业——发达国家失业率仍处高位。在美国，就业市场改进缓慢，劳动参与率创历史新低。2012年以来，美国失业率始终在8.1%～8.3%徘徊。根据欧洲央行数据，2012年前7个月，欧盟和欧元区的平均失业率分别为10.3%和11.1%。其中，2012年7月欧元区的失业率达11.3%，创下1995年欧洲央行开始该数据统计以来月度失业率最高纪录。西班牙的失业情况最严重，失业率高达24.4%；其次为希腊，失业率为22.6%。

（3）物价——通货膨胀总体水平低迷。据经济合作与发展组织（OECD）数据，2012年前三个季度OECD国家消费者物价指数（CPI）分别同比上涨2.8%、2.2%、2.1%。截至2012年9月，美国、英国、德国、法国等主要发达资本主义国家CPI同比上涨均在2%左右，意大利维持在3.2%。

（4）债务——发达经济体债台高筑。发达经济体政府债务占GDP的比例逐年上升。2012年10月国际货币基金组织（IMF）数据显示，2010年发达经济体政府债务占GDP比例为100.6%，2011年升至104.7%，再度向二战高峰期的水平靠近。其中，2010年美国政府债务占GDP比例为98.6%，2011年升至102.9%；2010年日本政府债务占GDP比例为215.3%，2011年升至229.6%。

（5）贸易——增速明显放缓。与世界经济增速放缓趋势一致，世界贸易组织（WTO）指出，2012年全球贸易增长明显下降，低于此前20年平均水平的一半。长期以来，全球贸易一直主要依赖欧洲、美国及日本三大市场。然而三大经济体经济状况都欠佳，尤其是欧洲经济陷入衰退，对全球出口造成较大影响。①

面对十分严峻的国际经济形势，当代资本主义普遍认为必须寻求改革。其中最具代表性的是美国前财政部长、哈佛大学教授萨默斯的"发动机"比喻。他认为当前西方面临的经济困境就好比是一台汽车的发动机出了问题，只需恰当的财政和货币政策就能解决，而不是大规模的结构性改革。② 英国前首相卡梅伦提出的"负责任的资本主义"和"有道德的市场"，比尔·盖茨提出的"兼顾利他性的资本主义"，德勤公司首席执行官埃斯瓦瑞尔提出的"有同情心的资本主义"，国际工会联合会秘书长莎兰伯兰提出的"生产性经济"等都属于改良资本主义方案。对此次全球金融危机根源的诊断，在当代资本主义内部分为三种倾向。③

（1）贪婪的资本家应负主要责任。这次资本主义的困境实质是一场金融危机和债务危机，所以与之相关的金融家、银行家、企业家是他们最容易联想到的"罪魁祸首"。他们普遍认为极端的贫富悬殊是导致此次危机的主要原因之一。正如国际劳工组织总干事胡安·索马维亚在其文章《从国际劳工组织角度看资本主义危机与不平等》中所指出的，这次资本主义危机前所未有的原因之一就是不平等现象极端严重并在不断加剧，比如全球 6100 万人就掌握着相当于 35 亿人所拥有的财富。诺贝尔奖得主克鲁格曼等也认为美国正在逐步沦为一个香蕉共和国——永久贫困阶层日益扩大，中产阶级越发贫困，面对越来越富的富人阶层变得越来越软弱无力，而熟练控制包括总统在内的公职人员的资本家权贵却正经历一场复兴。④

（2）不作为的政府应负主要责任。最具代表性的是美国银行家、政府汽车工作小组的负责人史蒂文·拉特纳。他将资本主义比喻成一个需要规则、界限和纪律的精力旺盛的小孩子，认为如果小孩子无意中把房子点着了的话，他的父母也就是政府应该承担责任。所以对于此次金融

---

① 参见王洛林、张宇燕主编《世界经济黄皮书：2013 年世界经济形势分析与预测》，社会科学文献出版社，2013，第 4~9 页。

② L. Summers, "Current Woes Call for Smart Reinvention Not Destruction," *Financial Times*, Jan. 8, 2012.

③ 参见彭成义《从资本主义体制内外看西方困境的四种视角》，《红旗文稿》2013 年第 1 期。

④ P. Krugman, "The President Surrenders," *International Herald Tribune*, Aug. 2, 2011.

危机，拉特纳认为政府的监管缺失是最主要的原因之一，因为是它们放松了监管要求、对危险的甚至在某些情况下是非法的活动视而不见，并纵容了自己的过分行为。①

（3）新兴国家的崛起。把金融危机的责任归咎于全球化下正在快速崛起的国家资本主义的不公平竞争。著名的货币投机家和政治家索罗斯认为全球金融危机的根源在于"国家资本主义"对以美国"华盛顿共识"为基础的"国际资本主义"的严峻挑战和威胁。美国政治学家伊恩·布雷默 2010 年的著作《自由市场的终结：谁是国家与企业之战的赢家？》则直接把"国家资本主义"的兴起等同于自由市场的终结。② 这种解读暗含强烈的意识形态色彩，强调美、欧、日等代表的国际资本主义是利用市场促进普遍增长和普遍富裕的模式，而像新加坡、俄罗斯等代表的国家资本主义则用市场增进国家权力，为少数利益集团服务。

在应对世界金融危机方面，当代资本主义除了从资产阶级自身、政府、新兴国家找原因和采取与之相应的措施外，更为重要的是引发了对新自由主义的资本主义道路和模式的反思。事实上，在西方发达资本主义国家之间一直存在不同的发展模式，粗略看来，美欧模式之争由来已久。以"华盛顿共识"为代表的美国新自由主义模式，核心理念是反对政府干预，倡导全面推进私有化、市场化和自由化；以德、法、瑞典等为代表的欧洲模式，作为二战后发展起来的改造了的温和资本主义，主张在追求自由效率的同时，强调经济社会的均衡发展。在经历 2008 年以来持续的全球金融危机和经济大衰退的过程中，欧洲学者提出"市场经济的美式霸权已成过去"，美国学者则称"懒惰的社会主义"欧洲危机四伏。然而，美国和欧洲的相互指责只不过是五十步笑百步，都没有而且也不可能从根源上解决资本主义社会所固有的危机，结果两败俱伤，只是"伤势"不同而已。

面对危机，在美、欧模式的两强相争中北欧模式脱颖而出。丹麦、芬兰、挪威、瑞典等国一方面民众的幸福指数非常高，在社会福利、积

---

① S. Rattner, "Don't Just Blame Capitalism, Blame the Regulators," *Financial Times*, Feb. 10, 2012.

② I. Bremmer, *The End of the Free Market: Who Wins the War between States and Corporations?* (New York: Penguin Group, 2010).

极的劳动力市场、公共政策、全球化竞争等多方面保持了良性、高质的运行水准；另一方面科技发展速度很快、水平很高，历史上低技术的国家在诸多新科技领域如生物技术、软件、通信器材等方面表现抢眼，引领全球。北欧模式的成功经验包含了越来越多的国家干预和政府导向，难怪美国奥巴马政府也提出"新国家干预主义"，然而强有力和高度负责任的国家宏观调控手段则正是社会主义的重要特征。资本主义国家"为了维护资本主义制度的生存和发展，对资本主义生产关系的某些环节和资本主义经济社会的运行、管理机制作了不少自我调节、改良和改善，包括借鉴社会主义的一些做法，从而使得资本主义生产关系不仅能够容纳现实的生产力，而且生产力还在发展，资本主义统治下的阶级矛盾和社会矛盾也有一定程度的缓和"①。发达资本主义国家的现实危机和改进措施，一方面印证现代社会深层的资本和劳动的二元矛盾，另一方面也表明市场、计划等作为手段是现代社会共有的财富。同时，这也从侧面反映，全球化不等于美国化、西方化，全球化不能沦为霸权主义的工具。

（二）资本逻辑导致三大困境

现代社会进入一个工业文明与后工业文明相互交叉、相互重叠的"复合时期"。在以资本为主导的资本主义社会，工业文明对应着产业资本，后工业文明对应着金融资本。然而，无论是产业资本还是金融资本，都不会改变资本的增殖本性，并且只会愈演愈烈。在资本主义社会，资本主导下的"资本－劳动"二元结构必然导致三大困境：存在困境、两极困境和环境困境。②

资本主义发展必然产生的第一个困境：存在困境。在资本主义条件下，人与人的关系异化为物与物的关系，同时人被物象化，人只有把自己当作商品卖出去才能生存。马克思在《资本论》中通过一种特殊的商品，即劳动力来揭示这一异化的社会关系。人的劳动力成为商品，是资本实现增殖的必要前提，它是一种最不幸的商品。在 G—W—G′的运动中，"要转化为资本的货币的价值变化，不可能发生在这个货币本身

---

① 《江泽民文选》第 3 卷，人民出版社，2006，第 79 页。
② 孙正聿等：《马克思主义基础理论研究》，北京师范大学出版社，2011，第 573～579 页。

上……这种变化必定发生在第一个行为 G—W 中所购买的商品上"。马克思接着指出："货币占有者就必须幸运地在流通领域内即在市场上发现这样一种商品，它的使用价值本身具有成为价值源泉的独特属性，因此，它的实际消费本身就是劳动的对象化，从而是价值的创造。货币占有者在市场上找到了这样一种独特的商品，这就是劳动能力或劳动力。"①

马克思指出："劳动力的价值，就是维持劳动力占有者所必要的生活资料的价值。""劳动力价值的最低限度或最小限度，是劳动力的承担者即人每天得不到就不能更新他的生命过程的那个商品量的价值，也就是维持身体所必不可少的生活资料的价值。"② 作为工资的"工人的劳动力的价值"是"活的工人本身的生产费用"，并且由于工人工资和资本利润截然对立，所以资本家将用尽一切办法降低或减少"活的工人本身的生产费用"。恩格斯在《英国工人阶级状况》中描述道：一方面工人们拥挤在阴冷的地下室，甚至睡在猪圈，以腐败变质的过期牛肉和烂菜叶为生，另一方面他们在工厂从事着严重超负荷的工作，并且倘若不工作就会活活饿死。在现代社会貌似耸人听闻，工人的生存条件大大得到改善，但是劳动力价值的实质并没有发生根本性改变，仍然是"维持劳动力占有者所必要的生活资料的价值"。马克思在《资本论》中还指出，由于劳动力受多种因素影响，"精力和健康"，"由于一个国家的气候和其他自然特点不同，食物、衣服、取暖、居住等等自然需要"，"习惯和生活要求"等，所以"劳动力的价值规定包含着一个历史的和道德的要素"。③ 随着社会的发展，对劳动力的需求和要求也发生同步改变，"维持劳动力占有者所必需的生活资料"的内容也随之发生变化，但是工人工资与资本利润之间的根本矛盾不会消除，劳动力价值和劳动价值的差距甚至越来越大。这就是资本主义条件下人的存在困境。

资本主义发展必然产生的第二个困境：两极困境，也就是说必然导致贫富两极分化。在恩格斯看来，资本和劳动本身是同一个东西。私有制造成了资本和劳动的分裂，资本又可分为原有资本和利润，甚至利润又分裂为利息和本来意义上的利润，在利息中，这种分裂的不合理达到

---

① 马克思：《资本论》第 1 卷，人民出版社，2004，第 194～195 页。
② 马克思：《资本论》第 1 卷，人民出版社，2004，第 199、201 页。
③ 马克思：《资本论》第 1 卷，人民出版社，2004，第 199 页。

了极点。资本本身成为目的，而劳动只是资本增殖的手段和工具，这也再一次证明了 G—W—G′ 必然向 G—G′ 逐步靠拢，金融资本必然在资本主义发展较高阶段大行其道。与此同时，西方发达资本主义国家主导下的全球化使得世界贫富两极分化越来越严重。发达资本主义国家 10 亿人口拥有世界 80% 的财富，剩下的 20% 的财富则由 60 亿人口分配。美国《福布斯》杂志 2011 年 9 月 21 日介绍，美国前 400 位富豪总资产达 1.53 万亿美元，超过印度、巴基斯坦和孟加拉国三国 GDP 总和。当资本的具体形态由产业资本向国际金融资本演变，这种增殖的模式就变得越发"赤裸裸"，犹如"黑洞"深不见底且吸力巨大，导致的直接结果必然是加剧西方发达国家和广大发展中国家的贫富差距。当然，这并不是说西方发达国家内部、广大发展中国家内部就没有贫富差距，实则相反，情况同样令人触目惊心。资本主义的运行机制和资本的增殖本性必然导致贫者越贫，富者越富，两极分化严重。

　　资本主义发展必然产生的第三个困境：环境困境。资本增殖逻辑告诉我们，资本家要么向工人的创造性劳动索取剩余价值，要么向自然提供的生产资料索取价值。前者导致工人的普遍贫困，后者导致严重的生态环境问题。恩格斯曾告诫我们："我们不要过分陶醉于我们人类对自然界的胜利。对于每一次这样的胜利，自然界都对我们进行报复。每一次胜利，起初确实取得了我们预期的结果，但是往后和再往后却发生完全不同的、出乎预料的影响，常常把最初的结果又消除了。"[1] 我们称为"生态化时代"的现时代，在一定程度上是生态环境困境对人类的"倒逼"。近几十年来，资本主义主导下的工业文明已经使世界生态环境变得越来越糟糕，从对自然环境的"肆意践踏"发展到"微观毒化"。随着合成产品（如塑料）替代自然产品，19 世纪工业化所产生的污染物正被更加危险的污染物如氯化物所替代，这些污染物质也是 DDT、二氧芑、剧毒脱叶剂、印刷电路板和氟氯化碳的原料。毒性伴随着合成产品产量的增长而稳定增加。[2] "有毒的地球"也是资本主义发展的"成果"。然而，更可恶的是，发达资本主义国家为了转移环境污染和转嫁生态危机，

---

① 《马克思恩格斯选集》第 3 卷，人民出版社，2012，第 998 页。
② Speth, "Can the World be Saved?" *Ecological Economics*, Vol. 1, 1990.

运用手中的经济政治优势，把"毒源"转移到其他国家。例如，墨西哥将每年生产的大量水果和蔬菜出口到美国，而生产水果和蔬菜所使用的大量的化肥、杀虫剂和除莠剂，则造成墨西哥本土十分严重的土地和水污染。受资本逻辑支配的经济发展，不可避免地导致严重的生态环境问题。

三　"人类命运共同体"理念与人类社会发展出路

党的十八大以来，关于"人类命运共同体"习近平总书记做出了一系列重要论述。他在联合国日内瓦总部发表以"共同构建人类命运共同体"为题的重要演讲，明确指出中国方案是"构建人类命运共同体，实现共赢共享"。"人类命运共同体"理念被写入联合国决议，成为推动世界文明进步的独特的中国智慧。

（一）"人类命运共同体"理念的哲学根据

"人类命运共同体"理念与马克思的"类"哲学。任何思考，首先是人的思考。人是什么？马克思说，人是类存在物。人不仅把自身的类以及其他物的类当作自己的对象，而且把自身当作现有的、有生命的类来对待，把自身当作普遍的、自由的存在物来对待。人的类特性就是"自由的有意识的活动"。人从来都不是孤立的存在，他与自然、社会、自身发生千丝万缕的联系。所谓"类"关系，就是一种人与自然、人与人、人与自身内在统一的一体性关系。这种一体性不是直接性的统一，而是人自觉建立的、以差别为内容的统一。换言之，它是一种既超越他物也超越自身的"本质的统一性"。类存在的本质是自由的生命活动，真正的个人自由建立在物我一致的基础上，对象不是"我"的自由的束缚和限制，而是"我"的自由的条件和实现。马克思、恩格斯认为，"只有在共同体中，个人才能获得全面发展其才能的手段，也就是说，只有在共同体中才可能有个人自由"。[①] 人的类生命的绽放，只有在共同体中才能完成。命运共同体符合人的类本质的内在要求，是人的类本质的

---

① 《马克思恩格斯选集》第1卷，人民出版社，2012，第199页。

必然显现。

人类命运共同体，归根到底关乎的是人类的未来。人类究竟向何处去？马克思揭示了人或社会发展的三种形态：最初的人类以"族群"为本位（"人的依赖关系"形态），中间经过"个体"本位阶段（"以物的依赖性为基础的人的独立性"形态），进而实现以"类"为本位的自由人联合体（"建立在个人全面发展和他们共同的、社会的生产能力成为从属于他们的社会财富这一基础上的自由个性"形态）。高清海先生把这一过程称为"人类正在走向自觉的'类存在'"。① 现代世界相互联系、相互依存、深刻互动，我中有你、你中有我，共处"地球村"。现代信息通信工具和现代交通运输工具广泛使用，信息即时流通和充分共享，时间和空间被高度压缩。全球市场已经形成，生产要素自由流动和配置，资本、科技、生产、分工、贸易、消费、服务等都实现了全球化。一切地域、国家、民族都紧密地联结在一起，不同的文化、宗教、艺术交流互鉴。同时，我们面临的问题和挑战也是全球性的。金融危机、生态灾难、环境污染、局部战争、恐怖主义威胁、难民问题、南北对立、粮食匮乏、文明冲突等，任何国家不可能凭一己之力去解决，以"个体"为本位的思维方式甚至加剧了这些矛盾和危机。事实上，不论人们愿意还是不愿意，都已经身处"类"的统一体系中，人类的共同命运、共同利益成为每个人必须关注和考虑的切身利益和切身命运问题。从"类主体"出发，坚持命运共同体思维，人类才有光明的前景。

"人类命运共同体"理念与共同利益观。马克思认为，"人们为之奋斗的一切，都同他们的利益有关"。② 利益是历史唯物主义的一个重要范畴，追求利益是人类一切社会活动的动因。在人类的利益体系当中，物质利益是最基本的、首要的利益。只有物质利益得到保障，人们才能去争取其他利益。为了获得更多和更好的物质利益，人们发展生产力、改良工具、扩大分工、增强合作、提高劳动效率。物质利益是推动人类社会前进的伟大杠杆。然而，作为一种价值观念的利益观，它分为截然对立的两种：个人主义的功利利益观和集体主义的共同利益观。功利利益

① 《高清海哲学文存》第2卷，吉林人民出版社，1997，第358页。
② 《马克思恩格斯全集》第1卷，人民出版社，1995，第187页。

观从资产阶级的自私人性论出发，认为个人利益是人类行为的基础，要求公共利益服从于个人利益。因为基础起点、发展阶段、先发优势的不同，所以富人的利益总是优于穷人的利益，发达国家的利益总是优于发展中国家的利益，这样的世界只会越来越不平等，两极分化只会越来越严重。共同利益观坚持主权平等，积极推动各国的权利平等、机会平等和规则平等。"君子喻于义，小人喻于利。"（《论语·里仁》）坚持正确义利观，以共同利益为先，抛弃狭隘的功利主义偏见，建设开放、包容、普惠、平衡、共赢的经济全球化。中国的发展和世界的发展是一体的。习近平总书记指出，中国发展得益于国际社会，中国也为全球发展做出了贡献，欢迎各国搭乘中国发展的"顺风车"。"一带一路"倡议获得国际社会积极响应和广泛支持，不仅给沿线各国和地区而且给全世界带去了巨大的发展机遇和福祉。正是基于人类的共同利益和各国的利益共识，"人类命运共同体"具有强大的现实生命力。

　　"人类命运共同体"理念与中华"和"文化。习近平总书记强调："中华民族历来是爱好和平的民族。中华文化崇尚和谐，中国'和'文化源远流长，蕴涵着天人合一的宇宙观、协和万邦的国际观、和而不同的社会观、人心和善的道德观。"① 命运共同体是利益共同体、责任共同体和生命共同体，也是荣辱与共的国际大家庭。无论文化、种族、肤色、宗教还是社会制度不同，世界各国及人民都应该相亲相爱，和谐相处，和平发展。《中庸》曰："唯天下至诚，为能尽其性；能尽其性，则能尽人之性；能尽人之性，则能尽物之性；能尽物之性，则可以赞天地之化育；赞天地之化育，则可以与天地参矣。"宇宙的本真状态是生命秩序的和谐，天道即人道。至诚者方能尽其本性，由仁民爱民而爱万物滋养万物，民胞物与，从而达到天人合一的最高境界。"协和万邦"语出《尚书·尧典》，原文曰："克明俊德，以亲九族。九族既睦，平章百姓。百姓昭明，协和万邦，黎民于变时雍。"首先把自己的宗族治理好，继而把自己的国家治理好，进而把各国团结起来，让天下万国的各族人民和睦相处。中国坚持走和平发展道路，不接受"国强必霸"的逻辑，不会陷

---

① 习近平：《在中国国际友好大会暨中国人民对外友好协会成立 60 周年纪念活动上的讲话》，《人民日报》2014 年 5 月 16 日。

入"修昔底德陷阱",构建不冲突不对抗、相互尊重、合作共赢的新型关系,从而实现"万邦和谐""万国咸宁"。孔子曰:"君子和而不同,小人同而不和。"(《论语·子路》)世界上有 200 多个国家和地区、2500 多个民族,不同的历史和国情,不同的民族和习俗,孕育了不同文明,尊重差异、包容多样,世界因此变得更加丰富多彩。人心和善是中国人的基本行为准则。以和为贵,与人为善,己所不欲、勿施于人,这些道德观念已经融进了我们的日常生活。"和"是中华优秀传统文化的重要内核。5000 多年的中华文明之所以历经风雨而从未中断,并且保持旺盛活力,关键是因为"和"的智慧和力量。"和也者,天下之达道也。"(《中庸》)构建人类命运共同体,需要我们用"和"文化去解决人类面临的共同难题,努力建设一个"和平、和合、和谐"的大同世界。

(二)以"人类命运共同体"为核心价值理念的世界文明观

习近平总书记从人类主体的高度思考世界的和平与发展问题,提出构建人类命运共同体。这一理念反映了人类的共同价值追求,发展了马克思主义的世界历史理论,为人类文明指明了方向。

人的本质是一切社会关系的总和,近代以来随着社会生产力、科学技术的快速发展,生产关系和社会关系发生深刻变革,人类历史从封闭走向开放、从地域性走向全球性。马克思、恩格斯认为,"各民族的原始封闭状态由于日益完善的生产方式、交往以及因交往而自然形成的不同民族之间的分工消灭得越是彻底,历史也就越是成为世界历史"。[①]"人类命运共同体"理念表征了民族化生存方式向世界历史转变的发展趋势,从人类命运的高度审视人类历史,揭示了人类命运休戚与共的历史事实。

在本体论上,人类命运共同体以人类共同体为本位,将人类视为唇齿相依的有机整体,将不同民族和国家视为平等互利、合作共赢的共同体,将中国与世界视为共享机遇、共谋发展的共同体。在全球化时代,人类必须有共同体意识,把相互发展、共同进步视为机遇,而不能视为麻烦和挑战。这是因为从本体来讲人类是一个有机整体,合则两利、斗则两伤。

---

① 《马克思恩格斯选集》第 1 卷,人民出版社,2012,第 168 页。

　　在价值论上，人类命运共同体以命运与共为核心价值导向，着眼于从整体上谋划人类长远利益和各民族利益的共赢，以实现共建共享为根本目标，建立以包容共生为基础的价值共同体。世界近现代史以西方文明崛起为主脉络，这在客观上形成和导致了"西方中心论"和"西方优越论"。然而，西方模式带来和造成的全球生态危机、金融危机、能源危机、贫富差距、局部战争等，引发了广泛的关注和反思。人类命运共同体坚持正确的义利观，打破了狭隘的"西方中心论"和"文明冲突论"，超越了西方以权力为核心的霸权主义文明观，建立以人类共同命运为核心的新文明观。

　　在方法论上，人类命运共同体坚持利益共同体和价值共同体的内在统一，推进"一带一路"建设，是实现人类从繁荣和发展走向命运与共的现实路径，最终实现文明交流超越文明隔阂、文明互鉴超越文明冲突、文明共存超越文明优越的理想目标。譬如，在中国和希腊两国的合作下，比雷埃夫斯港由原来业务凋敝、经营困难的希腊港口，一跃成为地中海第二大港口、欧洲的"南大门"，实现华丽转身、互利共赢。中国特色社会主义走进新时代，人类社会正处在大发展、大变革、大调整时期，面临百年未有之大变局，"人类命运共同体"理念为人类文明发展提供了中国智慧和中国方案。

　　宇宙只有一个地球，人类共有一个家园。当今时代正处于大发展大变革大调整时期，世界多极化、经济全球化、社会信息化、文化多样化，新一轮科技革命、产业革命正在形成，人类面临前所未有的机遇和挑战。"人类命运共同体"理念源于中国理论和中国实践。中国特色社会主义道路为"人类命运共同体"理念展开了一幅生动、繁荣的画卷，为人类未来发展指明了新方向。

（三）社会主义比资本主义更有未来

　　"人类命运共同体"不仅是对当今国际关系、不同国家和地区间相互关系的应然性描述，而且内在包含着对全球化时代"人类社会向何处去"的命运探索。从当今时代看，资本主义和社会主义是两种代表性社会形态，在对等位置上两者将展开真实较量，谁更能走向人类社会未来？

　　（1）在经济基础方面，社会主义始终坚持生产资料公有制为主体，同时从这个时代出发适应市场经济需要，妥善处理资本与劳动的关系，鼓励发展多种所有制经济形式；与之对应，在分配制度方面坚持按劳分配为主，多种分配方式并存。社会主义不搞空想的超越论，既坚持原则，又灵活机动，以改革创新驱动社会发展。资本主义在所有制形式上搞私有制，从长远来看不利于生产力的发展，必然导致生产过剩和经济危机。

（2）在政治理念方面，社会主义实现的是每个人的自由权利，人民当家作主和依法治国，根据当前社会发展状况坚持选举民主和协商民主相结合，既保持制度的纯洁性又保证制度的可操作性。资本主义宣传的自由民主政治，两党制或者多党制，其背后的"老板"都只有一个——资产阶级利益集团。诺贝尔经济学奖获奖者、原世界银行副行长斯蒂格利茨 2011 年 5 月在美国《名利场》杂志撰文《1%"民有、民治、民享"》指出：占人口 1% 的美国上层占有近 1/4 的国民收入，实际控制 40% 的财富。① 大家一定会产生疑问，为什么美国人整体生活水平还那么高呢？原因很简单，美国人消费，全世界人民买单。这就是国际政治经济旧秩序的直接表现。

（3）在价值观方面，社会主义以实现人的解放为目标，弘扬爱国主义、集体主义、社会主义，尊重差异、包容多样，充分从人的社会性和现实性出发，坚持以人为本。资本主义以个人主义为核心，必然导致利己主义、拜金主义、享乐主义。社会主义强调在社会公共善之中实现个人私利，资本主义强调个人私利不受侵害；前者是统一性思维，后者是对抗性思维。

（4）在文化软实力方面，社会主义以马克思主义为指导，坚持为最广大人民服务，具有鲜明的人民性；坚持面向现代化、面向世界、面向未来，具有鲜明的时代性；坚持改革创新，具有鲜明的开放性。文学、影视、声乐舞蹈、书画艺术等都是文化的具体表现形式和载体。扎根人民群众，扎根基层实践，反映时代声音，反映社会现实，不仅能够满足大众的精神文化需要，而且能够引导大众形成良好的社会风气、精神追求。资本主义文化是资产阶级意识形态的工具，它一方面起着麻痹人的

---

① 转引自中国社会科学院中国特色社会主义理论体系研究中心《从国际金融危机看西方新自由主义》，《人民日报》2012 年 5 月 17 日。

作用，缓解社会矛盾、缓和社会压力，维持资产阶级利益和统治；另一方面起着文化价值观输入的作用，譬如，所谓美国电影大片，总以美国英雄拯救世界的形象出现在荧幕上，吸引全世界年轻人的目光，潜移默化地让他们成为"美国梦"的追求者，灌输"美国社会优越、美国价值优先"的观念，为美国在全球大搞霸权主义、意识形态渗透推波助澜。

（5）在生态环境方面，社会主义坚持生态文明理念，一切生产活动和社会活动的终极动机不是为了资本和金钱，而是为了人本身，我们对土地、对自然的态度是合理使用，而不是强行占有。社会主义是解决生态危机的唯一出路。资本主义由于受制于资本，服从于资本增殖逻辑，它必然对自然构成一种索取和掠夺关系，所谓保护自然环境也是从获得经济利益出发考量。美国一国温室气体的排放量占世界总量的 1/4，人均二氧化碳排放量是世界平均值的 5 倍多，然而就在这种情况下，2001年 3 月美国政府还是宣布退出《京都议定书》。[①] 现时代，社会主义正表现出强大的活力和动力，在不断改革创新的发展之路上逐渐使得资本主义黯然失色。

很显然，构建人类命运共同体是有一些基础性前提的，譬如国家不分大小强弱，一律平等。如上所述，在政治理念和价值观上资本主义就很难做到这一点。当资本从产业资本向金融资本演变，资本主义全球垄断和全球剥削就以"不见血"的形式肆虐后发国家和地区。更为根本的是，资本主义生产方式和资本逻辑必然是资本优先、西方中心主义、美国优先的。也正是由于以美国为代表的资本主义国家无法从根本上克服资本逻辑，只可能是"虚假的共同体"，所以在人类社会发展的大尺度中，资本主义必将被社会主义和共产主义所取代。

譬如，马克思在《资本论》中论证，资本主义生产方式的利润率趋零，必然导致经济危机。利润率（p'）＝剩余价值（m）/［不变资本（c）＋可变资本（v）］。随着社会生产力的发展，资本的有机构成——不变资本（c）与可变资本（v）的比率关系不断提高，也就是说死劳动驱除活劳动，死劳动与活劳动的比值不断提高。然而，只有活劳动能

---

① 参见〔美〕约翰·贝拉米·福斯特《生态危机与资本主义》，耿建新、宋兴无译，上海译文出版社，2006，第 6～11 页。

够创造剩余价值，只与工人的活劳动相关的剩余价值（m）是不断降低的。分母越来越大，分子越来越小，所以利润率（p'）是逐渐下降、趋零的。从资本的固有矛盾看，它的逐利性、增殖逻辑与利润率下降、趋零，资本积累与贫困积累，导致资本主义的全面危机。

资本主义生产方式包含着内在的不可调和的矛盾，资本主义生产关系终将不再适应生产力发展的需要。在现实性和理想性的双重维度中，社会主义都必将超越资本主义。相对于资产阶级的"虚假的共同体"，只有无产阶级解放才能建立"真实的共同体"，实现人的解放。要在完全意义上构建"人类命运共同体"，不能离开共产主义价值理想。从人类社会发展总趋势看，社会主义比资本主义更有未来。

第九章　西方资本主义核心价值观辨析

每个民族、每个国家都有自己的文化，都有自己尊崇和倡导的核心价值观。从近代以来的世界历史演变来看，资本主义从无到有，资本主义文明走到了世界舞台中央，西方资本主义价值观影响着全世界。习近平总书记指出，文化建设要"不忘本来、吸收外来、面向未来"，从而更好地构筑"中国精神、中国价值、中国力量"。① 对待西方资本主义核心价值观，只有取其精华、去其糟粕，批判性地借鉴、创造性地吸收，才能真正为"我"所用。

一　西方资本主义价值观的历史事件分析

追问西方资本主义价值观的历史渊源，人们很容易想到法国大革命，然而托克维尔在《旧制度与大革命》中提出一个重要问题：为什么革命往往发生在社会状况有所改变的时候，而不是发生在状况越来越糟糕的时候（简称"托克维尔之问"）②。这场思想革命、价值观念革命的前置准备比预想的要充分，英国大宪章和法国三级会议为资本主义价值观的形成和确立做了漫长铺垫。同时作为一种历史事件分析，相较于法国大革命及《人权与公民权利宣言》，美国的《独立宣言》无论从时间还是内容上都对现代西方资本主义价值观的确立和发展产生了更重要的影响。在西方资本主义价值观的演进过程中，应该为《独立宣言》留足"位置"。

（一）从"托克维尔之问"看法国大革命

关于法国大革命的重要意义和重要影响力，我们无须赘述。它常常

---

① 习近平：《决胜全面建成小康社会　夺取新时代中国特色社会主义伟大胜利——在中国共产党第十九次全国代表大会上的报告》，人民出版社，2017，第23页。

② 参见〔法〕托克维尔《旧制度与大革命》，高望译，中华书局，2014，第3页。

被人们作为一个时代的代名词，或者作为划分两个大历史时期的标志。历史学家雅克·索雷在《18 世纪美洲和欧洲的革命》中就大量使用"法国大革命时代的英国民主运动""法国大革命时代的爱尔兰起义""法国大革命之前的安的列斯社会"等划分方式，把法国大革命作为时间和历史坐标，去分割美洲和欧洲的革命史。法国大革命及其《人权与公民权利宣言》喊出了著名的政治宣言和价值口号"自由、平等、博爱"，为法国在资本主义发展史，乃至世界历史上留下了浓墨重彩的一笔，创造了宝贵的精神财富。然而，现在的问题是法国大革命就真的是"平地一声雷"吗？把西方资本主义价值观的历史渊源归结或主要归结到法国大革命是否真的合适？

对于"托克维尔之问"，托克维尔本人进行了长期、系统探索，通过对大革命前后的法国社会状况研究，发现农民、小工商业主等第三等级拥有了越来越多的土地。托克维尔发表于 1836 年的一篇论文《1739 年前后法国社会政治状况》就已经提到了这些内容。传统的封建贵族越来越没落，他们的土地被重新划分，落入平民手中。第三等级依靠工商业迅速积累财富，并购买贵族的土地，他们能够"不要特权阶级只靠自己"而生活。① 第三等级经济上的独立，带动生活上的独立，带来思想上的独立，这决定他们有朝一日定会提出自己的政治诉求和价值主张。

实际上早在 13 世纪，诺曼底就已经不再实行农奴制了。农民不再是农奴，而是慢慢成为土地拥有者。托克维尔调查发现，大革命确实出卖了原属于教会、贵族的大部分土地，但土地拥有者的数量并没有增加很多。这说明在大革命之前小地产主、自耕农的数量就已经非常庞大了，大革命促使第三等级拥有越来越多的土地和财富。同时他还发现，18 世纪晚期在德国莱茵河沿岸与法国邻近的区域，农民也广泛地拥有自己的土地，与法国农民一样自由。封建贵族的统治权来自土地所有权，因为拥有大量的土地，农民为了生存才不得不依附于贵族。然而事实上法国贵族拥有的土地越来越少，却仍然享受着免税、强制征税等特权。"为何同样的封建权利在法国激起了人民如此强烈的憎恨，甚至在憎恨的对象消失之后还根深蒂固？原因一方面是法国农民已经变成了土地所有者，

---

① 参见冯棠、张丽《〈旧制度与大革命〉导读》，商务印书馆，2013，第 10 页。

另一方面是他们已经从领主的控制下完全解放出来。"① 因此托克维尔说，路易十六的微不足道的专制比路易十四的全部专制统治更加让人难以忍受。是第三等级的快速成长加速了革命进程，而不是封建专制加剧了平民的反抗。并且托克维尔还意识到，土地、财产、金钱逐渐变成区分社会阶层和贵贱尊卑的主要标志，资本主义赖以存在的基础是"不合理的财产分配制度"。人们过分关心自己的个人利益，过度倾向于排他性思考，这会导致一种狭隘的个人主义，从而扼杀面向所有人的公共善。

　　那么这场貌似偶然、实则必然的大革命希望给予法国的是什么？托克维尔说，1789 年大革命的序幕开启，"对于平等和自由的热爱尚在法国人的内心共存"；"希望建立的不仅是民主的制度而且是自由的制度"；"不仅打算摧毁特权，而且试图确认各种权利并将它们奉为神圣"。② 1789 年 7 月 14 日，巴黎人民攻占巴士底狱。这是一座象征王权专制和黑暗旧制度的囚禁政治犯的监狱，攻占巴士底狱是法国革命的信号，因此 7 月 14 日这一天被法国人定为国庆日。8 月 11 日，国民制宪议会正式废除封建专制制度，取消教会和贵族的特权，史称"八月法令"。8 月 26 日，议会通过《人权与公民权利宣言》。它明确规定，在权利方面，人们生来是而且始终是自由平等的。任何政治结合的目的都在于保存人的自然的和不可动摇的权利。整个主权的本原主要是寄托于国民。各个公民都有言论、著述和出版的自由，但在法律所规定的情况下，应对滥用此项自由负担责任。财产是神圣不可侵犯的权利，除非当合法认定的公共需要所显然必需时，且在公平而预先赔偿的条件下，任何人的财产不得受到剥夺。③ 人人生而自由平等，公民享有自由传达思想和意见的权利，私有财产神圣不可侵犯……这些最基本的价值原则以法律的形式确定下来。《人权与公民权利宣言》宣告的基本人权、人民主权、民主制度和法治原则，奠定了近代宪法的基础。耶里内克评价说："人权宣言第一次给实证法注入了个人权利可以对抗作为一个整体的国家这一观念，

---

① 〔法〕托克维尔：《旧制度与大革命》，高望译，中华书局，2014，第 32 页。
② 〔法〕托克维尔：《旧制度与大革命》，高望译，中华书局，2014，第 4 页。
③ 参见〔德〕耶里内克《〈人权与公民权利宣言〉：现代宪法史论》，李锦辉译，商务印书馆，2012，第 12～18 页。

而这一观念在此之前只在自然法中存在。"① 不过令人遗憾的是，法国大革命并未及时保住理想的革命成果。在不断的动荡中人们放弃了原来的目标，舍弃自由，甘愿做世界霸主（拿破仑）的"平等仆人"。法国人以极高昂的代价换来的只是"徒具形式的赝品自由"。

（二）英国大宪章与法国三级会议

延续与创造，是任何时代的社会革命、思想革命、观念革命都一致遵循的基本路径。正如《旧制度与大革命》的书名一样，"旧制度"与"大革命"之间是什么关系？托克维尔指出，"法国大革命本质上是社会和政治革命"，然而"无论大革命有可能多么激进，它的创新性仍然比人们普遍设想的小得多"。② 山雨欲来风满楼，"大革命"到来之际似乎要摧毁一切旧制度，向过去时代彻底告别，然而实际情况是从旧制度中继承了大部分情感、习惯、思想，大革命在旧制度中继承和发展。"旧制度的许多法律和政治传统在 1789 年突兀地消失了，但在数年之后又重新出现，如同某些河流潜入地下，又在远一些的地方再次涌出地面，旧的河水在新的河床上流淌。"③ 暗河重见天光，"自由、平等、博爱"也好，"自由、民主、人权"也罢，大革命所彰显的新观念、新思想都需要我们溯流而上，一探究竟。

从资本主义生产方式看，14 世纪地中海沿岸的佛罗伦萨、威尼斯等城市出现了资本主义的手工工场，出现了新工商业的资本家和被剥削的雇佣工人，也就是早期资本主义萌芽。作为一个时间节点，1500 年被许多哲学家、历史学家认定为现代与中世纪的分水岭，预示着"新的时代"（黑格尔语）到来。斯塔夫里阿诺斯在《全球通史》中以 1500 年为界，并称之为"新兴西方的世界"。哈贝马斯在《现代性的哲学话语》中认为，1500 年是现代（资本主义时代）源头，在这前后西方世界发生了三件大事，新大陆的发现、文艺复兴和宗教改革。社会存在决定社会意识，"世界的发现"、"科学的发现"和"人的发现"意味着价值观念

---

① 〔德〕耶里内克：《〈人权与公民权利宣言〉：现代宪法史论》，李锦辉译，商务印书馆，2012，第 2 页。
② 〔法〕托克维尔：《旧制度与大革命》，高望译，中华书局，2014，第 20、21 页。
③ 〔法〕托克维尔：《旧制度与大革命》，高望译，中华书局，2014，第 3 页。

的变革。不过，这里所要集中论述的与"大革命"相关的"旧制度"还要沿着历史时间之轴再往前走走。自由、平等、民主以及对个人权利的尊重等现代资本主义价值观念的产生和深入人心，从"旧制度"看离不开英国大宪章和法国三级会议，而这两者都诞生于欧洲封建时期。

英国大宪章是指 1215 年英国订立的宪法，主要目的是限制王权、保障臣民权利。13 世纪的英国，新兴的市民阶层和经营工商业的中小贵族已经成为一支重要的社会力量。他们一方面通过向国王和封建领主缴纳高额税赋，获得了一定的自治权；另一方面对国王和大封建主持有的特权非常不满。这一时期，约翰国王为了和法国打仗，在国内征收重税，导致民怨沸腾，教皇不满，骑士阶层普遍厌战，国内矛盾加剧。英国人在大贵族的带领下，向约翰国王递交了一份旨在限制王权的请愿书。经过一番激烈争执，眼看大势已去，约翰为了保住王位，最终达成了一致性文件，被称为"大宪章"。大宪章共 63 条，主要内容是限制国王的权力，要求皇室放弃部分权力、尊重司法；保证贵族们的经济、司法和政治权利不受侵犯，保证教会的利益。市民阶层的权利并未真正体现出来。在英国，自由和宪法政治是从贵族开始的，是贵族和国王之间利益博弈的结果。随着市民阶层的成长，极少数人的特权慢慢变成多数人的权利乃至所有人的权利，于是封建专制就变成了资本主义民主。在《旧制度与大革命》一书中，托克维尔就对英国的君主立宪制，特别是英国式贵族制度非常感兴趣，认为它不仅能够推动社会进步，而且能够避免剧烈的社会震动。

在欧洲大陆，法国的三级会议最早追溯到 14 世纪初。据伏尔泰《巴黎高等法院史》记载，为了抑制威胁废黜法国国王的教皇卜尼法斯八世，1302 年菲利普四世第一次把第三等级召集来参加议会，亦即全国的大会，这就是"全国三级会议"。市镇用第三等级这个名称以推选代表的方式参加在巴黎圣母院教堂举行的全国三级会议。按照菲利普四世的设想，第三等级和全国三级会议是平衡、制约教会和教皇的一种手段，事实上这些代表除了向国王呈上一份陈情书，痛诉卜尼法斯八世恶贯满盈外，他们甚至连姓名都没有保存下来。[①] 在此后的历史发展中，法国国

---

① 参见〔法〕伏尔泰《巴黎高等法院史》，吴模信译，商务印书馆，2015，第 10～12 页。

王担心第三等级会威胁王权，全国三级会议曾一度中止。到 1789 年大革命前夕，487 年间全国三级会议总共只召开 21 次，每次都是在国家遇到财政或政治上的困难时才召开，目的是在重大问题上询问民众的看法，或通过某些重大决议。然而，作为一项议会制度，它的影响是广泛的，特别是法国各省也模仿全国三级会议，召开自己的三级会议。欧洲国家的本土面积普遍比较小，作为大国的法国也不例外，各个层级的三级会议的召开，对普通民众的民主意识、自由精神的培养和发展起到了重要作用。所以托克维尔认为，在"大革命"之前，法国已经成为欧洲最民主、最平等的国家。再回头看"托克维尔之问"，我们不难得出，任何伟大的社会革命、思想革命尽管可能以被动方式呈现，但其内在动力和根本机理必然是主动的。耶里内克认为，大多数的"观念"历史悠久，问题在于更换了"制度"平台。鸟瞰人类观念史，乃是一片"喀斯特地貌"，暗河涌流。

（三）美国《独立宣言》与法国《人权与公民权利宣言》之比较

探讨资本主义核心价值观的思想渊源，法国传统和英国传统最容易被人接受，也最多学者研究。我们常常忽略当今资本主义（世界）头号大国美国，认为它太年轻而与"史"无关。然而历史事实往往和人们的"想当然"不一致。正如著名的法国油画《自由引导人民》，讲述的不是 1789 年攻占巴士底狱，而是 1830 年的七月革命。仅从时间看，美国《独立宣言》就比法国的《人权与公民权利宣言》早 13 年。1776 年 7 月 4 日，《独立宣言》由第二次大陆会议在费城批准，"7 月 4 日"这一天被确定为美国独立纪念日。《独立宣言》的起草人托马斯·杰斐逊在他的最后一封公开信中认为，此宣言乃是"决定我们自身及整个世界命运的利器"。

《独立宣言》的第一句内容："在有关人类事务的发展过程中，当一个民族必须解除其和另一个民族之间的政治联系，并在世界各国之间依照自然法则和自然之造物主的意旨，接受独立和平等的地位时，出于人类舆论的尊重，必须把他们不得不独立的原因予以宣布。"宣布美利坚合众国 13 个州独立，这是《独立宣言》的第一大目标。国家独立的原因和目的是出于对自由、平等、正义及彼此权利的尊重。如果不宣布独立，那么在外国人眼里，美国人就是反叛者，就无法从根本上摆脱英国的殖民统治。接下来，《独立宣言》指出："我们认为这些真理是不言而喻的：人人生而平等，造物者赋予他们若干不可剥夺的权利，其中包括生命权、自由权和追求幸福的权利。为了保障这些权利，人类才在他们之间建立政府，而政府之正当权力，是经被治理者的同意而产生的。"阿米蒂奇认为，"生命权、自由权和追求幸福的权利"如此简明清晰地界定了"美国人"的特征。它被广泛地认定为人的基本权利，也是人权的基本内容。政府的目的是保护个人的这些基本权利。当政府不能保护或者破坏这些基本权利，人民有权推翻或改变政府。

18 世纪的美国，相较于英国、法国、西班牙等欧洲国家而言，属于后发国家，在思想创新和实践创造方面有它的优势，譬如美国在政治体制选择方面少有君主、贵族等传统势力的阻挠和干扰。法国大革命爆发之前，在组成邦联的 13 个州当中，11 个州就已经制定了各自的宪法。美国最早立宪的州是弗吉尼亚州，1776 年 5 月 6 日至 7 月 29 日，在威廉斯堡举行的会议上设立了自己的宪法。这部宪法的前言有一个"权利法案"，它对三周后颁布的《独立宣言》起到了模范作用。1776 年 9 月 28 日宾夕法尼亚州颁布宪法；1776 年 11 月 11 日马里兰州颁布宪法；1776 年 12 月 18 日北卡罗来纳州颁布宪法；1777 年 7 月 8 日佛蒙特州颁布宪法；1780 年 3 月 2 日马萨诸塞州颁布宪法；1783 年 10 月 31 日新罕布什尔州颁布宪法。① 1787 年 9 月 17 日，美国宪法草案获得制宪会议批准，并在此后不久被 13 个州的特别会议批准。"我们合众国人民，为建立更完善的联盟，树立正义，保障国内安宁，提供共同防务，促进公共福利，并使我们自己和后代得享自由的幸福，特为美利坚合众国制定本宪法。"当我们把法国大革命作为自由、民主、平等、人权的先驱式历史事件时，在大西洋彼岸的北美大陆，这个欧洲人曾不屑一顾的地方，现代资本主义价值观念正扎根生长，《独立宣言》引领那个时代阔步向前。

对历史规律的总结，向来不是"谁决定谁"这种简单线性关系可以概括的。我们必须承认法国大革命及《人权与公民权利宣言》对欧洲革

① 参见〔德〕耶里内克《〈人权与公民权利宣言〉：现代宪法史论》，李锦辉译，商务印书馆，2012，第 10～11 页。

命和美洲革命的重要影响，但在现代资本主义价值观的确立及其影响方面，我们应该给美国《独立宣言》留"位置"，甚至是"关键位置"。这也不难理解"自由、民主、人权"成为现代西方资本主义价值观的最流行表达。法国《人权与公民权利宣言》直接使用了美国《独立宣言》的"人权"概念。"生命权、自由权和追求幸福的权利"作为最基本的人的权利被《独立宣言》明确表达出来。至关重要的是，"1789 年法国《人权宣言》的原则实际上就是 1776 年美国《独立宣言》的原则"①。耶里内克在《〈人权与公民权利宣言〉：现代宪法史论》中专门用一章篇幅详细对比了法国《人权与公民权利宣言》和美国各州的《权利法案》，结果显示前者与后者具有惊人的相似。因此，他在总体上形成了这样一个基本判断："法国大革命的权利宣言绝大部分都是从美国各种各样的'权利宣言'里抄过来的。法国《人权宣言》（即《人权与公民权利宣言》——笔者注）的各种草案，无论是在请愿书中提出的，还是在国民议会上提出的 21 条草案，只不过多多少少在简洁的程度上或者涵盖范围上，在表述的精巧或笨拙上与它们的美国原型有点差异而已。"②

法国《人权与公民权利宣言》开宗明义，第一条、第二条指出："在权利方面，人们生来是而且始终是自由平等的。只有在公共利用上才显示社会上的差别。""任何政治结合的目的都在于保护人的自然的和不可动摇的权利。这些权利就是自由、财产、安全和反抗压迫。"这两条的核心观点是人人生而自由平等，自由、财产、安全和反抗压迫是人的自然权利，也被认为是《人权与公民权利宣言》的主旨精神。我们再来看看美国弗吉尼亚州《权利法案》，同样是第一条，内容是："所有人都是生来同样自由与独立的，并享有某些天赋权利，当他们组成一个社会时，他们不能凭任何契约剥夺其后裔的这些权利，即：通过获取与拥有财产去享受生活与自由的权利，追求和享有幸福与安全的权利。"③ 弗吉尼亚州《权利法案》强调人人生而自由独立，拥有与生俱来的一些权利（我

① 〔德〕耶里内克：《〈人权与公民权利宣言〉：现代宪法史论》，李锦辉译，商务印书馆，2012，第 41 页。

② 〔德〕耶里内克：《〈人权与公民权利宣言〉：现代宪法史论》，李锦辉译，商务印书馆，2012，第 9 页。

③ 参见〔德〕耶里内克《〈人权与公民权利宣言〉：现代宪法史论》，李锦辉译，商务印书馆，2012，第 12 页。

们称之为"自然权利"或者"天赋权利"）：拥有财产、享受生活、享受自由、追求幸福、享有安全。由此可见，法国《人权与公民权利宣言》第一条和第二条与美国弗吉尼亚州《权利法案》第一条在内容上是基本相同的。更有趣的是，弗吉尼亚州《权利法案》认为"通过获取与拥有财产去享受生活与自由的权利"，这比独断式强调"自由、财产"是人的自然权利更具有逻辑说服力。更关键的是，作为西方资本主义价值观的凝练表达，"财产"也与"自由"不在同一个层面。在这一点上，弗吉尼亚州《权利法案》反而讲得更透，私有财产神圣不可侵犯，获取和拥有财产当然是人的天赋权利，但从价值理念上说值得更进一步，获取和拥有财产是为了保证和享有更好的生活、自由的权利。

追求和实现自由是人的价值理想和目标，自由是人的天赋权利，那么就现实而言自由的边界是什么？法国《人权与公民权利宣言》第四条指出："自由不是指有权从事一切无害于他人的行为。因此，各人的自然权利的行使，只以保证社会上其他成员能享有同样权利为限制。此等限制仅得由法律规定之。"各人作为国家、社会当中的一员，各人的行为和自由权利的行使受政治共同体契约的规定和约束。换言之，自由的边界在于法律规定的范围。那么法律划定的依据又是什么？法国《人权与公民权利宣言》第五条指出："法律仅有权禁止有害于社会的行为。凡未经法律禁止的行为即不得受到妨碍，而且任何人都不得被迫从事法律所未规定的行为。"自由和法律相互规定，法律的制定应以不侵害人的自然权利为前提，自由权利应在法律的规范和框架内行使。关于自由和法律的相互关系，美国马萨诸塞州《权利法案》既做了系统说明又做了明确规定。首先"序言"指出："政治共同体是通过个人的自愿结合而形成的，它是人民的整体与每一个公民之间订立的协议；这一协议规定所有的人都应该为了特定的公共利益而受到法律的统治。"其后在第十条、第十一条分别强调："社会中的每一个个体的权利都有权受到立法的保护，这些权利包括生命、自由和财产。""每一个邦联的成员都应当有权就其在个人、财产、个性方面受到的损害要求通过法律受到一定赔偿。"① 每

① 参见〔德〕耶里内克《〈人权与公民权利宣言〉：现代宪法史论》，李锦辉译，商务印书馆，2012，第13页。

一个体在政治共同体中为了公共利益让渡一些个人权利，进而形成社会契约并付诸法律。法律框架内的自由权利依法受到保护，当自由受到损害时可以通过法律获得相应赔偿。由此可见，法国《人权与公民权利宣言》尽管在具体表述上与美国马萨诸塞州《权利法案》有些差异，但在内容和逻辑上是一致的。

法国《人权与公民权利宣言》共计十七条，耶里内克在《〈人权与公民权利宣言〉：现代宪法史论》中把它们和美国《独立宣言》及1776年前后美国各州《权利法案》进行了逐一比对研究。譬如：《人权与公民权利宣言》第三条与美国弗吉尼亚州《权利法案》第二条相似；《人权与公民权利宣言》第五条与美国马萨诸塞州《权利法案》第十一条、北卡罗来纳州《权利法案》第十三条、弗吉尼亚州《权利法案》第七条相似；《人权与公民权利宣言》第六条与美国马里兰州《权利法案》第五条、马萨诸塞州《权利法案》第九条、新罕布什尔州《权利法案》第十二条相似；《人权与公民权利宣言》第十六条与美国新罕布什尔州《权利法案》第三条、马萨诸塞州《权利法案》第三十条相似；《人权与公民权利宣言》第十七条与美国马萨诸塞州《权利法案》第十条、佛蒙特州《权利法案》第二条相似；等等。

或许尽管如此，我们仍然难以简单判定法国《人权与公民权利宣言》"抄袭"美国《独立宣言》及其各州《权利法案》，法国大革命及《人权与公民权利宣言》作为历史事件对西方世界乃至整个世界仍然非常重要，但我们想强调的是，西方资本主义价值观在形成、发展过程中不能忽视"美国传统"。并且，作为历史事件的现实延续，全球资本主义的权力中心和意识形态领导权已经从英国、法国等欧洲传统资本主义强国转移到了美国。美国式"自由、民主、人权"无论从理论渊源上看还是从实际效果上看，都代表着现代西方资本主义核心价值观。

二　西方资本主义核心价值观的基本内容

对现代西方而言，资本主义的兴起意味着与中世纪做一个彻底的告别。马克思和恩格斯在《共产党宣言》中认为："资产阶级在它的不到一百年的阶级统治中所创造的生产力，比过去一切世代创造的全部生产力还要多，还要大。"① 新的生产力必然带来新的生产关系；新的生产方式和社会存在必然带来新的思想观念（价值观念）和社会意识。"自由、民主、人权"，作为西方资本主义的三大核心价值理念，随着它们在全球范围的价值观输出，早已被人们熟知。然而，熟知非真知，"自由、民主、人权"的真实内涵是什么？值得深入研究。

（一）自由

自由是整个近现代西方政治哲学的主题，是西方资本主义文明最响亮的价值"名片"。美国《独立宣言》的主要执笔人帕特里克·亨利在独立战争时期喊出了"不自由，毋宁死"的著名口号。不管是作为一种价值追求，还是作为一种意识形态，自由在现代西方人的观念中极其重要。

自由问题在西方政治思想史上拥有悠久的传统。自由的观念并非从天而降，它来自古希腊。城邦和公民构成了自由的先决条件。他们拥有大量的奴隶，不用为每日生活之必需操心，因此可以在广场上"无忧无虑"地通过辩论的形式参与社会政治生活。古希腊文明实质是一种精英文化，这一时期思想活跃，思想家辈出，一个非常重要的原因就在于城邦公民的存在，他们的自由具有某种天然性和纯粹性。"只因人本自由，为自己的生存而生存，不为别人的生存而生存，所以我们认取哲学为唯一的自由学术而深加探索，这正是为学术自身而成立的唯一学术。"② 抛开阶级、等级、财富等的差别，仅这种"为学术而学术""为自由而自由"的精神，就常为现代政治津津乐道。拉吉罗援引斯塔尔夫人的话说："在法国，自由是古典的，专制才是现代的。"并且认为这道出了历史的事实，"自由与现代君主制下的专制相比，确实更为古老"。进而说明，"在封建世界，自由产生于特定的平等与特定的安全感"。③ 侯小丰区分了自由的社会史和自由的概念史，"从社会史的角度看，古希腊的城邦民主政治应当是人类最早的自由范本；从概念史的角度视之，应该说自由开始于古希腊的城邦民主制的衰落，也就是说，当自由成为人们认识和反思的对象之时，自由的概念史才拉开帷幕。这同希腊古典哲学的兴盛

① 《马克思恩格斯选集》第 1 卷，人民出版社，2012，第 405 页。
② 〔古希腊〕亚里士多德：《形而上学》，吴寿彭译，商务印书馆，1959，第 5 页。
③ 〔意〕拉吉罗：《欧洲自由主义史》，杨军译，吉林人民出版社，2001，第 1 页。

如出一辙".① 古希腊的"自由"是一种"自然"的"自由",只有当人对个人价值实现了自觉,才能形成现代的"自由"意志。

贡斯当区分了古代人的自由与现代人的自由。古代人的自由主要表现为积极持续地参与城邦政治事务的权利,是一种政治自由。现代人的自由主要表现为追求私人幸福的独立性,是一种个体自由。具体而言,霍布斯开启了自由的个人原则。决定人的一切行为的最根本原因是自我保存,因此自然法首先是自我保存的正当(right),自由乃是"外界障碍不存在的状态",用人的权利(rights)取代自然法。洛克把个人主义提升为近代政治正义的原则,财产权是最重要的自由权利,政府的目的是保护私有财产。霍布斯和洛克从特殊性出发,走了一条关于自由的经验性路径。卢梭与他们不同,认为以自我保存和私人利益为前提的政治原则是非道德的,因为不以普遍性为基础不可能建立好社会。他区分了"公意"与"众意"。公意着眼于公共的利益,是一切个别意志的普遍化,是法律的来源和根据。服从公意就是自由。康德把卢梭关于自由公民通过法律而自治的政治学说深化为一种自律性的普遍道德学说,即把自由先验化。

自由意味着人拥有自我意识(理性),并且能够实现意志自由。康德实现了哲学中的"哥白尼式的革命",将知识符合对象转换成对象符合知识。人有三种认识能力:感性、知性、理性。感性能力根据先天时空形式整理印象杂多,从而为知性提供经验内容;知性能力通过十二个先天知性范畴做出判断,最终形成知识。他超越以往经验论和唯理论的地方就在于,克服了综合的不确定性和分析的无新内容,用先验知性范畴为自然界立法,形成普遍知识。那么,我们又如何理解人的理性能力?在康德哲学中对于理性有双重理解:一方面总指人的主体能力,即广义的理性;一方面区分感性、知性、理性,即狭义的理性。《纯粹理性批判》之"理性"正是在广义上使用,知性也是"理性"、人的主体能力,并且所谓"哥白尼式的革命"正是突出其"知性为自然界立法"的划时代意义。

康德在反思启蒙运动时也曾指出:"启蒙运动就是人类脱离自己所加

---

① 侯小丰:《自由的思想移居》,博士学位论文,吉林大学,2013,第23页。

之于自己的不成熟状态，不成熟状态就是不经别人的引导，就对运用自己的理智无能为力。当其原因不在于缺乏理智，而在于不经别人的引导就缺乏勇气与决心去加以运用时，那么这种不成熟状态就是自己所加之于自己的了。Sapereaude！要有勇气运用你自己的理智！这就是启蒙运动的口号。"① 人的理智、理性、主体能力足够强大，我们需要做的只是唤起自我意识。那么，我们又如何理解狭义理性呢？两千多年的哲学传统始终都没有放弃追求事物本质的努力，基于这一事实，康德也不得不承认，人仅仅具备感性和知性是不够的，还必须具有理性能力，它是思维的最高形式。知性的逻辑机能是判断，理性的逻辑机能是推理。推理能够扩充知识，但是当理性追寻事物之一般性、普遍性时就会陷入二律背反。自然世界与自由世界是不可通约的，前者服从必然性的因果性，后者服从自由的因果性，因此，自由作为理性的自我立法是有局限的。后来，康德试图在审美活动和自然合目的性的认识活动中寻求人的现实自由世界，但是这个世界也只能通过象征或暗示的方式透露出来，陷入神秘主义。

黑格尔抓住了这个缺点，认为康德哲学只是"臆想的知识"，并打算"从主体性哲学内部将主体性哲学击破"。"具体自由"一方面扬弃抽象自由的无规定性，吸收其先验本质，即人生而自由；另一方面扬弃任性自由的形式普遍性，吸收其经验特殊性，也就是自由个体追求经验内容实现自身幸福的现代性本质。在黑格尔的哲学体系中，绝对理念统摄一切。"理念作为主观的和客观的理念的统一，就是理念的概念。——这概念是以理念本身作为对象，对概念说来，理念即是客体。"② 概念有三个要素：普遍性、特殊性和个体性。"普遍性乃是自身同一的东西，不过须明白了解为，在普遍性里同时复包含有特殊的和个体的东西在内。再则，特殊的东西即相异的东西或规定性，不过须了解为，它是自身普遍的并且是作为个体的东西。同样，个体事物也须了解为主体或基础，它包含有种和类于其自身，并且本身就是实体性的存在。"③ 一方面，理性、理念是主体的意识；另一方面，"对概念说来，理念即是客体"，概

① 〔德〕康德：《历史理性批判文集》，何兆武译，商务印书馆，1990，第22页。
② 〔德〕黑格尔：《小逻辑》，商务印书馆，贺麟译，2009，第421页。
③ 〔德〕黑格尔：《小逻辑》，商务印书馆，贺麟译，2009，第334~335页。

念之外无他物。概念由抽象的普遍性（自在的全体的自由性）到具体的普遍性（环节的必然性）的运动过程，就是"自由"由自在到自为再到自在自为的运动过程。绝对理念是绝对自由的，完全现实化的自由意志只有在伦理国家中才能实现。黑格尔原本打算从主体性哲学当中寻找突破，寄希望在概念中认识、确证真理，在实践哲学中建立伦理国家，以此来保证和实现自由，然而最终事与愿违，走向了更深层次的主体性形而上学。

20 世纪二三十年代，随着自由资本主义向垄断资本主义转变，新自由主义作为一种经济、政治理论出现，并在 20 世纪七八十年代逐渐成为美英等西方国家的主流意识形态。新自由主义对自由的理解，特别是对马克思主义自由思想的看法往往带着"有色眼镜"，是歪曲马克思主义的，是反马克思主义的。米瑟斯认为，私有制原则是自由秩序的首要原则。个人自由不是天赋的，只有在私有制和市场经济的条件下"人的行动"才是可能的，才有个人选择的自由。哈耶克认为，一个人是否自由，取决于他能否根据自己的意愿行事。自由是个人的、消极的，反对"政治自由"、"内在自由"和"权利自由"。哈耶克认为马克思主义的本质是民族社会主义和法西斯主义，不承认个人的自主和独立，否定个人自由，社会主义具有独裁和极权的性质。柏林提出的消极自由与积极自由对后世影响很大。消极自由"就是一个人能够不被别人阻碍地行动的领域"，是"免于……"的自由。霍布斯、洛克、密尔等近代政治哲学家都认为存在不受干预的私人领域，但是对于领域的大小存在分歧。积极自由源于"个体成为他自己的主人的愿望"，是"做……"的自由。柏林把马克思的自由概念理解为同集体意志相关的积极自由。

综合来看，西方资本主义"自由"，无论是早期的个人原则，还是后期的个人主义，都是把自我意识和个人价值当作唯一根据和目标。这既是它当年引导资产阶级推翻封建专制统治的"法宝"及"可爱"之处，同时，当社会发展到更高级形态，这种"个人自由"也为人类实现彻底解放和自由全面发展埋下了思想的"绊脚石"。

（二）民主

"民主"一词出自古希腊文，由"人民"和"权利"两个词组成，即表示"人民的权利"。从根本上说，民主不是一个目的，而是一个手段，这个手段本身具有目的的意义。民主就是要实现和保障人民的权利。在亚里士多德的《政治学》中，正义意味着大多数人的意志。卢梭发展了古典民主思想，政治民主以"公意"（多数统治原则）为依据。何兆武在《社会契约论》译者前言中说，该书中心思想是"人是生而自由与平等的，国家只能是自由的人民自由协议的产物……国家的主权在人民，而最好的政体应该是民主共和国"①。社会契约论对西方国家的宪法精神、民主精神都有重要的影响作用，现代西方政治在一定意义上奠基于卢梭的契约精神和政治理想。

　　近代中国接触西方思想大多会经历日本的"转手"环节。卢梭的《社会契约论》最早由日本人中江笃介翻译，使用的是"民权"，用汉字"民"和"权"组成的单词"民权"实指西方"democracy"（民主）。孙中山在《三民主义》第二部分详细阐述了民权主义。"什么叫做民权主义呢？现在要把民权来定一个解释，便先要知道什么是民。大凡有团体有组织的众人，就叫做民。什么是权呢？权就是力量，就是威势。那些力量大到同国家一样，就叫做权。……把民同权合拢起来说，民权就是人民的政治力量。什么是叫做政治力量呢？我们要明白这个道理，便先要明白什么是政治。……政治两字的意思，浅而言之，政就是众人的事，治就是管理，管理众人的事便是政治。有管理众人之事的力量，便是政权。今以人民管理政事，便叫做民权。"② 民权就是人民管理自己的国家，实现人民的全部权利。民权的进化分为四个时代：洪荒时代、神权时代、君权时代、民权时代。"民权之萌芽，虽在二千年以前的希腊、罗马时代，但是确立不摇，只有一百五十年。"③ 英国最先发动民权革命，克伦威尔杀死英国国王查理一世，然而不久英国发生复辟，把查理二世迎回去做皇帝。1688 年"光荣革命"标志英国资产阶级革命结束，1689年《权利法案》使英国确立君主立宪制。1775 年至 1783 年，美国独立战争胜利，脱离英国独立，成立美国联邦政府，这是世界上第一个实行民权的国家，并且深刻影响了法国大革命。这便是民权时代确立不摇的

---

① 〔法〕卢梭：《社会契约论》，何兆武译，商务印书馆，1979，"译者前言"。
② 孙中山：《三民主义》，中国戏剧出版社，1999，第 36 页。
③ 孙中山：《三民主义》，中国戏剧出版社，1999，第 37 页。

"一百五十年"。

天赋人权、社会契约、主权在民是民主的三大核心理论支柱。《社会契约论》指出，我们要解决的问题和达成的目的是："要寻找出一种结合的形式，使它能以全部共同的力量来卫护和保障每个结合者的人身和财富，并且由于这一结合而使每一个与全体相联合的个人又只不过是在服从自己本人，并且仍然像以往一样地自由。"① 一方面，用达成契约的所有行为主体的力量，来保障每个签约者的生命（的存在）和财富，生命（的存在）和财富在很大程度上是一种外在的善。另一方面，达成契约、对生命和财富的保全必须遵循一个前提条件，那就是行为主体的自由是得到保障的，达成契约后形成的行为共同体不得侵犯个人（行为主体）的自由。人生而自由平等这一天赋人权正是自然权利的起源和合法性所在，也是《独立宣言》《人权与公民权利宣言》及西方国家宪法的逻辑基石。

另外从社会契约的达成看，"我们每个人都以其自身及全部的力量共同置于公意的最高领导之下，并且我们在共同体中接纳每一个成员作为全体之不可分割的一部分。只是一瞬间，这一结合行为就产生了一个道德的与集体的共同体，以代替每个订约者的个人"②。达成社会契约的步骤，正是民主程序的最简洁模型：将行为主体置于共同体（"公意"，非"众意"）的领导之下，因此"公意"与行为主体之间是治理者与被治理者的关系。无论直接民主还是间接民主，概莫能外。共同体是"一"与"多"的统一。作为"一"，它可以"代替每个订约者的个人"；作为"多"，它的每一个成员都是平等的。与柏拉图"用脚投票"的城邦民主制不同，在社会契约论的基础上发展而来的是人民主权思想。托克维尔也认为，只有基于民主的基本原理，才能建立一个新世界。"民主的法制一般趋向于照顾大多数人的利益，因为它来自公民之中的多数。公民之中的多数虽然可能犯错误，但它没有与自己对立的利益。"③ 共同体的利益由大多数人的利益决定，共同体的意志必须体现大多数人的意志（公意）。主权在民表明：共同体是受人民的委托来管理国家和社会，政府的

① 〔法〕卢梭：《社会契约论》，何兆武译，商务印书馆，1979，第24页。
② 〔法〕卢梭：《社会契约论》，何兆武译，商务印书馆，1979，第26页。
③ 〔法〕托克维尔：《论美国的民主》上卷，董果良译，商务印书馆，1989，第290页。

一切权力属于人民，人民拥有依据契约组建或废除政府的绝对权利。

西方资本主义民主制度还有一个特点是三权分立。如果说社会契约主要是解决国家管理者和被管理者的关系问题，那么三权分立主要解决的则是国家管理者内部的分权和相互制衡问题。亚里士多德曾提出政体三要素学说，把国家政权划分为议事权、行政权和审判权。洛克在《政府论》认为国家有三种权力：立法权、执行权和对外权。这种三权分立的基本逻辑是法律的制定者和执行者的二元区分。"立法权是指享有权利来指导如何运用国家的力量以保障这个社会及其成员的权力。"① 行使立法权的是规则的制定者，其核心原则是保障国家权益维护社会成员的利益。执行权是指"在社会内部对其一切成员执行社会的国内法"，对外权是指"对外处理有关公共的安全和利益的事项"，虽然"确是有区别的"，但是"两种权力几乎总是联合在一起的"② 。孟德斯鸠注意到，如果立法权和行政权集中于一人或一个机构，那么它就会变成规则的制定者和规则的实施者，暴政和专制将无法避免，自由将不复存在。同时，立法权和行政权分置而无独立的司法权也不行，自由也不复存在。"司法权如果与立法权合并，公民的生命和自由就将由专断的权力处置，因为法官就是立法者。司法权如果与行政权合并，法官就将拥有压迫者的力量。"③ 每个国家都应该有三种权力：立法权、行政权和司法权。三种权力由三个不同的国家机构行使，相互独立相互监督。孟德斯鸠推进了"三权分立学说"，创立了西方分权思想的现代形态。现代大多数资本主义国家的国家组织制度都以三权分立为基本原则。

观念的完成不等于现实的完成，民主的观念不能代替民主的现实。西方资本主义民主制度的根本缺陷（或先天不足）在于私有制和资本权力化。资本实力雄厚的利益集团为了实现自己利益的最大化，为了谋求和垄断政治领导权和话语权，不断地培植政治代言人和"传声筒"，民主制度和竞选政治只不过是一场金钱和资本的角力游戏。台上各种政治主张、政治承诺、政治宣言，台下服务于、听命于相同的利益集团。张维为认为，美国（西方）民主越来越变成一种"游戏民主"，民主等同于竞选，竞选

---

① 〔英〕洛克：《政府论》下篇，叶启芳、瞿菊农译，商务印书馆，1964，第91页。
② 〔英〕洛克：《政府论》下篇，叶启芳、瞿菊农译，商务印书馆，1964，第92页。
③ 〔法〕孟德斯鸠：《论法的精神》，许明龙译，商务印书馆，2012，第186页。

等同于营销，大家拼资源，拼谋略，拼形象，选个美女和电影明星，毫无政绩可言也无所谓。[1] 因此，西方民主的现状可以说每况愈下。英国学者马丁·雅克在《卫报》撰文指出："的确有理由认为，西方民主正在衰落，而且症状很普遍：政党的衰落、投票人数的减少、对政客的日益蔑视，政治不再是社会的中心。"[2] 以美国大选为例，1960 年 62.8% 的选民参与了投票，1964 年投票率为 61.9%，1968 年为 60.8%，1972 年为55.2%，1976 年为 53.6%，1980 年为 52.6%，1988 年为 50.2%，1996 年为 49.1%，2000 年投票率为 54%，2004 年为 55%，2008 年为 58.2%，2012 年为 58%，2016 年为 55%。美国第 45 任总统特朗普的普选支持率仅为 47.3%（60350241 票）。总体来看，参与投票的选民只是勉强过半，竞选胜出者又只得到了这一半选民中的一半左右的支持。[3] 从资本主义制度看，普通民众是无力改变现状的，"哀莫大于心死"，因此他们选择了"逃避"——民主政治淡漠化。包刚升的《民主崩溃的政治学》一书专门论述："高度的选民政治分裂导致严重的政治冲突，而离心型民主政体无法塑造有效的国家能力，两者的结合倾向于导致民主政体的崩溃。"[4] 民主如何回归原初含义，已然成为现代西方资本主义面临的重大难题。

（三）人权

"人权"是一个现代政治话语，从字面意思看，表示"我们因为是人而拥有的权利"。它比任何其他价值理念都更加直白地表达了"人"这一现代性核心要素，以人的自我意识解放为基本前提。人权发源于自然权利和自然法。格劳秀斯最早提出自然权利说和天赋人权论。17 世纪英国资产阶级革命被称为第一次人权运动。卢梭等根据天赋人权进一步提出社会契约论和人民主权说。这一时期，人们逐渐抛弃自然权利的神学内容，认为"仅凭人类理性我们就可以获得人权，而不需要相信上帝"。美国革命和法国革命使这一观念"从书斋中的理论构想一跃而成

---

① 参见张维为《西方民主面临三重危机》，《求是》2021 年第 2 期。

② 转引自詹得雄《美国逻辑：别国"民主"，自身才安全？》，http://news.cri.cn/gb/9083/2006/09/04/622@1201884.htm，最后访问日期：2021 年 3 月 3 日。

③ 参见周文华《美国核心价值观建设及启示》，知识产权出版社，2014，第 73 ~ 74 页。

④ 包刚升：《民主崩溃的政治学》，商务印书馆，2014，第 2 页。

为人们用来捍卫自己的武器"，把这种自然权利明确为"人权"。① "人权"，美国《独立宣言》中指"生命权、自由权和追求幸福的权利"；法国《人权与公民权利宣言》中指"自由、财产、安全和反抗压迫的权利"。生命权、自由权、财产权被最早认为是最基本的人权。然而，人权的概念内涵是不断发展的，格里芬认为，"对于'人权'这个概念，我们还不具有一个充分确定的含义"②。

因为最"原始"的人权就是指（等同于）人的自然权利，而谈论人的自然权利首先是人必须活着，所以最不具争议的人权首先为生命权。另外作为底线的权利原则，它又必然是消极的，而非积极主动的。因此，生命权是"未经正当程序就不能被剥夺生命的一项权利"。从这一基点出发，格里芬就"生存权（生命权）的范围"持续发问。既然"反对任意终止某个人的正常生命（谋杀）的权利"是人权，那么"反对终止生命的其他形式（堕胎、自杀、安乐死）"是不是人权？"反对某些预防生命诞生的形式（避孕、绝育）"是不是人权？当一个人溺水，施救者所付出的成本又不是很大时，见死不救是不是损害人权？生命权是否包括溺水者要求某人施以援手的权利？一个挨饿的人是否拥有获得食物的权利？一个严重的病患者是否拥有获得医治的权利？不干净的水源、匮乏的基本教育等都将极大地缩短一个孩子的生命，要求清洁的饮用水、必要的基本教育是不是人权？进而"基本的福利供给""过一种充分繁盛的生活"是不是人权？格里芬说："毫无疑问，最后这种扩展走得太远了。"③ 当我们无限追问无限延展的时候，是否觉得生命权也是一张书写不完的、长长的"清单"？当然细心者会发现，这里大致是两种生命权，一种是作为人的生存的生命权，一种是作为人的发展的生命权。而现在的问题是，作为人的发展的生命权还是不是人的自然权利？如果是，还有哪些人的权利不是人权？关于生命权范围的讨论尚且如此，关于自由权范围、财产权范围的讨论则更是如此。正是这一疑惑，使"人权"概念本身难以定义了。

---

① 参见〔英〕詹姆斯·格里芬《论人权》，徐向东、刘明译，译林出版社，2015，第2页。
② 〔英〕詹姆斯·格里芬：《论人权》，徐向东、刘明译，译林出版社，2015，第7页。
③ 〔英〕詹姆斯·格里芬：《论人权》，徐向东、刘明译，译林出版社，2015，第253～254页。

关于人权的困惑，来自关于自然权利的困惑。自然权利和自然法一开始就是作为一种目的论形而上学出现的，目的是在自然中寻找道德的根据。[1] 马克思曾指出，"'人权不是天赋的'，而是历史地产生的"[2]，"出生只是赋予人以个人的存在，首先只是赋予他以生命，使他成为自然的个人；而国家的规定，如立法权等等，则是社会产物，是社会的产儿，而不是自然的个人的产物"[3]。自然性和社会性是人的两个基本维度，人的本质在其现实性上讲，是一切社会关系的总和。事实上，人权概念的发展、人权理论和现实的发展，同样不会局限于自然权利，人类文明进步的历史就是人的权利不断增长的历史。"人权"这一启蒙运动的计划和宣言，只有到 20 世纪中期才广为流行。与最初狭隘的生命权、自由权、财产权不同，人权的内涵不断丰富，最显著的是福利权和发展权成为其重要内容。

格里芬认为，人权是"对规范能动性的保护"，我们可以自主地选择、自由地追求我们对一个值得过的生活的设想。生命固然值得保护，但是单纯的生存"过于单薄"。"如果人权保护生命，难道它们不应该保证为了让身体和灵魂保持在一起而必需的手段，即某种最低限度的物质供给吗？"[4] 为了能够保证人的规范能动性，基本的健康、教育、闲暇时间等都是必需的，而这些权利不与人的自然权利直接相关。援引一段罗斯福在 1944 年的国情咨文："我们已经对如下事实达到了一个明确认识：若没有经济上的安全和对立，也就不可能有真正的个人自由。'贫困的人不是自由的人。'……在我们时代，这些经济学方面的真理已经被逐渐接受为不证自明的。可以说，我们已经接受了第二个人权法案。……这些权利包括：享有有益的和有报酬的工作的权利……为了获得充足的食物、衣服和娱乐而挣足够的钱的权利。"[5] 更为重要的是，这些内容在 1948 年联合国《世界人权宣言》中得到确认。例如，第二十五条，（一）人人有权享受为维持他本人和家属的健康和福利所需的生活水准，包括食物、衣着、住房、医疗和必要的社会服务；在遭到失业、疾病、残废、

---

① 参见〔英〕詹姆斯·格里芬《论人权》，徐向东、刘明译，译林出版社，2015，第 17 页。

② 《马克思恩格斯全集》第 2 卷，人民出版社，1957，第 146 页。

③ 《马克思恩格斯全集》第 1 卷，人民出版社，1956，第 377 页。

④ 〔英〕詹姆斯·格里芬：《论人权》，徐向东、刘明译，译林出版社，2015，第 179 页。

⑤ 转引自〔英〕詹姆斯·格里芬《论人权》，徐向东、刘明译，译林出版社，2015，第 212 页。

守寡、衰老或在其他不能控制的情况下丧失谋生能力时，有权享受保障。第二十六条，（一）人人都有受教育的权利，教育应当免费，至少在初级和基本阶段应如此。第二十七条，（一）人人有权自由参加社会的文化生活，享受艺术，并分享科学进步及其产生的福利。① 概言之，福利权包括社会安全的权利、工作的权利、健康的权利、教育的权利、休息和闲暇的权利、社会保障的权利、享受艺术和分享科学进步及产生福利的权利等。继《世界人权宣言》之后，国际社会在人权问题上还形成了一系列新的概念和准则，如 1966 年联合国大会通过《国际人权公约》、1968 年国际人权会议通过《德黑兰宣言》、1977 年联合国大会通过《关于人权新概念决议》、1986 年联合国大会通过《发展权利宣言》、1993 年世界人权会议通过《维也纳宣言和行动纲领》等。尽管人们对福利权是人权还是公民权②仍有争议，但是随着经济社会发展，越来越多的福利被认定为人权，在一个宽泛和不周延的意义上看，它与"追求幸福的权利"（美国《独立宣言》）历史性呼应。

发展权作为一个独立的概念，由联合国人权委员会委员卡巴·穆巴耶在一篇《作为一项人权的发展权》（1970 年）的演讲中首次提出。1986 年 12 月 4 日，联合国大会通过第 41/128 号决议《发展权利宣言》。发展是一个系统工程，包含经济、政治、文化、社会各方面，其目的是全体人民自由、平等地参与到发展中来，共享发展成果，不断改善全体人民的福利。发展权与福利权内在关联和一致，但它比福利权更加明确，聚焦于发展问题，对发展权的主体、内涵、地位、保护方式和实现途径等进行清晰界定。例如，第一条，（一）发展权利是一项不可剥夺的人权，由于这种权利，每个人和所有各国人民均有权参与、促进并享受经济、社会、文化和政治发展，在这种发展中，所有人权和基本自由都能获得充分实现。（二）人的发展权利意味着充分实现民族自决权，包括在关于人权的两项国际公约有关规定的限制下对他们的所有自然资源和

① 参见《世界人权宣言》，https://www.un.org/zh/udhrbook/index.shtml#59，最后访问日期：2021 年 3 月 5 日。

② 有部分学者认为，福利权只是一种公民权。"只有一个特定共同体的成员才可以要求福利，而且只可以从自己所属的共同体那里要求福利。这意味着福利权至多是一个人作为公民而具有的伦理权利——福利权是公民权，而不是人权。"（参见〔英〕詹姆斯·格里芬《论人权》，徐向东、刘明译，译林出版社，2015，第 213 页）

财富行使不可剥夺的完全主权。第五条，各国应采取坚决步骤，消除大规模公然侵犯受到下列情况影响的各国人民和个人人权的现象，这些情况是种族隔离、一切形式的种族主义和种族歧视、殖民主义、外国统治和占领、侵略、外国干涉和对国家主权、国家统一和领土完整的威胁、战争的威胁及拒绝承认民族自决的基本权利等造成的。第八条，（一）各国应在国家一级采取一切必要措施实现发展权利，并确保除其他事项外所有人在获得基本资源、教育、保健服务、粮食、住房、就业、收入公平分配等方面机会均等。应采取有效措施确保妇女在发展过程中发挥积极作用。应进行适当的经济和社会改革以根除所有的社会不公正现象。① 发展权是一项不可剥夺的人权，不仅对个人适用，而且对各国家、各民族同样适用。民族自决权就是发展权的一种特殊形式。民族自决权、发展权更多地是发展中国家和第三世界发出的声音，对发达国家制定国际旧秩序的不满和建立公平正义国际新秩序的努力。

从马克思主义观点看，人权是人的基本权利，它的内容属于上层建筑，由经济基础决定。在资本主义社会，"人权并没有使人摆脱财产，而是使人有占有财产的自由；人权并没有使人放弃追求财富的龌龊行为，而只是使人有经营的自由"②。对资产阶级来说，财产权是自由的定在形式；对无产阶级来说，需要扬弃的恰恰是私有制和私有财产（资本）。换言之，资产阶级人权与天赋人权本身是矛盾的。17、18世纪北美英国殖民地涌现的权利宣言要求得到的只是"英国人的权利"。美国《独立宣言》"人人生而平等"的"人"不包括黑人、印第安人等有色人种，也不包括妇女（法国《人权与公民权利宣言》中权利主体也限定为男人）。美国在1870年才废除了相关的奴隶制和种族歧视的条款。1964年1月23日，美国各州通过联邦宪法第24修正案，严禁在联邦选举中施用人头税。这才保证了美国穷人和黑人的合法选举权。从福利权、发展权等方面看，美国国内种族问题依然很严重，殖民历史、奴隶制、种族隔离、种族不平等和种族恐怖主义等。这恰恰是一场严重、持久的"人权危机"。在阶级社会中，人权概念的内涵以及人权问题的解决不可能超越

---

① 参见《发展权利宣言》，https://www.un.org/zh/events/righttodevelopment/declaration.shtml，最后访问日期：2021年3月5日。

② 《马克思恩格斯全集》第2卷，人民出版社，1957，第145页。

阶级，所谓人权"无非是市民社会的成员的权利"①，马克思可谓一语道破天机。

三　西方资本主义核心价值观的实质和主要特点

任何价值观都是人的价值观，西方资本主义核心价值观的主体是资产阶级，必然代表着资产阶级的核心利益和价值诉求。"每一个企图取代旧统治阶级的新阶级，为了达到自己的目的不得不把自己的利益说成是社会全体成员的共同利益"②，资产阶级及其国家把"自由、民主、人权"宣称为"普世价值"。用资产阶级的价值理想去代表所有人的价值理想，抑或说，普通民众的价值理想被资产阶级"代表"，这样的"普世价值"只能是虚假的意识形态。任何价值观都不是孤立的意识性存在，它必然属于一定的价值主体。西方资本主义核心价值观的价值主体是以资本家为代表的资产阶级，代表着（极）少数人的利益、需求和所谓"理想"③。从实质上说，西方资本主义核心价值观就是建立在资本主义经济基础和政治法律制度基础之上的意识形态，是资产阶级进行政治统治和思想控制的工具。

西方资本主义核心价值观从诞生的那一刻开始，就已经被"资本主义"本质所规定。它建立在抽象的人性论基础之上，用抽象和绝对来掩盖现实，是唯心的。面对任何价值实事和价值判断，它总是双重标准，虚伪至极。在人类文明演进和资本主义批判的双重视域中，以"自由、民主、人权"为基本内容的西方资本主义核心价值观呈现出如下特点。

（一）资本主导

西方资本主义价值观念始终面临一个无法逆转的存在论悖论。马克思在《论犹太人问题》中指出，只有对政治解放本身的批判，才是"当代的普遍问题"。"政治解放的限度一开始就表现在：即使人还没有真正

---

① 《马克思恩格斯全集》第 3 卷，人民出版社，2002，第 182 页。
② 《马克思恩格斯文集》第 1 卷，人民出版社，2009，第 552 页。
③ 所谓"理想"，便不是真正的理想。理想之所以崇高，是因为它对所有人适用，是普遍的人的价值追求；而所谓"理想"只是某一些人或者某一利益集团（剥削阶级）为了满足和装饰"特殊"利益、需求而编造出来的虚假口号（意识形态）。

摆脱某种限制，国家也可以摆脱这种限制，即使人还不是自由人，国家也可以成为自由国家。"① 政治解放只是资产阶级国家的虚假的意识形态。通常人们认为财产和财产权是现代政治哲学的基础，而现在的问题是现代政治哲学本身该如何超越？在现实中，人们深受资本逻辑的宰制，人与人的关系异化为物与物的关系，现代人处于"以物的依赖性为基础的人的独立性"的存在状态。

马克思在《资本论》中通过一种特殊的商品——劳动力——来揭示这一异化的社会关系。人的劳动力成为商品，是资本实现增殖的必要前提，它是一种最不幸的商品。劳动力成为一种可供买卖的商品，资本家以低廉的"工资"完全占有工人创造的劳动成果和价值。在"自由"的社会竞争中，资本家越来越富有，工人越来越贫困，尽管随着社会生产力的整体提高，绝对贫困有所降低，然而相对贫困的鸿沟越来越大。经济生活中的两极分化，必然导致政治权力分配格局中的两极分化，资本权力化和权力资本化相互运动，富人恒富、穷人恒穷。皮凯蒂在《21世纪资本论》中通过对主要资本主义国家经济发展史的考察得出，资本收益率远远超过经济增长率，因此贫富差距会越来越大；并且有钱人不可能不捍卫其利益，收入最高人群左右政策和制度。在资本主义国家，只有掌握资本的人，才是这个国家的"主人"，才能享用"权利"。并且，从普遍的人性来讲，那些掌握社会资源、政治权力的富人和强者，也并不能实现真正的自由和幸福。"资本家是人格化的资本"，深处于资本"枷锁"当中，只是资本增殖的工具和手段，沦为"金钱拜物教"的忠实信徒，迷失自我，越陷越深。

社会存在决定社会意识，经济基础决定上层建筑。在西方社会，资本及其增殖逻辑主导着价值观念的形成和人的现实境遇。所谓"自由、民主、人权"，都是资本为了加强对这个世界的主宰而编织的美丽"谎言"。当国家垄断资本主义向国际金融资本主义转变时，作为一种配套性政策、理念和价值观，新自由主义走上历史舞台。1990年，"华盛顿共识"出笼，新自由主义开始向全球蔓延，为国际金融资本开辟全球空间。新自由主义成为资本主义世界的主导意识形态。在经济方面自由化、私

---

① 《马克思恩格斯全集》第3卷，人民出版社，2002，第170页。

有化、市场化；在政治方面否定公有制、否定社会主义、否定国家干预；在社会建制方面全球经济政治文化一体化、全球资本主义化。这些主张背后插着的是所谓西方"普世价值"的大旗。西方国家挥舞着"自由"的大棒、"民主"的大棒、"人权"的大棒……为国际金融资本的全球扩张呐喊助威。由 2008 年美国次贷危机引发的全球金融危机和经济大衰退，给新自由主义"当头一击"，同时也引发了关于资本主义的当代再认知。然而问题的关键很难真正被触及，因为资本主义目前还没有"革自己的命"的勇气和魄力。只要仍然服从于资本逻辑，唯资本马首是瞻，西方资本主义所倡导的那些美好的价值理念都将无法在人间真正实现，只能是"镜中花""水中月"，沦为资本主义意识形态的"面具"。

（二）个人至上

近现代政治哲学的逻辑起点是"人"的发现。封建专制主义（欧洲的中世纪时期）的本质是"不把人当人看"，人与人之间是一种依附关系，农奴依附于土地主、贵族依附于王权，是"普天之下莫非王土"的"翻版"。反对专制主义就必须使人成为独立的个体，独立个体基于社会契约组成独立国家。西方的个人至上所强调的主要是个人利益至上，把个人的利益作为个人、社会、国家的终极目标加以追求。美国历史学家康马杰在《美国精神》一书中说，个人主义成为美国主义的同义词，个人主义的性质、功用和意义是美国人面临的一个中心问题，它们越来越成为美国现代社会表现自我和展现才能的动力之源。[①] 个人是独立的、至高无上的实体，因此拥有不可让渡的生命权，拥有不受他人价值、想法、生活方式等强加自己的自由权。人要生存下来，并且有能力选择自己喜欢的生存方式，这就需要有一定的物质条件作为基础，因此对劳动所得的排他性占有也是必不可少的权利，财产权是生命权和自由权的延伸。西方资本主义无论是古典自由主义阶段、新政自由主义阶段，还是新自由主义阶段，其核心价值观的基石仍然是个人主义的，"自由、民主、人权"不仅以个人为基础，而且以个人为归宿。所以，西方近现代主流价值文化被看作个体主义的、个人主义的、自由主义的。另外，在西方资本主义发展的

---

① 转引自周文华《美国核心价值观建设及启示》，知识产权出版社，2014，第 28 页。

不同时期，与个人主义和自由主义并存的还有共和主义、社群主义等。共和主义更强调平等、公民政治参与和公共精神，但它也肯定个人至上，政治权力必须来自人民的同意。社群主义看到了新自由主义带来的个人责任弱化、公共美德下滑、贫富分化、社会分裂等一系列社会问题，从而强调共同体（集体）对于人生存发展的重要性，用共同体的力量弥补个人自由的偏颇，但是它也不否认个人的至上性。可见，无论是主流价值文化（个人主义、自由主义），还是非主流价值文化（共和主义、社群主义），个人至上都是西方资本主义核心价值观的共同基础和特点。

（三）权利天赋

前现代的权力逻辑是"天子受命于天，天下受命于天子"，黎民百姓和统治者不管是在思想观念层面还是在现实生活层面都不是平等的。人与人之间的从属关系、人与人之间的不平等是前现代社会的基本秩序。现代社会的基本前提是人人生而自由平等，"生命、自由、财产、平等和追求幸福"这些权利是天赋的，是自然法的基本内容，是一切社会法律体系的逻辑基础。人首先拥有对自己生命的占有，使自己的生命免受危害，利用一切可能的方法保卫自己。如果人连自己的生命都无法保存，那么这个社会必然是恶的，必然缺少基本的伦理基础。所以每个人都有生命权利。"法的基地一般说来是精神的东西，它的确立的地位和出发点是意志。意志是自由的，所以自由就构成法的实体和规定性。"[1] 每个人都有按照自己的意志（理性和判断）去做自己想做的事情的权利，人与人之间的权利边界在于不妨碍他人的自由意志，这也是法的出发点和基础。所以每个人都有自由权利。"人唯有在所有权中才是作为理性而存在的。"[2] 第一，任何物的存在必须对象化，只有通过他者才能规定、显现自身。第二，人有权把他的意志体现在任何物中，也就是说那个物成为我的东西。更关键的是第三点，为了达到人格的定在，单单某物应该属于我，属于我的内部表象或意志是不够的，还必须取得对物的占有。通过取得占有，意志才获得定在。所以黑格尔说："财产是自由最初的定在，它本身是本

---

① 〔德〕黑格尔：《法哲学原理》，张企泰、范扬译，商务印书馆，1961，第10页。
② 〔德〕黑格尔：《法哲学原理》，张企泰、范扬译，商务印书馆，1961，第50页。

质的目的。"① 财产和财产权是现代政治哲学的基础和前提。每个人都具有理性以区别于动物，共同的理性意味着人与人之间的平等，因此他有平等的权利。"如果人们不能平等相处，又怎么能宣布人人自由呢?"② 为了自由意志不会沦为少数人的特权，为了自由权利的边界始终如一，人人平等是现代社会的准则。当然，作为理性的人，作为意志自由的人，我们都有自我完善的本能和需要，因此每个人也都具有追求幸福的权利。这些天赋权利构成了现代社会规范的客观基础。

（四）对内包容与对外排他

主流和非主流是相对的；主流价值文化和非主流文化也是相对的。两者相互依存、相互补充，可以说没有非主流价值文化也就无所谓主流价值文化。西方主流价值文化之所以能被称为主流价值文化，是因为它允许一定的非主流文化存在。在资本主义社会之前，人类社会要么文化一统，要么文化多元。前一种情形是统治者在推行自己主张的价值文化的同时，努力压制甚至扼杀其他的价值文化；后一种情形是社会存在多种价值文化而没有形成主流的价值文化。与这两种情形不同，近现代西方的价值文化是一种主流的价值文化与非主流价值文化并存，而且主流文化对非主流文化起引领和规范作用的文化。近现代西方文化之所以会出现这种局面，是因为近现代西方主流价值文化对其他各种非主流的价值文化采取了宽容的态度，不仅允许它们存在，而且给它们的存在和发展提供必要的条件。近代以来的西方社会一直都是学派和学说林立，众说纷纭，其中不少观点是与主流价值观不一致甚至直接对立的，如与个人主义对立的社群主义、与自由主义对立的共和主义、与理性主义对立的非理性主义、与科学主义对立的人文主义等。但所有这些观点不仅允许存在和宣传，而且从法律上保证提出者和拥护者的言论自由。不少与主流价值观冲突的非主流价值观因其更具有合理性而为主流价值观所吸收，或用以取代主流价值观中不合理的内容，如国家干预主义取代自由放任主义、消费主义取代禁欲主义，等等。

---

① 〔德〕黑格尔:《法哲学原理》，张企泰、范扬译，商务印书馆，1961，第54页。
② 〔法〕皮埃尔·勒鲁:《论平等》，王允道译，商务印书馆，2007，第15页。

西方主流价值文化和核心价值观念对内包容多元，并不意味着对外也是同样的态度，反而具有明显的双重标准，对外排除异己，鼓吹"普世价值"，对别国大搞意识形态颠覆。西方宣扬的"普世价值"，就是把其对"自由、民主、人权"的理解及其价值观念强加给别国，推销西方所谓"民主国家体系"和"自由体制"。这与其对内提倡的多样性文明和多元性文化自相矛盾。越来越多的西方学者对"普世价值"提出质疑和批评，如特里·伊格尔顿的《马克思为什么是对的》（英国）、查尔斯·德伯的《马克思的预言：危机的世界》（美国）、查理德·波斯纳的《资本主义的失败》（英国）、神谷秀树的《贪婪的资本主义：华尔街的自我毁灭》（日本），等等。不同的社会条件、不同的发展阶段、不同的文化传统，都会孕育出不同的社会制度，对同一个价值概念的具体内涵也会有所不同。就资本主义社会内部而言，美国式民主与英国式民主也是不同的，民主共和与君主立宪能一样吗？再看看中东地区，强推美国式民主带来的后果是惨痛的，政治动荡、社会混乱、难民流离、经济衰退，当然对美国来说最大的好处是加强了对这一地区的控制，增强了美国的全球霸权。这种以西方价值观念为抓手，对外推行的意识形态霸权，值得我们警惕。西方资本主义核心价值观在理论和实践中都表现出了深刻的双重性和虚伪性。

第十章　国外建设核心价值观的
主要方式及启示

世界各国都非常重视本国核心价值观的培育和建设，西方资本主义国家尤其如此。在当代世界经济全球化、政治多极化、文化多元化的背景下，思想和文化的交流、交锋日趋频繁，提升文化软实力越来越受到各国的重视。在一定意义上，谁占据了文化发展制高点，谁拥有了强大文化软实力，谁就能够在激烈的国际竞争中赢得主动。文化的核心是价值观，文化软实力实质表现为价值观的吸引力。文化的竞争说到底是价值观的竞争。西方发达国家凭借其发达的经济、强大的军事实力，加上其特有的文化强势，不断强化其价值观在全球范围的影响力。具体而言，西方资本主义国家在培育和建设其核心价值观即制度化和生活化的过程中，大多综合利用政府、现代媒体、学校、宗教、社会组织等多种手段。

一　政府主导核心价值观建设

在传统认识当中，西方国家是"小政府、大社会"，在社会事务中政府发挥的作用不强。然而，在核心价值观和意识形态建设方面，西方社会却形成了以政府为主导的广泛共识，处处都以政府为"中枢""大脑"，用国家意志和国家行为来推进价值观建设。

（一）国家领导人在核心价值观建设中具有不可替代的作用

在法律上人与人是平等的，但这并不意味着每个人的社会影响力是一样的。国家领导人是一国的精神领袖，是一国意志的集中体现，承载着一国所信仰、笃定的核心价值观，以维护、弘扬一国核心价值观为己任。广大民众也会通过国家领导人来确认自己的"国族身份认同"，从而增强民族凝聚力和国家认同感。例如，英国王室的存在，为英国人传递幸福、稳定、得体的生活哲学，蕴含着保守、共和的政治文化，是英国传统价值观的象征。英国前首相卡梅伦在不同场合多次表示："我认为我们需要大力地推广英国价值观。这种价值观不是可有可无的，而是英国生活方式的核心……坚持英国的价值观从来不是一个选择，而是应尽的义务。"① 一国事务涉及方方面面，非常庞杂，而背后都有价值观作为支撑。国家领导人作为"总指挥""总舵手"，关键是凝聚民心、统一思想、引领价值观。

美国的历任总统都特别重视言传身教，自己做表率，通过自己的声音向美国全体民众传递美国的核心价值观。2017 年 1 月 20 日，美国总统当选人特朗普正式宣誓就职，他强调美国第一、美国利益优先。"政治必须以完全拥护我们自己的国家为基础。通过忠诚于我们的国家，我们会实现我们彼此之间的忠诚。当你心怀爱国主义，你便不会再心存偏见。"维护国家利益、维护美国核心价值观，对国家忠诚，这是每个美国人的基本道义。"你们的声音，你们的希望和你们的梦想，将定义美国的命运。你们的勇气、善意和爱将永远指引我们的方向。我们会让美国再次强大。我们会让美国再次富有。我们会让美国再次骄傲。我们会让美国再次安全。"个人命运与国家前途紧密相连，光荣与梦想激励着每个美国人，自由、强大、富有、充满善意和爱的美国是全体美国人的共有家园。特朗普前任——奥巴马——宣誓就职时也说："勤劳、诚实、勇敢、公平竞争、宽容以及对世界保持好奇心，还有对国家的忠诚和爱国主义，这些价值观历久弥新，坚实可靠。"国家元首的领袖作用和影响力，使核心价值观能够最大限度地感染每一位同胞，形成一种强烈的情感共振、精神共振、思想共振。

（二）政府注重自身的伦理建设

"以身教者从；以言教者论。"核心价值观想要得到广大民众的认同和践行，政府必须做好表率作用。与传统认知"东方重道德、西方重法律"不同，实际上美国政府也非常重视道德建设，并且专门成立了美国

---

① 转引自沈伟鹏、孔新峰《英国如何建设核心价值观》，《学习时报》2015 年 9 月 7 日。

联邦政府道德办公室。这个机构为 400 多万名美国联邦政府官员及雇员制定行为规范，总统也不例外，被称为"制约腐败的达摩克利斯之剑"。它每年对 35 万名联邦政府官员进行财产审核；对新录用的公务员进行培训；涉及公私利益冲突的，官员须主动向道德办公室汇报。美国各州也都设立"委员会"或"办公室"来进行公务人员的道德管理。[①]

美国社会的"纳税人意识"很强，政府用的每一分钱，都是纳税人的钱，因此政府要对纳税人负责，接受纳税人监督。信息公开、透明，这是美国政府的基本办事准则。在自律和他律的双重要求下，美国政府的公务消费一方面规定比较严格，另一方面行为比较廉洁，执行比较到位。例如公车消费，根据联邦总务管理局统计，美国联邦政府各部门公务车数量的总和仅为 65.2 万辆。这一数据包括轿车、巴士等公务接待车，还包括卡车、邮政车、救护车等工程用车、特殊用车。州一级政府，公务车一般不足万辆。新泽西州仅 7600 辆，北卡罗来纳州 8500 辆。对于"公车私用"处罚非常严重。联邦政府规定，公务员一经发现公车私用，将被停职一个月以上，还会对该公务员的"上司"追责。同样，公务差旅、公务用餐等方方面面也都被严格规定，并且鼓励社会力量进行监督。在美国有很多非营利组织监督政府行为，如"公开的秘密"（OpenSecret. org）、"地图之光"（MapLight. org）、游说博客（Lobbyblog）、公职人员廉政中心、马库拉应用伦理中心等。[②] "透明国际"[③] 2013 年 12 月发布的世界廉政指数排名显示，美国排第 19 名。西方发达国家的廉政指数普遍比较高，排名靠前。廉洁政府、道德政府，是物质文明和精神文明发展的必然要求，为本国核心价值观建设提供了重要载体。

（三）为核心价值观建设提供强有力的政策支持

周文华在《美国核心价值观建设及启示》一书中对美国政府为核心价值观建设提供政策支持，特别是对教育提供支持进行了归纳整理，大

---

① 参见周文华《美国核心价值观建设及启示》，知识产权出版社，2014，第 93 页。
② 参见周文华《美国核心价值观建设及启示》，知识产权出版社，2014，第 89 ~ 90、94 页。
③ "透明国际"（Transparency International, TI），是一个非政府、非营利、国际性的民间组织。该组织于 1993 年由德国人彼得·艾根创办，总部设在德国柏林，以推动全球反腐败运动为己任，目前已成为对腐败问题研究最权威、最全面和最准确的国际性非政府组织之一，已在 90 多个国家成立了分会。

致表现在四个方面。一是双语教育。1968 年美国国会通过《双语教育法》，核心是让不会说英语的学生也能享受到平等的教育，主要内容是让少数族裔的学生尽快掌握英语，融入美国社会，更便利地接受美国文化和价值观念。2001 年时任美国总统布什签署《不让一个孩子落后法案》，规定所有小学生和中学生都必须定期参加英语、数学和科学考试，逐渐达到"精通"水平，少数族裔学生移居美国 5 年者也必须全部用英语参加考试。一方面弱化少数族裔的语言和文化，另一方面加强和巩固英语在美国的支配地位。二是品格教育。20 世纪八九十年代，美国有超过 30 个州获得了教育部品格教育的国家认可，16 个州通过有关品格教育的立法。美国学校普遍开设德育类课程，从小培养对美国及其核心价值观的认同。三是历史教育。美国于 1994 年颁布了《国家历史课程标准》，1996 年对其进行了修订。历史教育划分为两个阶段：第一个阶段是幼儿园到四年级，名为《拓展儿童对世界时空的认识》；第二个阶段是五年级到十二年级，包括《历史学科美国史国家课程标准：探讨美国的经历》和《历史学科世界史国家课程标准：探寻通往现代之路》。四是家庭教育。美国有些家庭不愿意把孩子送到学校接受教育（有些甚至反美国价值观），针对这部分孩子，美国政府对家庭教育给予帮助和扶持。譬如，有些州的法律允许家庭学校的孩子参加常规学校的体育、音乐及其他课外活动，佛罗里达州和艾奥瓦州允许家庭学校的孩子选修各类个性化的课程。"一个都不能少"，美国政府对接受家庭教育的孩子也会进行品格和价值观的塑造和影响。[①]

（四）善于利用先发优势，通过发展大文化产业，"软性"宣传、输出核心价值观

美国政府出台了一系列促进文化发展的政策法规，例如《联邦音乐计划》《联邦戏剧计划》《联邦作家计划》《联邦艺术计划》《历史调查记录计划》等。成立一些专门对外提供人文社科类交流、访问、培训的基金或项目，如亚洲基金会、"富布莱特"项目等，或明或暗地发挥了宣传美国价值观、改善美国国家形象、进行意识形态渗透等作用。

---

① 参见周文华《美国核心价值观建设及启示》，知识产权出版社，2014，第 86 ~ 88 页。

　　日本非常重视文化产业。日本经济产业省商务信息政策局文化信息相关产业课的报告《日本内容产业的现状与内容产业振兴措施》显示，日本政府正在主推"酷日本"（Cool Japan）战略。所谓"酷日本"战略，就是将动漫、日剧、音乐等融入"衣""食""住"各方面，将日本文化和日本生活方式的魅力转化成附加价值，以寻求新兴国家等的巨大需求，达到牵引日本经济增长的目的。它实际上是一项文化价值观战略。为了实现这一目标，它将寻求海外需求细分为三个阶段：第一个阶段通过宣传日本的魅力，在海外掀起日本热；第二个阶段在当地销售相关商品和服务等；第三个阶段与观光政策等联动，通过吸引对日本感兴趣的外国游客赴日促进消费，并分别针对各阶段实施支援措施。日本政府对以动漫为代表的文化产业扶植力度很大。仅日本经济产业省就提供了八条实实在在的政策和措施。

　　（1）本土化与宣传推广支援（J - LOP）。为了有效利用 TPP 开拓新市场，日本政府通过对权利信息集约化、内容的字幕与配音等本地化和参加国际展销会等宣传推广活动提供支持，致力于畅通无阻的作品运用。在这一块，2014 年度补充预算 60 亿日元，支持日本内容的海外拓展，对855 件内容的本土化和宣传推广给予补助。2015 年度的补充预算是 67 亿日元，呈上升趋势。例如，为了向海外推广哆啦 A 梦，日本家电企业夏普（Sharp）在面向东盟各国销售的家电的广告中启用卡通人物；在法国巴黎的欧洲最大规模活动"Japan Expo"上，为日本内容的联合参展及宣传推广提供支持。这在庆应义塾大学传媒设计研究科中村伊知哉教授的"流行文化"报告中也得到印证。政府组织企业、科研人员等在海外布展和参展，有时还由当地政府主要官员（如市长）作为"形象大使"。

　　（2）CoFesta。举办将内容和内容相关活动捆绑在一起的"CoFesta"。向海外宣传推广日本的内容。例如，组织内容综合国际商品交易会"Japan Content Shoucase"（JCS），该交易会是综合电影、广播（电视节目等）、音乐、动漫等主要内容的国际商品交易会，每年 10 月举办。目的在于通过 JCS 集中向全世界宣传日本内容的魅力，同时促进与其他产业的合作，进一步强化信息传播力度，促进整个内容产业的海外拓展。其他的重要活动还有：东京国际音乐行（TIMM）、东京国际电影节暨内容博览会（TIFFCOM）、东京秋季国际动漫节（TIAF）等。

（3）内容技术战略。推进 CG 和 VFX 等数字内容技术的高度发展与普及。实施有效运用制作工序管理和云服务的举措。经济产业省制定技术地图，引导和指出内容技术的前进方向。表彰有望对内容产业的发展做出巨大贡献的技术。每年选出最受关注技术，举办示范展示和演讲、研讨会。2016 年的主题是"有望在奥运会和残奥会上得到有效运用的内容技术"。

（4）酷日本机构。有效利用财政投融资特别会计（投资科目）（2013 年度 500 亿日元）设立基金，为实现产业化提供风险资本。

（5）政府间对话。官民合作举办"亚洲内容产业峰会"（ACBS）等，协商解决国际课题。

（6）盗版对策。通过内容海外流通促进机构（CODA），在中国等国家维护版权利益。

（7）留学生大使。通过在日本大学或研究生院就读、对日本的文化与内容有着深刻造诣的外国留学生，向本国和海外广泛介绍日本内容的魅力。

（8）培养制作人才。为了培养能够统筹价值链的内容产业海外拓展骨干人才，提供到海外顶级影视学院留学等方面的赞助。

据日本经济产业省介绍，电影、动漫、电视节目、音乐、游戏、书籍等日本内容产业的市场规模高达 12 万亿日元。日本之外的市场规模2013 年为 5500 亿美元，并且以亚洲为中心在不断扩大。文化产业对日本来说不仅创造了大量的 GDP，而且扩大了日本文化的影响，提升了日本在国际上的国家形象。一部动漫作品，衍生出一系列的关联性消费，譬如旅游观光、玩具销售、COSPLAY 等，更重要的是形成一种文化认同和价值崇拜。关于这一点，不得不引起后发国家对先发国家文化价值观输出的担忧。①

二 现代媒体是核心价值观传播的渠道和手段

在培育、塑造和宣传核心价值观方面，西方国家的政府特别注重信息

---

① 2016 年 10 月 16~23 日，笔者应邀参加中国社会科学青年学者访日代表团，就"文化产业的创新发展"主题在日本经济产业省、日中友好会馆、庆应义塾大学、KADOKA-WA 株式会社、福冈市经济观光文化局、福冈亚洲城市研究所、九州大学等政府部门、大学、科研机构、文创企业开展考察和调研。

管理，特别注重国家领导人的形象管理和广大民众的民意管理，这又集中体现在同媒体打交道上，善于利用和管理媒体来传播本国的核心价值观。我们可以从美国白宫政治传播体系的发展变迁管窥一斑。翟峥在专著《现代美国白宫政治传播体系（1897—2009）》一书中划分了四大阶段：第一阶段（1897～1933），从麦金莱到胡佛是报纸为王时代；第二阶段（1933～1953），从罗斯福到杜鲁门是广播黄金时代；第三阶段（1953～1981），从艾森豪威尔到卡特是电视黄金时代；第四阶段（1981～2009），从里根到小布什是分众传播时代。按照该书的逻辑和观点，已结束任期的奥巴马、特朗普和现任美国总统拜登也属于分众传播时代。

　　核心价值观传播是政治传播和意识形态传播的重要内容。美国学者丹顿（Robert E. Denton，Jr.）和伍德沃德（Gary C. Woodward）认为："信息就是权力，控制信息就是宣传的第一步。"[①] 在信息管理方面，美国白宫专门设立了两个处理媒体事务的部门——新闻办公室和传播办公室。新闻办公室的主要工作是制定政府的中长期新闻宣传政策，协调白宫与其他行政部门以及国会的关系，设计并运作与总统相关的各类媒体事件，撰写总统的各种讲话稿，通过对总统和政府的形象塑造影响民意。新闻办公室设立的时间很悠久，可追溯到1929年胡佛总统首次委任专职秘书负责处理媒体事务。一般来讲，新闻办公室主任就是总统新闻秘书，也是白宫新闻发言人，他直接对总统负责。传播办公室的主要工作是处理总统的日常媒体关系，包括与白宫记者团的关系，协助总统通过新闻发布会等与媒体联系，及时准确地向外界提供总统的活动日程，协调政府在国内外重大事件上的原则立场。1969年尼克松总统始设这一机构。随着卫星电视、各类新闻网站、政治网站、YouTube、博客、推特、Facebook等各种社交媒体的发展，仅仅依靠传统媒体来传递总统意图是跟不上时代节奏的，因此这种渠道建设越来越受到政府重视。例如在小布什执政期间，还在传播办公室之外设立了一个负责与外地媒体、专业媒体和少数族裔媒体接触以及负责白宫网站工作的媒体事务办公室。通过新闻办公室和传播办公室的协调配合，总统不仅能够对新闻事件做好公关

---

① Robert E. Denton, Jr., and Gary C. Woodward, *Political Communication in America*, 2nd ed. (New York: Praeger, 1990), p. 42.

和应对，而且能够制造新闻事件本身。他们可以根据需要来压制、审查、泄露、选择性披露或者重新包装各种信息，适时适度对外公布，引导公共舆论走向。①

政治领袖是政治国家的灵魂，国家领导人是一国意志的集中体现和反映。美国总统对个人形象的重视可追溯到华盛顿，随着从报纸到广播，特别是到电视、互联网为代表的分众媒体，形象管理在政治传播和核心价值观传播中的作用越来越重要。政治人物的服饰、发型、化妆、表情、遣词造句、语音语调等，都是形象设计的内容。在报纸传播时代，总统与支持自己政党立场的报纸签订政府印刷合同，使其成为自己的宣传工具。据统计，1850 年出版的 2526 份报纸中，只有 83 份被列为中立立场。例如林肯会向一些报纸提供独家信息，制造非正式访谈计划，从而传达总统的意图和价值观念等。在广播诞生后，罗斯福利用广播炉边谈话的形式，用更加亲切的方式向民众传递各种信息，白宫对新闻照片和新闻稿会进行严密控制。在电视时代，总统需要用好这个"秀场"。肯尼迪把新闻发布会变成电视直播节目，充分展示他的个人魅力、睿智和幽默。里根利用自身出众的表演能力和三大电视网的主流新闻渠道，通过精心设计的电视画面，包括制造各种媒体事件，开展最广泛的舆论引导，塑造积极正面的形象。在里根执政时期，全天候播出新闻的有线电视台 CNN 开始驻扎白宫，宣告分众传播时代的到来。② 分众传播的特点在于，每个人既是信息的接受者，又是信息的制造者和传播者。形象管理在时间上变成 24 小时制，在内容上变得"小心翼翼"，谨防"蝴蝶效应"。白宫不仅需要直接面对传统记者，而且需要面对所谓"公民记者"以及非传统意见领袖。在后现代思潮的影响下，总统不仅被要求表现出运筹帷幄、机智果断，而且被要求表现生活化、日常化的一面。当然，这一切都是形象管理的重要内容，也是政府引导舆论和构建意识形态和核心价值观的重要内容。

可支配的民意。在现代社会，民意越来越成为影响政府行为的重要

---

① 参见翟峥《现代美国白宫政治传播体系（1897—2009）》，世界知识出版社，2012，第 193～195 页。

② 参见翟峥《现代美国白宫政治传播体系（1897—2009）》，世界知识出版社，2012，第 181～192 页。

因素。广义的民意管理等同于意识形态建设；狭义的民意管理特指收集、整理民众预期和意愿，从而对民意进行有针对性的引导。西方国家非常重视民意调查，国家领导人（元首或首脑）和政府的民调支持率和满意率高，他在同国会（议院）打交道中就占据上风，权力运行就更加稳固，推行政策、措施、价值观念等就能得到更多的拥护。为了打造符合"民意"和权力需要的民意，新闻传播机构常常被塑造成"独立"和"中立"的样子。如果媒体与政府走得过近，人们很容易认为媒体的立场不是中立的，新闻报道是不专业的。媒体通过引入评论员、专家、民众代表等"第三人称"方式，增强信息的可读性、透明性和参与性。他们要标榜独立性以期获得民众的信任，这样的民意调查参与度才会比较高，并且成为民众"舒压"的渠道。而事实上，他们可以通过把关、选择要报道的新闻和报道新闻的角度来对民意的形成施加潜移默化的影响。乔姆斯基（Noam Chomsky）和赫尔曼（Edward S. Herman）提出美国主流媒体筛选新闻的传播模式，即金钱和权力影响着美国的新闻，把不同意见边缘化，"肢解"民意，在打碎再重建中指导民意，对背后服务的政府进行威信和权威的再塑造。

在价值观对外输出和传播方面，西方国家通过现代媒体塑造成功的"本国形象"和失败的"他者形象"。宋颖在《美国国际形象建构：美国之音新闻报道》一书中以"美国之音"为研究对象，呈现如何对外塑造美国形象，揭示具有官方色彩的美国媒体机构如何借助媒体的理论推行其"普世价值"。"美国之音"至今已有近80年的历史，每年美国政府都会投入大量资金，不断地通过它来向全世界传送代表美国政府的声音。特别在"9·11"事件之后，美国政府追加了更多的经费支持。美国广播理事会（BBG）数据显示，2003～2011年"美国之音"的年度经费平均每年增长近737.5万美元，2011年度高达2.051亿美元，进一步提升"美国之音"的传播能力。[①] 2002～2008年，从新闻和社论的数量上看，"美国之音"对美国的报道最多，关于美国的新闻占所有新闻的1/3，关于美国的社论占全部社论的近1/2，关注度居其次的是亚洲、中东和非洲，与美国经济发展水平相当、外交关系较好的英国、法国等西方发达

---

① 参见宋颖《美国国际形象建构：美国之音新闻报道》，世界知识出版社，2012，第2页。

国家以及国际战略意义大不如前的前苏联国家的关注度降低很多。从新闻和社论的内容来看，"美国之音"都以"政治"为首要主题，关于美国政治除了宣传自己的政策和观点之外，还着力塑造亲民、富有人情味的美国总统和美国政府形象。强大的科技实力、美国深受恐怖主义威胁和美国的反恐行动等也是重要关键词。而在他者形象方面，譬如亚洲，总体上被描绘成政治不民主、经济普遍落后、战争与冲突频发、人权得不到保障、法律制度不健全。关于中国的新闻主题，集中描绘中国政治不民主、国内局势不稳定、与邻国关系紧张，贬低中国经济发展对世界经济稳定和发展的贡献，凸显中国的"问题"和"麻烦"。如其关于2008年北京奥运会的报道，几乎没有任何从主办国角度切入的报道，除了报道美国运动员的成就外，其他精彩赛事及相关新闻鲜有提及。通过媒体塑造一个优越的"我们"与低劣的"他们"，美国不断加深和强化这种自由、民主、人权的"普世价值"传播。①

三 学校教育是核心价值观建设的有效途径

以学校教育为主的国民教育，在核心价值观建设方面发挥着重要作用。一方面西方国家从政策、法律层面都非常重视学校教育，给予大量的资金投入和经费支持（这一点在前面内容中已经阐述过了）；另一方面西方的学校教育在培育和传播核心价值观方面也有许多的创新理论和独特做法，非常值得我们学习和借鉴。

价值观教育，不同于一般知识的讲授，在不同阶段的学校教育中内容是不一样的。小学阶段讲故事，主题鲜明，意义明确，表达直接；中学阶段学历史，故事更加立体，情景更加深邃，思想性和趣味性都在提升；大学阶段重理论，不仅知其然，还要知其所以然，对价值观进行理性认知、达到理性认同。在具体的价值观教育模式方面，西方流行的主要有四种：（1）价值澄清模式（value clarification model）；（2）道德发展模式（moral development model）；（3）社会行动模式（social action

---

① 参见宋颖《美国国际形象建构：美国之音新闻报道》，世界知识出版社，2012，第146~154页。

model）；（4）体谅教育模式（the consideration model）。①

价值澄清模式，产生于 20 世纪 60 年代的美国，是由路易斯·拉思斯和哈明等人提出的一种价值观教育模式。它的核心观点认为，学校的价值观教育是帮助学生去澄清他们自身的价值观，教师不能灌输学生所无视的外在价值观，鼓励青少年发掘属于自己的价值观。价值澄清模式的深层哲学根据是杜威的经验主义和人本主义心理学。人的经历和经验对其价值观的形成影响重大，对于学生来说同样如此。因此学校的价值观教育在于唤醒学生自身的价值认知，使学生拥有自主和自由的认知权和选择权。"由于我们把价值观看作源于个人的经验，所以我们期望不同的经验应该产生不同的价值观，任何一个人的价值观都将随着他的经验累积而发生变化。一个人在其认识上或经验形式中发生了重要的变化，那么他的价值观必然发生变化。如果一个人与世界的关系不是静止的，那么他的价值观就不可能是静止的。作为指导人的行为的价值观是随着人的经验的发展而成熟的。"② 所以，在日常教学和价值观培养中，教师的关键任务是激发学生足够的勇气去面对可供自己选择的价值观念，并且勇于承担自己选择、行为的后果。当然，该模式所隐含的理论前提是这种"澄清"本身是可塑造和可引导的，大道至简、大道无形。

道德发展模式，由美国心理学家和教育学家劳伦斯·科尔伯格提出，探讨道德推理的发展规律，进而形成一套系统的教学模式。该模式是最复杂、最成熟的道德教育理论和实践体系之一，是当代西方学校价值观教育运用最广泛的教学模式之一。科尔伯格的道德发展理论源于皮亚杰的认知心理学。代表性的教育场景是，在孩子们接受教育的过程中加入一系列的道德两难问题，让他们表达出各自的道德观点，并对道德选择做深层的原因分析。这种以问题（价值选择）入手发展而来的道德推理过程，就是孩子们道德认知、道德发展的过程。科尔伯格把道德发展理论总结为"三水平六阶段"。一是前习俗水平，阶段一是服从与惩戒，阶段二是个人主义和转换；二是习俗水平，阶段三是人际关系，阶段四是维系社会秩序；三是后习俗水平，阶段五是社会契约和个人权利，阶

---

① 参见杨云飞《美国学校价值观教育研究》，科学出版社，2016。

② L. Raths, M. Harmin, and S. Simon, *Values and Teaching*（New York：John Wiley Press, 1978），p. 26.

段六是普遍规则。从整体上说，这是一个道德原则不断内在化的过程，从唯我到利他，从个体到社会，自我与他者的交融，最后要实现普遍的伦理精神，完成内在的正义规则。

社会行动模式，由美国教育家弗雷德·纽曼等在20世纪70年代提出。针对道德教育过于理论化、知识化的现象，社会行动模式的主要目标是"教育学生如何去影响公共决策"，增强教育的行动指向，促进学生实施行动所需的训练和技能。纽曼主编的《公民行动技能：中学英语－社会研究课程》被美国中、小学校广泛使用。他设计了一个为期一年的"社会行动计划"的课程。该课程具体包括：（1）知识课程：政治、法律及如何沟通；（2）有计划的学习：文化课程计划和公民行动计划；（3）实习课程：社会服务学习。① 教育的目标不仅是让学生掌握知识和道德原则，更重要的是行动起来。也就是说，价值观教育不能止于价值判断，而应该落实到价值行动当中。因此，教育要培养学生的"行动能力"。这主要包括：（1）关于道德和社会的知识，学习社会规则，掌握社会价值观。（2）关于社会技能，施展社会的、道德的和规范的行为。（3）正面品格和正面付出。人的行为能力与正面品格是正相关的，正面品格促进道德行为的产生，正面动机激发和维持道德行为。（4）行为决定和行为实施。学习不是终点，行动才是目的，促使学生真正参与社会公共事务，提高表达公共意愿的权力意志和参与水平。

体谅教育模式，由英国教育家彼得·麦克费尔等创立，他们编写的德育教材《生命线》和《学会关心》的教师参考书在西方学习教育中流行一时，产生了很大的影响。道德教育和价值观教育，对学生而言一个非常难受的地方在于"枯燥乏味""疲于说教"。青少年正处于价值观逐步形成的关键时期，而且也处于思想的叛逆期。简单、重复的道德说教，不仅不会吸引学生，而且让学生很厌恶，那么即使很有道理，学生也难以真正接受，难以入脑入心。道德情感是道德教育中的"生命线"，"愉快、好感、关心、期望等情感需要自然流露"，体谅教育的核心理念是为他人着想。这种模式的结构和内容包括三部分。第一部分：设身处地为

---

① R. H. Hersh, J. P. Miller, and G. D. Fileding, *Models of Moral Education*：*An Appraisal* (New York：Helmet Press, 1980)，pp. 67 – 69.

别人着想。建立一个关于青少年的真实场景，体验围绕在家庭、学校或邻居中的一般的人际关系问题，鼓励学生讲出自己的想法和究竟如何做。第二部分：验证规则。面向 14～16 岁的青少年，探讨他们在学校、工作、家庭等不同社会环境所面临的可能性问题，提供机会接触一些成年人的问题并为寻找解决办法而做好准备。第三部分：付诸行动。把历史事件作为道德思考的出发点，让学生以事件中的人物为角色，在道德问题上进行探索，培育学生分析复杂的历史问题的能力和道德思考方式。[①]总体上看，体谅教育模式主要是从人本主义教育学出发，强调老师对学生的情感沟通和关心教育，在内容上提倡场景化和带入感，换位思考，建立在他人幸福之上的个人幸福。

四　宗教是国外社会核心价值观培育的重要条件

在西方，最畅销的图书，毫无疑问就是《圣经》，仅美国的年销量就有 900 万册左右。[②] 宗教全面介入经济、政治、社会日常生活，在核心价值观建设方面发挥着不可替代的作用。美国社会学家罗伯特·贝拉在《美国的公民宗教》一文中提出"公民宗教"概念。公民宗教将宗教信仰转化为政治力量，以此增强公民对国家、民族的精神认同，为政权提供合法性基础。宗教作为一种重要的社会规范和伦理原则，直接为社会价值观提供重要内容。

基督教是西方国家的普遍宗教，深刻影响着西方人的思想和行动，支配着西方人的日常生活。国家元首（如美国总统）就职宣誓，作为最重要的国家政治仪式，把左手放在《圣经》上，并由牧师见证。西方人的婚礼、丧礼在教堂由牧师主持，周末去教堂做礼拜成为很多人的生活习惯。美元硬币上印有"我们信仰上帝"的字样。西方价值观中的平等、自由、互助、友爱等很多内容都是源于基督教的价值原则。《圣经》中保罗说："就如身子是一个，却有许多肢体，而且肢体虽多，仍是一个身子。基督也是这样。我们不拘是犹太人，是希利尼人，是为奴的，是

---

① 参见张洪高《关心德育模式与体谅德育模式之比较》，《基础教育参考》2003 年第 11 期。
② 参见曹兰兰《论跨文化交际中东西方文化地位的不平等》，《文教资料》2007 年第 24 期。

自主的，都从一位圣灵受洗，成了一个身体，饮于一位圣灵。"大家同根同体，息息相关。"若一个肢体受苦，所有的肢体就一同受苦，若一个肢体得荣耀，所有的肢体就一同快乐。你们就是基督的身子，并且各自作肢体。"宗教教义以故事的方式得以广泛传播，西方人自小就能感受到上帝的存在，大家都是上帝的选民，基督教宣扬的基本社会伦理和道德规范逐渐就成为西方社会共同遵守、世代相传的价值观和普遍信仰。

　　伊斯兰教的教义就是伊斯兰国家的核心价值观，对伊斯兰国家的民众具有普遍的价值引导和规范作用。伊斯兰教的核心价值原则是"悦主行善"①。《古兰经》说："为我而奋斗的人，我必定指引他们我的道路，安拉确是和行善者同在一起的。"真主是全知全能、至仁至善的，世间人要践行真主的旨意。人的生存离不开真主，受到真主的恩泽，因此，人对真主要心存感激、心存敬意。为了实现安拉之道，人们要学会好善乐施。"信道而行善是乐园的居民，他们将永居其中。"诚然人与人之间是有差异的，然而这种差异恰是真主故意为之，为人类互助互爱提供契机。富人有帮助穷人的义务和责任。"他们的财产中，有乞丐和贫民的权利。"富人除定期交纳天课外，救济穷人同样是一项必做的工作。穆罕默德曾对一个傲慢的富人说："你要知道，正是因为你的贫穷的兄弟的存在，你才获得了安拉的恩典。"真主之所以让你获得财富，是为了让你更好地帮助穷人。谨遵安拉的教诲，能够为安拉照顾天下的穷苦人，这是个人的福报。"你们决不能获得全善，直到你们分舍自己所爱的财物。"伊斯兰教之所以能够在公元7世纪诞生之后比较迅速地传播，这和它的核心价值理念契合广大民众的心理和愿望密切相关，人与人之间平等相处，都是安拉的子民，富人帮助穷人，扶持弱者，这些是社会和谐的黄金法则，充满人性的光辉。

　　在宗教国家，宗教教义和国家价值观是一致的。无论是基督教，还是伊斯兰教、佛教，其背后都有一套成型的价值体系。为了宣传和发扬自己的价值观，它们都非常重视青年人群体，重视宗教教育。例如著名的美国"常春藤大学联盟"，大多是出于宗教动机建立的，尽管分属不同的基督教派别。哈佛大学、耶鲁大学和达特茅斯学院是加尔文主义的

---

　　① 参见王昕《全球化背景下海湾阿拉伯国家现代化进程研究》，博士学位论文，上海外国语大学，2008。

公理教会创办的，哥伦比亚大学和宾夕法尼亚大学是英国圣公会成员创办的，普林斯顿大学是长老教会成员创办的，布朗大学是浸信会成员创办的。浓厚的宗教背景使学生耳濡目染，并且这些高校是社会精英的培养基地，在塑造公民价值观，特别是精英人士价值观方面作用是显而易见的。[①] 伊斯兰教国家作为政教合一的国家，其宗教教育对学校教育的参与更加直接，换言之，其学校教育是在宗教教育的指导下进行的。在沙特阿拉伯，清真寺都设有宗教学校，并设立了 3 所专门的宗教大学，即伊玛目伊斯兰大学、麦地那伊斯兰大学和乌姆古拉大学，负责培养伊斯兰教法学家和宗教传播人员。在各综合性大学里也都设有伊斯兰教法学院和伊斯兰教研究学院。[②] 这些宗教全面介入人们的日常生活，建构了人们的精神世界，成为社会价值观的重要内容。

核心价值观的塑造和培育是一个系统工程。国外在核心价值观建设方面除了发挥政府、政策、教育、宗教、现代传媒等力量外，还充分利用社会方方面面的资源。譬如，广大的 NGO 组织、数量庞大的博物馆和图书馆、重要节日或纪念性活动等，这些方式和方法也都有一个共同的特性——以文化人。英国政治家丘吉尔有句名言："宁可失去一个印度，也不愿意失去莎士比亚。"美国历史虽然不长，但是以历史为主题的博物馆资源却相当丰富，如美国历史博物馆、华盛顿纪念堂、杰斐逊纪念堂、林肯纪念堂、阿灵顿国家公墓、航空航天博物馆等，这些都是进行爱国主义教育、价值观教育的重要场所。用不同的载体把文化呈现出来，用文化背后的价值观念影响民众，进而把外在于人的价值观念内化为人的自觉信仰和追求，这是世界各国的核心价值观建设的必由之路和共同目的。

五 国外建设核心价值观的启示

尽管社会主义核心价值观与西方资本主义价值观在本质上是不同的，中国与西方国家的具体国情也存在很大差异，但是在核心价值观建设的

---

① 参见周文华《美国核心价值观建设及启示》，知识产权出版社，2014，第 102 ~ 103 页。
② 参见王昕《全球化背景下海湾阿拉伯国家现代化进程研究》，博士学位论文，上海外国语大学，2008，第 98 页。

方式方法、途径手段方面还是有许多可以借鉴的地方。当今世界，仍然是一个以西方文明为主导的世界，以美国为首的西方国家在价值观领域也占据着话语霸权。做好多样文明的交流互鉴，让西方资本主义核心价值观建设的有效经验为"我"所用，推动社会主义核心价值观建设向前发展。

（一）核心价值观反映国家意志和民族精神，核心价值观建设要充分发挥政府的引导作用

西方资本主义国家，特别是西方发达资本主义国家，在国家层面特别重视基于"本国立场"的核心价值观建设，政府发挥着绝对性的主导作用。现代国家政治从表现形式看是一种政党政治，政党是国家活动和国家行为的真正主体。西方资本主义国家常见的政党制度分为两党制和多党制，例如，以美国、英国、加拿大、澳大利亚等为代表的两党制国家；以法国、德国、意大利、日本等为代表的多党制国家。然而，不管是两党制还是多党制，其政党性质没有根本性变化，虽然表面上代表所谓不同的利益集团或利益群体，但实质上都是资产阶级的"代言人"，背后的操控手是相同的。无论两党制还是多党制，这些国家的政府最终代表的利益诉求和价值追求是一致的，因此在培育、建设、推行"本国立场"的核心价值观时，政府居于主导地位。

在西方发达资本主义国家，政府处于整个意识形态（包括核心价值观）建设的核心领导位置。一方面，通过国家领导人的形象塑造、行为活动来集中体现核心价值观。有一条基本的政治哲学原理，每个人的政治权利是平等的，但这并不意味着每个人的政治影响力是平等的。随着世界历史的发展、科技的进步，特别是广播、电视、互联网等现代传播方式的普及，人与人之间的政治影响力的差别越来越大。例如，在投票选举中，尽管美国总统的一张选票和华盛顿郊区一位普通选民的选票在政治权利上是一样的，但是美国总统投下这一票所产生的影响力和示范效力是任何普通选民都无法比拟的。在核心价值观的塑造、传播中，西方发达资本主义国家善于发挥国家领导人的价值观引领作用。他们在演讲发言中，特别是在国际场合、重要会议上的演说中都会重点阐述"本国立场"的核心价值观。譬如 2018 年 1 月 31 日，美国总统特朗普在国情咨文的最后强调："只要我们对我们的价值观、信仰和国民充满信心，

并且坚信上帝，我们就不会失败。我们的家庭将蒸蒸日上。我们的人民将繁荣昌盛。我们的国家将永远安全、强大、骄傲、强力、自由。谢谢，上帝保佑美利坚。"西方国家领导人就是西方核心价值观的"化身"。

另一方面，国家通过法律和宗教的形式把核心价值观固定下来，形成全民价值认同的牢固基础。核心价值观在一国思想和行动中起到重要的引领作用，西方国家在培育和践行自己的核心价值观时首先体现在国家的法律体系当中，并且与宗教信仰紧密结合，通过法律和宗教的形式潜移默化到民众的日常生活之中。因此，政府在制定法律和维护宗教信仰的同时，其实质是在捍卫和强化自己的核心价值观。从形式来看，核心价值观是比较抽象的，法律由体系化的条文组成因而是具体的，宗教教义也比核心价值观具体得多、日常化得多，所以法律和宗教更加直接、感性地参与到人们的日用行常当中。核心价值观需要一种有效的传播和发挥的载体，法律和宗教正好具备这种功能。美国传统价值观中的平等自由、友爱互助、同情弱者、自尊自爱、尊重他人等都源于宗教信念所提倡的价值准则和处世哲学。美国学者威廉·伊塞尔认为："美国是世界上最现代化的国家，又是现代国家中宗教性最强的国家。"①

（二）用文化涵养价值观，用文化建设内含核心价值观建设，扩大文化辐射能力

文化的核心是价值观，价值观以多元、多样、多彩的文化及其产品呈现。发达资本主义国家都非常重视文化建设，大力发展文化产业，美国的好莱坞电影风靡全球，不仅为美国带来了相当可观的经济收入，而且向全世界传递和输出了美国的价值观，是树立美国意识形态霸权和文化霸权的重要手段和方式。法国学者雷吉斯·迪布瓦专门写作《好莱坞：电影与意识形态》一书，他认为，虽然意识形态问题与电影的品位无关，但关乎政治。好莱坞电影既是消遣娱乐的流行产品，同时也在强加给他们一种美式的思维方式和美国的价值观念。对此，中国著名导演谢飞也认为，好莱坞电影席卷全球不单单是电影问题，还是文化战略问题，可

---

① 转引自王岩《美国核心价值观构建的路径分析及其启示》，《重庆科技学院学报》（社会科学版）2011年第13期。

以说这是一场没有硝烟的战争。好莱坞不仅占据了世界电影市场的垄断地位，而且广泛而有效地传播了美国的价值观念、生活方式和思维方式，为其他的美国产品走向世界铺平了道路。

与美国一样，其他发达资本主义国家也不遗余力地扶持、培育、发展、推广本国的文化产业，如日本打造的"酷日本"战略，法国围绕法语文化打造自己的文化战略。1970 年，首个法语国家间组织——法语国家文化技术合作机构（Agency for Cultural and Technical Cooperation）在尼日利亚成立。1997 年，法语国家文化技术合作机构改为国际法语国家组织（International Francophone Organization，IFO）。"近 40 年来，IFO 成员国家和地区从 2 个增加到 55 个，涵盖五大洲，占世界人口总数的 10%。"[①] 通过文化战略，树立本国的文化自信、价值观自信，掌握主动权，形成话语权。

反观国内，我们的价值观建设和文化建设在一定程度和某些方面是"脱节"的。社会主义核心价值观的宣传、推广往往限于"标语"和"口号"。大街小巷都能看到这些"宣传标语"，电视等媒体也是不断地简单、重复播放这些内容。从老百姓的反响看，能起到一定的效果，但是很有局限性，特别在青少年当中共鸣比较弱。当前，流行的时尚文化已经成为影响青少年价值观成长的重要因素，对人们价值观的塑造能力越来越强。这需要提供更加丰富、新颖、紧贴时代的文化产品，国家硬实力需要通过文化软实力体现出来。培育和弘扬社会主义核心价值观必须依托于文化建设，通过文化的辐射影响力使价值观春风化雨，润物无声。文化产品要避免简单的说教，作为策略的"意识形态"是一把双刃剑，一天到晚把意识形态威胁、意识形态安全"挂在嘴边"，不仅难以达到预期效果，反而容易引起大众的反感。譬如可以借鉴美国的影视创作技巧，将中国文化元素、高科技手段和独特创意进行完美结合，通过互联网、电影市场传播到世界各地。[②] 据有关部门统计，2016 年全球电影票房累计 381 亿美元，其中美国好莱坞收入 289 亿，占比高达 76%，

---

① 王海冬：《法国的文化政策及对中国的历史启示》，《上海财经大学学报》（哲学社会科学版）2011 年第 5 期。

② 参见周凯《核心价值观的缺失与构建传播——中国文化产业发展反思与对西方文化产业的借鉴》，《东岳论丛》2012 年第 9 期。

几乎垄断了全球电影市场。① 通过这些所谓好莱坞大片，美国向全世界"推销"其核心价值观。法国《电影手册》主编让·米歇尔·傅东认为，好莱坞是"一个正在变成霸权的全球化模式"。②

（三）掌握现代传播规律，运用互联网等现代媒体进行核心价值观建设

内容和渠道是价值观建设的两个重要方面，我们讲的文化产业一方面是要创新和增加价值观的负载内容（日本也把文化产业称为内容产业），另一方面就是要做好价值观传播的渠道建设。时代在发展，科技在进步，价值观传播的手段和方式在不断更新。美国白宫政治传播经历了报纸、广播、电视、分众传播的不同发展阶段，以互联网为代表的新媒体已经成为美国政治传播的主要平台和手段。更为凸显的是，美国之所以能够维持全球霸主地位，源源不断地输出和传播所谓价值观外交，如"普世价值""民主宪政"等，一个重要的因素是美国掌握着互联网霸权。目前全球根服务器共 13 台。其中主根服务器 1 台，位于美国弗吉尼亚州的杜勒斯，由美国 VeriSign 公司负责运营维护；其余 12 台辅助根服务器中 9 台在美国，分别由美国信息科学研究所、美国航空航天管理局、美国国防部网络信息中心、美国陆军研究所、马里兰大学、因特网软件联盟、PSINet 公司、INTERNI. NET、IANA 等军事和教育机构、公司负责运营维护。另外 3 台辅助根服务器分别位于英国、瑞典、日本。简单来说，全球所有的互联网信息都可以被美国监控，美国可以让一个国家在互联网中瞬间消失。譬如，2003 年伊拉克战争期间，美国政府就曾终止对伊拉克国家顶级域名 IQ 的解析，致使所有以 IQ 为后缀的网站瞬间从互联网上消失。美国《网络空间国际战略》所承诺的互联网言论表达联络自由、保护隐私等实际上都是处于美国的控制和引导之中的。美国中央情报局（CIA）前雇员斯诺登爆料的"棱镜"计划显示，美国政府一直监视、监听民众的通话记录和网络活动，著名的美国互联网公司谷歌、微

---

① 参见杨俊蕾《看得见的好莱坞电影　看不见的利益冲突和文化角力》，《文汇报》2017年 1 月 10 日。

② 转引自杨俊蕾《看得见的好莱坞电影　看不见的利益冲突和文化角力》，《文汇报》2017年 1 月 10 日。

软、苹果、雅虎、美国在线、Facebook、YouTube、Skype、PalTalk 等全都
牵涉其中。

想要在很短的一段时间内打破美国的互联网垄断，特别是互联网的
基础性硬件和软件的垄断是很难的。但是，美国在重视通过互联网等现
代媒体进行舆论引导、价值观建设等方面的努力也是值得我们学习的。
年轻人的文化消费已经互联网化，互联网已经成为年轻人获取信息、交
流沟通、生活服务、娱乐休闲等的主要平台，如网络新闻、视频、电视
电影、综艺、文学、直播等都是以年轻人为主流消费群体。中国互联网
络信息中心（CNNIC）数据显示，截至 2015 年 12 月，我国网民以 10～39
岁群体为主，占整体的 75.1%。其中，20～29 岁年龄段的网民占比最高，
达到 29.9%；10～19 岁、30～39 岁群体占比分别为 21.4% 和 23.8%。传
统的价值观宣传模式已经很难吸引年轻网民的兴趣，这就要求转变主流
价值观传播的方式，把培育、传播融入其日常生活中。近年来，弘扬主
旋律的国内影片，如《湄公河行动》《战狼 2》《红海行动》等都收获了
很好的口碑和票房，在网络上引发热议，点燃广大观众特别是年轻人的
爱国主义热情。这种充分借鉴好莱坞电影技术技巧，创新文化产品内容，
利用互联网新媒体传播方式，比以往"灌输式""口号式"价值观宣传
的效果要好很多。

**（四）重视学生群体，重视教育，运用先进教育理念和方法搞好价
值观建设**

把社会主义核心价值观融入国民教育当中，社会主义核心价值观
"进教材、进课堂、进头脑"，这些都离不开理论人才和教育工作者。当
前一个严峻的现实是，我们的理论人才，都是接受西方知识体系教育的知
识分子。现代教育就是在西方话语体系主导下的教育，这在思想源头上就
已经"被人牵着鼻子走"。法国哲学家福柯曾说过："你谈论什么并不重
要，关键是谁在谈，话语的强弱是由话语者地位的强弱所决定的。"① 我们
要掌握自己的话语权，要培养自己的专业人才，要从思想上对各层级的

---

① 转引自张维为《澄清关于"自由、民主、人权"的认知盲点》，《北京日报》2014 年 7
月 7 日。

教师队伍严格把关。

每个人都会经历学生时代，在步入社会之前，学生身份是每个人的最主要的非亲缘性身份。从幼儿园、小学、中学到大学、研究生等阶段，我们的价值观逐渐形成。在西方，学校教育问题已经成为心理学、教育学、社会学、哲学等多学科共同关注的重要课题。以往我们对西方教育理念和方式的理解是过于简单的，甚至是错误的，认为其就是开放的、自由的、无拘无束地让孩子成长。其实不然，尊重孩子意愿，给孩子创造发展的多种可能性空间，使孩子快乐自由成长，这需要我们在教育理念和方法、教育投入和保障方面做得更多、更细、更完善。针对学生的不同阶段，价值观传导方式和教育方法是不一样的。小学阶段是价值观启蒙，侧重于具象化的直接教育；中学阶段是价值观引导，故事性和思想性都更强一些；大学阶段是价值观塑形，这是理性认知、认同的关键期。譬如当大家谈到英国人，第一印象是"绅士"。国民性的培育有赖于"教化"，英国人的这种由内向外的公民性格有赖于英国发达的国民教育体系。例如，英国政府 2002 年提出"公民教育"，加强社会核心价值观的教育。2006 年 5 月，英国高等教育事务官员比尔·拉梅尔提出，所有学龄少年应接受"英国传统价值观"的教育，而所谓"英国传统价值观"就是精英主义的、精致主义的。

（五）激发社会多元主体力量，发挥所长促进价值共识

社会主体是多元的，对于核心价值观建设而言，充分利用多元主体，发挥各自优势，共同参与，才能营造最为广泛的价值观共识。在西方发达国家，随处可见的公共图书馆、博物馆、科技馆等公共文化设施，对于人们认识历史、培养科学兴趣、接受价值观熏陶等都非常有帮助。随着中国经济社会快速发展，我们逐渐认识到，硬实力的提升必然要求软实力的加强，软实力的加强必然要体现在价值观领域。只有激发全社会多元主体力量，结合各自特点，发挥所长，才能确立价值观"最大公约数"，才能形成价值共识。

在社会多元主体当中，所谓"精英"和"中产阶级"是核心价值观建设的重要人群。这一群体拥有比较好的收入状况、受教育水平、精神文化追求，在一定意义上影响和塑造着整个社会的风气。尼克松在《真

正的战争》一书中谈到人员互访时指出，西方国家的专家、学者、科技人员、旅行家、官员、留学生都是价值观念的载体，他们能够有效地把国家的价值观念传播到其他国家中去。西方国家拥有数量庞大且经验丰富的社团组织，譬如环保志愿者协会、慈善基金会、各种各样的行业协会、救助组织等，它们"后天"形成共同的价值诉求、利益目标，同时兼具形式灵活、覆盖面广、紧贴社会等特点，是培育、宣传、践行核心价值观的重要力量。按照这个逻辑，在中国培育"橄榄型社会"的"中间阶层"，使之认同、践行社会主义核心价值观，是形成文明社会风气的重要途径。

第十一章　构建当代中国新价值秩序的措施

构建当代中国新价值秩序，不是抽象的理论，而是实际的行动。如何构建当代中国新价值秩序，既要吸收一些普遍的方式方法，又要注重与中国的具体国情相结合。一切从实际出发，综合施策，把当代中国新价值秩序落实到党和国家的顶层设计当中，落实到具体的各项工作当中，落实到公民个人的日常生活当中，使良好的新价值秩序在中华大地蔚然成风。

一　发挥党和政府的领导作用

践行当代中国新价值秩序是坚持和发展中国特色社会主义事业的体现，党和政府要发挥好带头、引领作用，将新价值秩序实践在政治、经济、文化、社会、生态文明等各方面，彰显中国共产党的先进性和社会主义制度的优越性。党的十九大明确将统筹推进"五位一体"总体布局和协调推进"四个全面"战略布局写入党章。"五位一体"总体布局与"四个全面"战略布局体现着践行当代中国新价值秩序的要求。

在"五位一体"总体布局中，经济建设是各项工作的中心和前提，是其他一切发展的基础，以经济建设为中心，体现出建设"富强"国家的目标。政治建设的推进，是实现人民当家作主地位、保障人民当家作主各项权利的途径，是建设"民主"国家的要求。文化建设是中国发展的软实力体现，通过软实力对社会公众进行硬约束，使中华民族传承五千多年的文明永续发展，是建设"文明"国家的必然要求。社会建设与每个社会成员息息相关，以民主法治、公平正义、诚信友爱、充满活力、安定有序、人与自然和谐相处为总要求，以建设"和谐"中国为目标。生态文明建设关乎民族生存与发展大计，将它纳入中国特色社会主义事业"五位一体"总体布局，为建设"美丽"中国而努力。生态文明是当代中国新价值秩序的题中之义。生态文明建设是一项功在当代、利在千秋的长期事业，从现在做起，常抓不懈，为子孙后代留下绿水青山，保护好中华民族的美丽家园。

"四个全面"战略布局包括：全面建设社会主义现代化国家、全面深化改革、全面依法治国、全面从严治党。20世纪70年代末80年代初，邓小平提出"小康社会"的理念；党的十六大提出要"全面建设小康社会"；党的十八大提出，2020年要"全面建成小康社会"；党的十九届五中全会提出，"确保如期打赢脱贫攻坚战，确保如期全面建成小康社会、实现第一个百年奋斗目标，为开启全面建设社会主义现代化国家新征程奠定坚实基础"。[①] 从全面建成小康社会，到全面建设社会主义现代化国家，无不充分反映了社会主义的本质，体现了共同富裕的要求，展现了党和国家始终坚持以人民为中心的发展理念，是当代中国新价值秩序的具体落实，也是中华民族伟大复兴中国梦的具体实践。

共同富裕不只是吃饱穿暖，还有着更高的要求，包含着人民群众对美好生活的追求。全面深化改革要认真总结改革开放的成功经验，坚定不移地走中国特色社会主义道路，不断推动社会主义制度的自我发展与完善。中国发展前进道路上遇到的阻碍，需要通过深化改革来解决。改革必定会触及一部分人的利益，会产生一定的阻力。习近平总书记说，改革进入深水区，"容易的、皆大欢喜的改革已经完成了，好吃的肉都吃掉了，剩下的都是难啃的硬骨头"。[②] 这更要求我们坚定信心和决心，"胆子要大、步子要稳"，为了国家和民族的长远发展，为了最广大人民群众的根本利益，全面深化改革必须进行到底。

全面依法治国是指国家的治理依托法律，而不以个人意志为转移。法律要符合人民意志与社会发展规律，这样才具有权威性。法治是治国理政的基本方式。法治和民主结伴而生，人民性内在地要求它有如下特征。首先，有一套良好而健全的法律制度。无论是作为个人的公民，还是作为集体的政党，其活动都纳入法律的轨道，对法律权威的信仰已经建构起来。其次，民主已实现制度化、法律化。坚持民主集中制，既能

---

① 《中国共产党第十九届中央委员会第五次全体会议文件汇编》，人民出版社，2020，第5页。
② 《习近平谈治国理政》，人民出版社，2014，第101页。

防止过分民主导致的无政府主义，又能防止过分集中导致的专制主义。最后，公共权力的行使受到两方面的限制：一是权力的主人即人民的限制，公共权力的运用必须得到人民的许可；二是公共权力必须以法律所规定的范围、方式和方法来行使，以法律为圭臬。中华人民共和国是工人阶级领导的、以工农联盟为基础的人民民主专政的社会主义国家，坚持人民代表大会制度，人民依照法律规定，通过各种途径和形式，管理国家事务，管理经济和文化事业，管理社会事务。党的领导、人民当家作主、依法治国三者是有机统一的。全面依法治国及其"法治"理念既是当代中国新价值秩序的内涵，又是践行当代中国新价值秩序的重要保障。

办好中国的事情，关键在党。全面从严治党是协调推进"四个全面"战略布局的关键。只有搞好党的建设，党员始终保持自身先进性，党的指挥与领导才能掷地有声。党纪严于国法，全面从严治党是对广大党员干部的严格要求，用法律和党规党纪规范自身行为，严以律己。严查一切滥用职权与贪污腐败现象，保证党员队伍的纯洁性，提升党的领导能力与服务水平。践行当代中国新价值秩序，党员要做表率。很显然，社会主义核心价值观关于公民个人的要求"爱国、敬业、诚信、友善"，对广大党员干部同样适用，并且要比普通群众做得更好。只有全面从严治党，"富强、民主、文明、和谐、美丽"的国家目标的实现和"自由、平等、公正、法治"的社会目标的实现，才有最坚强的保证。

二　有效运用新媒体

现代信息通信技术飞速发展，（移动）互联网、手机等移动终端普及，一系列应用软件应运而生，特别是微博、微信等软件的用户拥有量激增。微博、微信作为新媒体，融合文字、视频、图片等功能于一身，冲破了传统媒体的一元化传播方式，丰富了传播方式向多元化发展。这些新媒体，负载的信息量大，传播速度快，传播面广，内容和形式都比较有趣，极大满足用户的个性化需求，有着庞大的受众群体，对社会大众具有很强的影响和导向作用。践行新价值秩序，要利用好与人们的日常生活密不可分的新媒体的力量。

微博与微信都是现在使用率较高的社交软件，微博具有微信所没有的热点新闻整合与话题讨论等功能，对于用户观点发表的传播度更广。微博的热点新闻搜索榜排序，一方面是由每日新闻的影响力来决定，另一方面受到用户搜索点击率的影响。因此，微博运营平台要多为用户投放新价值秩序等相关内容，增加对新价值秩序等内容的阅读量，进而提高用户在微博搜索关键字与相关内容的频率，提升话题在热搜榜上的排名，增加新价值秩序话题的曝光度，让更多用户能够看到相关话题。微博中粉丝数量庞大的用户具有很强的影响力，微博平台应提升用户的思想自觉，利用好名人效应，鼓励粉丝拥有量较多的用户多推送与新价值秩序相关的微博，多推荐相关文章与书籍，鼓励他们参与新价值秩序的传播和宣传。此外，还可以建立与新价值秩序相关的话题，鼓励用户积极交流讨论，在话题专题下整合新价值秩序相关的文章与视频等，收集用户的观点与问题，定期邀请相关专业人士来为用户答疑解惑，让用户对新价值秩序的内容有清晰的理解与认识。

微博上信息庞杂，用户每天都可以接收到大量的信息。对于未成年人来说，价值观还不成熟，对信息的辨别能力不强，容易受到不良信息的诱导，对未成年人成长不利。微博平台可以根据用户年龄来分类，对信息进行过滤筛选，选择性地对未成年用户推送信息，并且要限制未成年人对一些功能的使用。为鼓励用户对新价值秩序的宣传与学习，微博平台应建立起无门槛的奖励机制，根据点赞数量与评论质量等因素来确定相应的奖励，对于积极宣传新价值秩序的博主，根据粉丝数量以及微博影响力来给予物质或者精神奖励，对于积极在新价值秩序相关微博动态与话题下参与讨论的用户，根据发言质量，选出优质评论，给予一定数额的货币奖励或者电子勋章等。在相关话题讨论下设置用户等级制度，用户可以通过每天打卡签到、浏览数量、转发评论等来提升自己的微博等级，不同等级可以对应不同的新增功能奖励。此外，微博应设置评论审核后公开的功能，用户的评论在经过微博发布者与微博平台审核后才会公布出来，这样可以减少不良信息对网络环境带来的消极影响。

对微信而言，可以利用好微信公众号的功能，鼓励各公众号推送与新价值秩序内容相关的文章，并增强与用户的交互性，注重对用户评论的采纳收集，并且要对用户所提问题与观点进行及时反馈。微信公众号发布的文章集文字、图片、视频、音频于一体，要利用好丰富多样的功能，让文章与图片、视频以及音频相结合，增强文章的趣味性与可读性，让文章通俗易懂。社会各方应利用好微信群聊功能，在群内积极讨论与新价值秩序相关的问题，多分享新价值秩序相关内容的文章。鼓励单位开设微信公众号，把践行新价值秩序与单位的思想建设、团队建设结合起来，推动形成良好的社会风尚。

微信是一款隐私性较高的社交软件，微信用户只能看到自己列表中好友发布的信息，只能看到自己关注的公众号的推送消息。微信平台可以在保障用户隐私的前提下，将部分用户发布的高质量朋友圈内容推送给更多用户，对于用户发布的对新价值秩序内容相关的朋友圈动态，选出质量优秀的内容，在征求发布用户的同意后，将朋友圈内容推送给陌生用户，并且根据朋友圈的点赞与浏览量等指标对发布用户进行奖励。如果陌生用户不接受列表好友之外的朋友圈内容，也可以选择单方面取消功能。微信可以将新价值秩序相关内容进行整合，选择用户的高质量朋友圈内容以及公众号的优质文章，在经过作者本人同意后进行汇总，并开设相关专栏，用户通过搜索关键词可以查看专栏内信息。被选入专栏内的文章与内容，微信平台可以给予相应的奖励，并且积极发布招稿信息，鼓励用户创造出高质量的内容。微信小程序功能是微信在近几年新推出的功能，还在不断地成长与完善，并且可预见未来发展势头会越来越好。将新价值秩序的宣传与小程序相结合，设计出相关游戏，相关故事集、影集等小程序，让用户在亲身体验中真正理解、接受、践行当代中国新价值秩序。

践行新价值秩序，新媒体要坚持正确的价值导向，加强平台管理。微博与微信等平台要将当代中国新价值秩序作为自身的价值取向和价值规范，引导平台与用户传播积极、健康、向上的内容，对于一些违规违法行为要严厉打击。2018 年，"内涵段子"客户端及其微信公众号由于发布低俗信息，传递不良价值导向，被国家广播电视总局责令永久关停。微博与微信等新媒体的使用门槛低，容易成为不良价值观和不良价值行为的传播地，软件平台首先要做到遵纪守法，和相关职能部门一起，加强对平台用户信息的监督管理，维持良好的新媒体环境和氛围。

微博要利用好大数据整合功能，在发现违规信息之后，微博平台通过大数据信息监管，通过违规信息关键词等进行信息筛查，提高对信息的过滤能力。微博平台要加快对用户投诉的处理效率，及时处理用户投诉信息，提高对违法违规信息及用户的封禁，并且对用户投诉设置相应的奖惩机制，对于为净化网络环境做出贡献的用户，平台要给用户相应奖励，同时，对于恶意投诉导致占用资源的用户，平台应进行相应的惩罚，通过平台与用户相结合的方式，共同监督网络环境的健康运行。微博平台应对用户开展网络信息安全教育，设置相应专题，并且对用户增加网络安全教育相关信息的推送量，对违反平台信息发布规定的用户，要对其账号进行短期内封停，并且责令用户阅读平台信息发布规则条例，在通过条例内容测试之后，在规定时间解封用户账号。对于严重违反平台规定并且触犯法律法规的用户，微博平台要主动联系警方或相关部门，加强打击力度。

微信平台也要提高管理力度，对于用户投诉积极处理，除电话客服外要加设在线客服，方便用户使用，以及方便平台管理。微信先前停用了"漂流瓶功能"，就是因为里面充斥着大量不良信息，因此，平台要了解用户需求，定期向用户推送问卷，了解用户对每项功能的使用感受以及提出的改进意见，平台要积极采纳用户建议，定期对每项功能进行整改。对于用户在朋友圈发布的内容及评论增加举报功能，及时发现违法违规言论，并根据相应条款对用户进行处罚。对于发布违规信息的公众号，微信平台要根据其行为的违规程度，对公众号进行限制功能、封号等处罚，对于公众号文章中的用户违规评论，平台要保护公众号主体的合法权益，对违规用户进行处罚。要严厉打击在朋友圈以及公众号中散布谣言的行为，加强用户对信息的识别能力，以及加深对相关法律法规的了解，做到不信谣，不传谣。

践行新价值秩序，新媒体要积极做好平台信息建设。新价值秩序的践行不是单方面的努力，需要社会各界的合力支持，微博、微信作为信息媒介要大力发展自身信息建设，与社会多方对接，与不同的社会主体一起为践行新价值秩序助力。政府部门可以在微博平台开通专门的微博账号，用来发布相关政策信息，利用微博平台的传播功能，让社会大众及时了解到最新政策和权威信息。同时，政府部门可以利用微博来丰富问政方式，缓解电话、线下等问政方式的工作压力，使工作高效便捷，更好地服务人民群众，对新价值秩序的践行起到良好的带头作用，将新价值秩序落到实处。学校可以开通专属的微博账号，将学校的学风建设成果与精神文明建设成果展示在微博中，让学生在使用微博的同时，也能学习到新价值秩序的相关内容，无形中引导学生养成良好的道德品行，树立良好的世界观人生观价值观。

就微信来说，政府可以开设微信公众号，定期推送政策信息、时政要闻、权威发布等。利用公众号的资源整合功能，向用户推送新价值秩序的相关内容。同时，可以将公众号与微信小程序相结合，通过公众号开展业务的线上办理，简化办事流程，为人民群众省时省力服好务，同时也有利于节约国家资源，提升政府形象。学校开设微信公众号，可以方便组织对学生学习的管理以及思想道德建设。2020 年初，面对突如其来的新冠肺炎疫情，学校纷纷采取停课措施。学生通过微信群聊功能签到，交作业，通过微信小程序功能上网课，在家隔离的同时也能保证正常学习。新媒体作为信息传播的载体，已经融入每个人的日常生活、学习和工作，充分利用新媒体为人们提供便利，本身也是践行当代中国新价值秩序的生动体现。

三　以文艺为重要载体

文以载道，当代中国新价值秩序本属于抽象的东西，通过文艺作品的展现可以让其变得形象、生动，变得有温度。常见的文艺作品形式主要有：歌舞、动画、电影以及文学作品等。时代不断变化发展，随着大众主流审美的更新，文艺作品也必须与时俱进，不能故步自封。

随着我国对社会主义文化建设的不断重视，一大批富有正能量、传递社会主义核心价值观的优秀电影涌现。这些新时代的主旋律电影是对中国社会的深刻表达和真实再现，集教育性、时代性、政治性于一身，作为一种独特的"语言"，向广大观众讲述何为中国梦、何为新时代、何为以人民为中心、何为社会主义核心价值观等。例如电影《我和我的祖国》，用小人物讲大故事，用小人物还原当时普通民众的生活。这些普通的人和事，汇聚成了中华民族的历史，同荧幕前的你我一样，大家都是中国平凡而伟大的建设者、参与者。电影拉近了与观众的距离，勾起对过去的集体记忆，让人产生强烈共鸣。再如电影《流浪地球》，讲述的是人类为了自救，防止地球被太阳吞噬，制定出一个"流浪地球"的计划，让地球离开太阳系，让人类能够继续生存下去。这部电影以科幻的形式告诉人们，地球是人类共同的家园，世界不分国家、种族、民族，都是相依相靠的命运共同体。电影《红海行动》根据真实事件"也门撤侨"改编，讲述了蛟龙突击队在护送华侨撤离时，为解救一名人质，潜入恐怖分子聚集地，与之殊死搏斗的故事，展现出中国军人不怕牺牲、不畏艰难、英勇顽强的意志品格。党和国家始终把人民生命安危放在首位，中国军人不抛弃不放弃，不惜一切代价保护、拯救每一个中国公民。通过《红海行动》，大家为自己是一个中国人而自豪，也深知，哪有什么岁月静好，只是有人为你负重前行，对党和国家的认同感、归属感不断增强。

文学是文化的记录者，是文明的守护者。文学作品在对新价值秩序的践行中具有重要作用，作为一个多样性、包容性、时代性的文化载体，使新价值秩序深入人心。中华民族是一个有着深厚内涵底蕴的民族，五千多年的悠久历史孕育出屹立于世界民族之林的这棵参天大树。上古神话，诸子百家，两汉经学，魏晋玄学，唐诗宋词元曲，明清小说，再到现当代文学，代代相传，经久不息，融入中国人的血液，培养了中国人的民族性格。中华优秀传统文化与革命文化、社会主义先进文化是相互交融的。文学作品要把它们呈现出来，表达出来。譬如，把红色基因注入文学作品，雷锋、焦裕禄、邓稼先等是我们的民族英雄，要通过文学的方式讲好雷锋故事、焦裕禄故事、邓稼先故事等。1990 年 7 月 15 日，时任福州市委书记习近平同志作《念奴娇·追思焦裕禄》："魂飞万里，盼归来，此水此山此地。百姓谁不爱好官？把泪焦桐成雨。生也沙丘，死也沙丘，父老生死系。暮雪朝霜，毋改英雄意气！依然月明如昔，思君夜夜，肝胆长如洗。路漫漫其修远矣，两袖清风来去。为官一任，造福一方，遂了平生意。绿我涓滴，会它千顷澄碧。"[1] 这首词情真意切，感人肺腑，既是对焦裕禄和焦裕禄精神的最好纪念，更是表达出习近平

---

① 《平"语"近人——习近平总书记用典》，人民出版社，2019，第 20 页。

同志的为民情怀和崇高境界。

反映时代精神的文学作品，要注重对文学评论的吸收和借鉴，让文学作品更加符合大众审美。文学评论是一面镜子，是引导文学创作的重要力量，文学作品的好坏不能仅由作品的点击量与发行量决定，对文学作品的评判权应该交到人民群众手中，让人民群众真正选择自己喜爱、适合自己的文学作品。国家应出台相应奖励措施，对人民群众真正喜爱的文学作品进行表彰，鼓励作者创造出更多适合人民群众的作品。同时，应加强对民众的价值观引导，提升大众审美情趣，全面看待作品，勇于坚持真理，防止对作品片面化的评价，将群众评价与专家评价相结合，构建起科学合理的文学评价体系。在互联网时代，网络文学兴起。我们要将新价值秩序融入网络文学，培养作者的责任意识，树立正确的价值观，积极传递社会正能量。

以前，我们认为，动画作品的受众群体为儿童，现在的动画经过一系列的创新，受众群体越来越广。传统的宣传方式主要有报纸、杂志、海报等，无论在时间上还是在空间上，都有一定的局限性。过去的动画作品，如《大闹天宫》《女娲补天》《精卫填海》等，通过栩栩如生的画面向世界传递了中华民族的传统文化故事。随着中国动画制作技术的不断成熟，从二维到三维再到虚拟现实（VR）技术的应用，画面更加精致，配色、配乐更加符合现代审美，还会在画面中加入时尚元素，并请知名演员来配音，不断满足广大观众的时尚化需求。例如 2019 年热映的动画电影《哪吒之魔童降世》，制作精良，故事选材于在我国家喻户晓的"哪吒闹海"，是中华优秀传统文化和新时代新价值的有机融合。哪吒为百姓甘愿牺牲自己，保全大家平安，面对外敌入侵，能够挺身而出，保家卫国，这无不体现出一种心怀大爱的家国情怀。《哪吒之魔童降世》以 7 亿美元的票房成绩位居 2019 年全球电影票房榜第 11 名，获得了票房和口碑双丰收，取得了社会效益和经济效益双赢，并且让中国文化、中国价值走向世界。《梦娃》以泥人张的泥塑"梦娃"为人物原型，来讲述社会主义核心价值观。穿着花衣服的胖乎乎的小姑娘梦娃，富有亲和力，人物的形象融入了中国传统文化元素，整部动画以青少年的视角生动诠释了社会主义核心价值观，并且制作成广告片在中央台和地方各台播放。"国是家，善作魂，勤为本"，《梦娃》对青少年从小树立良好的价值观有很好的促进作用。通过动画，讲好中国故事，把当代中国新价值秩序生动表现出来。与此同时，我们还可以围绕优秀的动画作品，开发出更多的文创产品，譬如服饰、文具、明信片、邮票等各类衍生品，这既能创造更大的经济价值，又能让新价值秩序飞入寻常百姓家。

四　重视学校的价值观教育

雅斯贝尔斯认为，教育本身意味着，一棵树摇动另一棵树，一朵云去推动另一朵云，一个灵魂去唤醒另一个灵魂。教育如同一双无形的大手，致其灵魂深处，由内而外地塑造和感染人。以社会主义核心价值观为主体内容的当代中国新价值秩序是中华民族伟大复兴的重要精神力量，对青少年的人格塑造起到潜移默化与持久深远的作用。

《幼儿园教育指导纲要（试行）》总则中明确提出："幼儿教育是基础教育的重要组成部分，是我国学校教育和终身教育的奠基阶段。"幼儿教育时期是一个人第一次进入学校教育的时期，也是道德品质与个人素养形成的初始时期。道德品质与个人素养的培养与塑造需要一个过程，在这个过程中，教育便成为影响人品质与素养形成的主要力量。幼儿园在开展幼儿智力发展的同时更要注重人格品德的塑造，将当代中国的新价值规范从小植入心中，对园方来说，营造出良好的学习氛围尤为重要。根据幼儿学习的特点，譬如在园内张贴故事图画，用简单易懂的方式将中国梦、社会主义核心价值观等内容呈现出来。在日常教学过程中，可以将社会主义核心价值观的基本内容加入识字课、图画课与剪纸课中，用经典儿歌编排幼儿舞蹈。在入园前，家庭是幼儿的第一课堂，父母是孩子的第一任老师，园方应该加强与家长的紧密联系，让家长在家庭教育中注重对孩子核心价值观的教育引导，从小培养孩子对中华优秀传统文化、传统美德的学习。更重要的是，家长要身体力行，为孩子做好榜样。

自古英雄出少年，梁启超在《少年中国说》中讲道："少年智则国智，少年富则国富，少年强则国强，少年进步则国进步。"在小学阶段，少年儿童身心较幼儿时期成熟一些，但社会阅历和学习能力都还很有限，对社会主义核心价值观的基本内容等以感性记忆为主。随着少年逐渐长大，知识积累，对社会主义核心价值观的基本内容等的理解会逐渐清晰。

学校可以组织背诵活动，让学生对中国梦、社会主义核心价值观等内容进行背诵，举办朗诵比赛、知识竞赛，激励学生主动学习的兴趣。此外，学校可以在班级与教学楼张贴关于社会主义核心价值观等内容的宣传标语，时刻提醒学生以此律己。榜样心中留，就是要心中有榜样，学习伟大人物、先进典型的光荣事迹，学习中华民族传承五千多年的传统美德。"古之立大事者，不惟有超世之才，亦必有坚忍不拔之志。"（《晁错论》）放眼古今，大有作为之人在年少便能有坚定之志。历史长河中涌现了大批英雄人物，其中不乏少年儿童。《小兵张嘎》《草原英雄小姐妹》《鸡毛信》等作品讲的就是少年英雄的故事。学校可以组织集体观影，让学生感受英雄品质，鼓励学生向英雄学习，进行"最美少年"等荣誉评选活动。

"不积跬步，无以至千里；不积小流，无以成江海。"（《荀子·劝学》）让少年儿童从自身做起，从身边一点一滴的小事做起。大德是从小德开始养成的，学校应注重细节上对学生的品德培养，在家要孝亲敬长，在学校要与人为善，在社会上要遵守社会公德。老师可以组织学生每天对自己的行为进行总结，例如，今天在家孝敬父母了没有，对同学有没有关心等，使学生养成自我反思的好习惯，让学生主动修身自省。虚心受教，就是要能够虚心接受别人对自己的评价，能接受得了批评，认识到不足之后虚心改正。金无足赤，人无完人，每个人都会有缺点与不足，有了错误并不可怕，知错能改就是好样的。教育不仅是传授知识，更是春风化雨对一个人品格的培养。老师要让课堂不仅是教书的课堂，更是育人的课堂，将社会主义核心价值观带入课堂，带入课外活动，让少年儿童在学到知识的同时，培养出高尚人格和良好品格。

步入中学阶段，青少年学生的生理和心理较以前发生了较为显著的转变，既有个体意识发展的意愿，又有归属集体的诉求。在这一时期，青少年思想还不成熟，虽然对事物有了自己的见解，但容易受到外界影响，稍有不慎就会误入歧途，因此学校与家长都要做好积极引导。譬如关于社会主义核心价值观的认识，中学生已经能够理解其字面含义，并且对具体内涵有了一定的自我理解和自我认知。如果一味采用灌输、"填鸭式"或"训导式"，往往适得其反。我们要通过鼓励参与和讨论的方式、鼓励自我学习和思考的方式，打开中学生的心灵窗户，在对历史的学习中了解中国的过去和现在，把握未来，在社会实践中体会和感悟中国梦、新时代、社会主义核心价值观等一系列的价值理念，真正从内心认同当代中国新价值秩序。2020年年初暴发的新冠肺炎疫情，使全国学校都实行在家上网课的教育形式，这给学校的价值观教育提出了新课题，也创造了新机遇。学校可以利用互联网资源，教师对教学内容进行资源整合，将新时代新价值的相关优秀视频、优秀文章、漫画等资源穿插进日常教学课堂中，使社会主义核心价值观的内容更贴近中学生的兴趣和日常。

大学阶段是人生独立成长、成熟的重要阶段。对中国的孩子来说，高中之前的教育紧，进入大学后的教育松。其原因是多方面的，譬如中国或者说东方的家庭是"家长式的"，在步入大学之前父母管教严厉，介入孩子的生活、学习、情感等方方面面，进入大学对孩子来说意味着"解放"，远离父母的"束缚""唠叨"；再如中国高考是"万人过独木桥"，这导致高中之前，特别是高中阶段学习紧张，学校、家庭都抓得紧，考上大学后孩子有一个"释压"，甚至"反弹"的效应；另外还有孩子自身认为进入大学就成年了，自我意识、独立意识强烈；等等。这恰恰给中国的大学的价值观教育带来很多挑战。很多情况下，大学生成为西方意识形态渗透，西方错误价值思潮试图接近、侵蚀的主要对象。加之我国正处于快速发展时期，发展中也的确产生了一些问题，有的大学生容易"钻牛角尖"，走进"死胡同"，接收社会负面新闻、负面情绪较多，从而导致自身价值观"走偏"。

有理讲理，大学的价值观教育更是如此。拥抱真理，才能树立正确价值观。只有掌握丰富的知识，拥有丰富的阅历，才能更全面、准确、深刻理解中国价值的含义，才能从内心深处认同当代中国新价值秩序。大学的思政教育肩负"立德树人"，培养合格社会主义接班人的重任。思政教育不能照本宣科地念课本、念课件，要把中国的历史讲透、中国的现实讲透，要把社会主义核心价值观的践行具体到人、具体到事，具体到身边的人、具体到身边的事，让思政课不再冰冷沉闷，而是变得有亲和力感染力。在授课模式上多融入启发式教学、情景教学，增强课堂的互动性。在立足于课堂的同时，高校党委应加强组织与领导能力，树立创新意识，与时俱进，不断改进引导青年大学生培育和践行社会主义核心价值观的方式方法，加强校园文化建设，让社会主义核心价值观融入课堂的同时还要体现在课余活动中，形成良好的学习生活氛围、文化氛围、舆论氛围。2007 年以来，团中央联合教育部在高校组织实施的"青年马克思主义者培养工程"，对加强青年的政治引领，树立正确的世界观人生观价值观，坚定共产主义理想信念，发挥了积极作用，产生了重要影响。

五　把新价值秩序融入社会治理当中

社会组织有着很强的价值凝聚功能，是培育和践行当代中国新价值秩序的重要推动力量。将新价值秩序融入社会治理，是保证社会和谐稳定、人民安居乐业的重要举措。社会组织分为政治组织、经济组织、文化组织等，发挥好社会组织的功能，把新价值秩序落实到社会治理的方方面面。

社会治理是国家治理的重要方面，不同于西方治理中的社会自治。中国的社会治理强调共同性，共建共治共享，是党委领导、政府负责、民主协商、社会协同、公众参与、法治保障、科技支撑的社会共同治理模式；西方的社会治理强调个体性，自组织自管理自享有，试图在"失效市场"和"失败国家"之间找到一种自我优先、主体多元、权力平行、契约制衡的社会自我治理模式。正如英国学者鲍勃·杰普索指出的："自组织没有用非资本主义的原则取代市场原则，也没有在市场与国家之间（更谈不到在资本与劳动之间）引进一个中性的第三者。它反而增加了一个资本主义的种种难题、矛盾和对抗得以充分表现的领域。"① 在西方的社会自治条件下，新的多元化的治理主体摇摆在政府与市场之间，天生具有不可避免的软弱性，治理常常是失效的。

让社会组织助力新价值秩序建设，首先要听从党和政府的领导，维护社会稳定和国家长治久安。《中共中央关于加强党的执政能力建设的决定》明确指出，要发挥好城乡基层自治组织的作用，为广大人民群众排

---

① 〔英〕鲍勃·杰普索：《治理的兴起及其失败的风险：以经济发展为例的论述》，漆蕪译，《国际社会科学杂志》（中文版）1999 年第 1 期。

忧解难，化解矛盾，将社会管理与社会服务相结合。党的十七大提出，要增强社会组织的自治功能，社会组织要切实反映群众诉求，并扩大群众参与度。党的十八大提出，要加快社会管理体制的建立和完善，将党的领导、政府执行、社会公众协同参与以及法律法规保障相结合，促进社会管理体制建设。基层群众性自治组织是建立在中国社会的最基层、与群众直接联系的组织。它的具体形式是居民委员会或村民委员会。同时，街道、乡镇党的基层组织和社区、村党组织，领导本地区工作，保证群众自治组织充分行使职权。其中，搞好社区治理是创新社会治理的重要突破口。面对突如其来的新冠肺炎疫情，社区是疫情防控的第一线，对我们坚决打赢疫情防控阻击战起着关键作用。社会组织分为在登记管理机关（民政部门）登记的法人社会组织和在基层备案的社区社会组织，如学会研究会、协会商会、基金会、福利院、社区的志愿服务队、文艺演出队等。人的本质是一切社会关系的总和，每个人都处在一定的社会网络当中。根据亲缘、地缘、人缘、乡风民俗、共同志趣、行业职业、特长爱好等，把不同的个体集合到基层群众性自治组织和社会组织中来，形成有效的社会治理共同体。

在践行新价值的过程中，社会组织要发挥好自身建设的作用。《中共中央关于全面深化改革若干重大问题的决定》指出："激发社会组织活力。正确处理政府和社会关系，加快实施政社分开，推进社会组织明确权责、依法自治、发挥作用。"① 为了进一步推动新价值秩序的践行，社会组织应重视自身建设，开展自我教育，强化自我发展。社会组织应树立社会服务意识与公益理念，将新价值秩序作为社会组织工作人员与志愿者的价值导向。定期对工作人员进行思想培训，将社会主义核心价值观牢记于心，实践于行，实现工作技能与道德素质共同提升的目标，强化人员责任理念。坚持以人为本，立足社会服务真实发展需要，开展社会组织工作人员能力建设，建立完善推优评先制度，积极引导工作人员提升自身业务水平，也要对消极怠工的工作人员进行批评教育。同时，社会组织应加强内部控制建设，完善财务公开制，人员追责制，让组织运行更加健康、透明，增强社会认可度。武汉暴发新冠肺炎疫情后，社会

---

① 《中共中央关于全面深化改革若干重大问题的决定》，人民出版社，2013，第50页。

各界纷纷通过红十字会捐款捐物,支援武汉。但是武汉红十字会却暴露出一系列问题,如有的物资在仓库发霉变质,却没有分发到急需的医院和群众手中,有的善款去向不明,账务记录混乱,钱款数目无法与账务清单对应,人员责任划分不清晰等。这些行为严重损伤人民群众对红十字会等慈善机构的信任度,严重影响社会组织的正面、积极形象。作为社会组织的工作者、参与者,要提升道德素质与职业操守,对自身职业定位认识清晰,明确社会组织工作的利他性,将新价值秩序体现在工作中,恪守爱岗敬业精神,心系社会,全心全意服务人民群众。社会组织应该明确人员权责划分,提高工作精细化水平,秉持公开透明原则,落实每笔社会公共款项的用途去向,凭证保存完整,明细账与总账记录清晰,增加民众信任感,及时化解过去信息披露透明度不高给社会公众造成的误解,通过实际行动争取社会各界支持,提升社会公信力。

践行新价值秩序,社会组织不仅要融进自身建设当中,更要做当代中国新价值秩序、社会主义核心价值观的推广者。社会组织要把弘扬中华优秀传统文化、传播新价值秩序、提升中国文化软实力作为自己的活动内容。社会组织的公益性决定其要对人民群众中的弱势群体和需要帮助的人进行帮扶,这本身就是践行新价值秩序、发扬中华优秀传统文化的具体表现,并且能够起到很好的引导和示范作用。社会组织要扎根基层,深入基层,了解广大人民群众的真实需求,奉献大爱,温暖人心。利用好网络的宣传作用,营造构建新价值秩序人人有责的氛围,让人民群众感受到新价值秩序的影响力和穿透力。社区要定期开展学习教育活动,先进典型积极向居民宣传新价值秩序的内容,以身示范,让居民感同身受,感受到新价值秩序就在自己的日常生活中,营造起构建新价值秩序的生活氛围。加大对教育的投入,加强对贫困地区教育资源的帮扶,助力“科技强国”“文化强国”的战略目标,让新价值秩序走进校园,让社会主义核心价值观扎根青少年心中。另外,有一类行业协会的社会组织,随着社会主义市场经济的发展,政府逐渐与这些行业协会脱钩,完成“行政化”向“市场化”的转变。行业协会要为市场主体服好务,以新价值秩序为价值导向,引导市场主体遵守市场经济规则,构建行业自律风气,帮助企业连接市场,与政府沟通,了解和研判市场行情,促进公平诚信经营,促进社会主义市场经济稳定繁荣。

六　用法律制度保障新价值秩序建设

习近平总书记指出："要用法律来推动核心价值观建设。"[①] 一方面，当代中国新价值秩序、社会主义核心价值观作为先进的价值理念，需要融入我们的法律法规当中，融入我们的行业规章制度当中，融入市民公约、乡规民约、学生守则等行为准则当中。另一方面，培育和践行当代中国新价值秩序、社会主义核心价值观，需要用法律法规的硬约束来保障实施的具体成效。

在立法环节中融入社会主义核心价值观，从根本上树立当代中国新价值秩序的引领作用，让社会主义核心价值观成为法治建设的重要思想内核。譬如，建立健全生态文明保护机制，完善公平的市场保护机制，完善道德问题立法，建立健全文化法律制度，等等。2018 年 3 月 11 日第十三届全国人民代表大会第一次会议通过的《中华人民共和国宪法修正案》，将倡导社会主义核心价值观写入宪法，为把社会主义核心价值观融入法治建设提供了立法保障，体现出立法坚持党中央的统一领导，坚持核心价值观的价值引领，体现出法治社会的诉求，让新价值秩序有法可依。

中共中央印发的《社会主义核心价值观融入法治建设立法修法规划》强调，社会主义核心价值观入法的推行，是一项重要且艰巨的任务，要对社会主义核心价值观入法提高关注，加强督促与检查工作，并通过实际行动进行推动与贯彻落实。其中，明确五个基本原则：坚持党的领导、坚持价值引领、坚持立法为民、坚持问题导向、坚持统筹推进。在《中华人民共和国民法总则》中，生态文明与人类命运共同体所要求的节约资源、保护环境等内容均有体现。将考试作弊纳入刑法，体现出社会主义核心价值观中公正、法治、诚信等价值理念。我们要继续加强社会民生领域的立法，围绕劳动就业、医疗体系、教育教学以及社会援助等方面，将新价值秩序融入法律法规的建设中，充分发挥

---

① 《习近平谈治国理政》，外文出版社，2014，第 165 页。

先进的社会价值观的规范、引领作用，使人民群众将价值规范内化为自身的精神信念，外化自身的实际行动，进一步增强全体民众的法治观念和法律意识。

在社会主义法治建设中，严格执法是重要内容之一。在执法环节中秉持公正严谨的原则，才能保证法律的切实执行。严格执法是依法治国的体现，在严格执法环节中融入新价值秩序，是将依法治国与以德治国相结合的有效途径，法律为新价值秩序提供制度保障，新价值秩序为法律提供价值指引。在执法过程中加入道德考量，体现出中国特色社会主义法治建设的先进性。在现实生活中，执法过程中会出现有法不依、有法不施、执法无权等问题，导致执法表面化的现象。应促进新价值秩序对执法环节的融入，对执法人员进行社会主义核心价值观教育，让"公正、法治"的价值理念根植于执法人员内心，以保证执法人员在执法过程中能够坚持公平正义，认识到严格执法的必要性，保障法律能够得到强有力的执行。随着新价值秩序融入法治建设，一些边缘化问题正在逐渐得到解决。譬如，《中华人民共和国民法总则》规定，捡到别人遗失物不归还被视为不当得利，将捡到巨大数额财产并拒不归还写入刑法，违法者要承担相应刑事责任。针对诚信缺失人员，过去没有相应的法律法规来对文明、诚信等道德失范行为进行严格惩戒，执法难度比较大。针对此类情况，现在设置了失信人员黑名单，必要时采取强制执行手段。新价值秩序的融入使法律更加完善，填补了过去执法过程中存在的空白，使执法无权现象得到极大改善。

在社会主义法治建设中，司法是维护社会公平正义的最后一道防线。如果司法失去公正，那么社会就没有公平正义可言。公正是司法的生命线，是全面依法治国的重要保障。公正司法包含两方面：一是受到侵害的权利一定能够得到维护，二是违法犯罪活动一定会受到制裁。要做到公正司法，就要坚持司法为民、保证司法公开、司法工作自觉接受监督。将新价值秩序的内容融入司法环节，对于保证司法公平正义，维护社会稳定有着积极作用。司法为民就是要站在广大人民群众的立场上，全心全意为人民服务，切实保障和维护人民群众的合法权益。司法部门要注重工作作风的改进，对司法案件认真负责，对人民群众真诚热情，对违法犯罪行为严厉打击。增强对困难群众的关注，完善法律援助体系，解决好人民群众在打官司过程中遇到的各种困难。建立完善的监督举报机制，不仅保障人民群众的合法权益，还要保证司法人员的权益，严厉打击对司法的违法干预行为。保证司法公开，就是要提高司法案件的透明度，让司法在阳光下运行。涉及人民群众利益的案件，除法律规定的特殊情况外，都要对人民群众公开公示，提高人民群众对司法的信任度，提高司法在人民群众心目中的权威。司法机关要提高对自身工作进行公开公示的意识，自觉接受社会各界监督，同时要畅通渠道，运用好网络与新媒体等提升透明化管理水平，对公众提出的问题、困惑要实事求是地进行回应，消除公众疑虑。在司法公开透明的同时，要将"程序公正、罪行法定、疑罪从无、非法证据排除法律制度"等法律原则落到实处，让公正司法有迹可循，让暗箱操作无处可藏。

全民守法就是要广大人民群众成为法律的拥护者，树立起守法光荣，违法可耻的价值观念。全民守法是社会主义法治建设的根基，也是法治中国建设的重要目标。只有广大人民群众从内心真诚拥护法律，信仰法律，法律的权威才得以体现。将新价值秩序融入全民守法环节，使全体人民都成为法律的坚定崇尚者与捍卫者，就要树立起全民法治意识，将普法工作作为一项长期基础性工作，坚持不懈地努力推进。在普法环节，政府部门和党员领导干部要带头守法，以身作则。政府部门坚持依法行政，自上而下，将法治意识层层推进，各单位要多组织以法律为主题的宣传教育活动，提高公职人员的法律意识，规范自身行为，维护政府良好形象，带动形成全社会知法、守法的良好风气。党员领导干部带头遵守法律，尊重法律，对法律怀敬畏之心，不滥用权力，不以权谋私，为公众起到良好的示范作用。加强普法力度，利用好"两微一端"等新媒体，扩大普法范围，让广大人民群众能够了解法律，学习法律，让法律意识根植于心。让普法工作走进校园，让守法从青少年抓起，设立普法课程，开设普法讲座等。

全民守法还要做到完善法律保障体系，保障人民群众依法维权。建立完善的法律保障体系需要建立起覆盖城乡居民的法律服务体系，保证人民群众能够及时有效地获得法律帮助。法律服务就是要站在广大人民群众的立场上，帮助群众克服在依法维权道路上遇到的困难，让法律真正为人民群众服务。只有让人民群众切实感受到法律对自身合法权益的保护，人民群众才会从心底拥护法律，认同法律的权威性，才能在日常生活中尊法、守法、用法。坚决遏制、严惩各种"托关系、走后门"的乱象，保障受害人的合法权益，让法律成为人民群众的守护神。完善人民监督机制，让权力在阳光下运行，提升人民群众对法律的认同和信任，让法治理念深入人心。

结语 "普世价值"批判与凝聚当代 中国价值共识

近些年来，西方所谓"普世价值"在国内产生较大影响，对主流价值观产生冲击，我们必须揭露其本质，防止对我们的工作造成干扰。概括而言，"普世价值"在哲学根据上，故意混淆价值的普遍性和普遍主义，把美国及西方对"自由、民主、人权"的特殊性定义抽象为普遍性原则，并作为唯一标准强加于他者。事实上，在资本逻辑的作用下，西方社会各阶层处于分裂和对立状态，"普世价值"只是资产阶级编织的一个"神话"。当代中国虽然仍处于并将长期处于社会主义初级阶段，但我们始终坚持人民主体地位，始终保持价值主体的根本利益和需要的一致性，从而奠定了价值共识的根本基础。在坚持人民主体、以人民为中心的同时，坚决抵制"普世价值"等错误社会思潮，对于在社会主义现代化实践中逐步形成社会主义核心价值观的共识具有重大意义。

一 "普世价值"的理论根据是错误的

改革开放以来，随着经济社会快速发展，人们的生产生活发生深刻变化，在社会价值观领域表现出多元多变的特征，多种国外社会价值思潮乘虚而入，主流价值观受到前所未有的冲击和挑战。其中，西方所谓"普世价值"最具迷惑性和鼓动性，特别容易混淆视听，扰乱人们的头脑和思想。在《人民论坛》主办的"中外十大思潮调查评选"中，"普世价值论"长期居于第五、六位，"虽然广受批评，但仍有不少支持者"。只有从理论上彻底揭示"普世价值"的错误根据，连根拔起，才能将"普世价值"彻底击溃。

（一）价值的普遍性不等于普遍主义

西方宣扬的"普世价值"，如"自由、民主、人权"，似乎在概念名称上抢占了道德表述权和制高点。对于普通民众来说，更容易（一般也停留于）从直接感受性出发了解、接受概念，那么，"自由"当然是个好东西，"民主"当然是个好东西，"人权"也当然是个好东西。我们批判"普世价值"，往往让人们觉得是在批判"自由"、批判"民主"、批判"人权"，难道我们要反自由、反民主、反人权吗？在这一点上，"普世价值"给普通民众造成很深的错觉和很大的困扰。为什么会导致这样的局面？从学理根源上看，症结在于其故意模糊了价值的普遍性和价值的普遍主义。"普世价值"以西方民主制度为理论依托，极力渲染"现代化道路只有一条，现代国家的构架只有一种，核心价值观只有一个，那就是已经定型的资本主义制度及其核心价值"。醉翁之意不在酒，他们鼓吹"普世价值"，就是鼓吹"全盘西化"，就是要从制度上照搬西方。①

　　"普世价值"的理论根据是普遍主义。把价值绝对化，把价值的普遍性与特殊性、个别性完全割裂开来，然后用这个价值作为唯一的标准强加于他者，这就是价值的普遍主义。比如"民主"，美国讲"自由、民主、人权"；欧盟于 2004 年签署的《欧洲宪法条约》明确提出"尊重人的尊严、自由、民主、平等、法治和尊重人权"的价值观；日本在第二次世界大战后逐渐形成"爱国、合作、感恩、和谐、民主、法治、秩序、爱护自然"价值观；韩国核心价值观以"家庭至上""爱国主义""诚信知礼""民主法治""宗教宽容"为内容；非洲的坦桑尼亚、塞内加尔等也都把民主、平等、公正作为本国的核心价值观。众所周知，我国社会主义核心价值观在国家层面以"富强、民主、文明、和谐"为内容。问题在于，我们能用美国的"民主"来定义和规定我国和其他国家的"民主"吗？

　　把价值的普遍性与价值的普遍主义混同起来的一个重要表现是，无视价值和价值观的概念区别。所谓价值，是指在实践和认识活动中，客体是否合乎主体的目的、是否满足主体的利益和需要的关系，它表现为客体对主体的有用性或意义。所谓价值观，则是指人们基于社会生产生活实践，通过对各种各样的价值进行评价而形成的思想观念。价值是一，价值观是多。具体而言，"自由""民主""人权"等对于人来说是有意

---

① 参见侯惠勤《"普世价值"的理论误区和制度陷阱》，《求是》2017 年第 1 期。

义的，因此它们都是价值概念。然而问题的关键恰巧在于，价值观是以价值为对象的，是关于价值的观点或定义，是对它的解释以及对它的话语表述。因此"普世价值"宣扬的"自由、民主、人权"只是对这些价值概念的一种观点或定义罢了。可悲的是，西方国家所谓"自由、民主、人权"仅仅是资本家的"自由、民主、人权"，普通劳动者根本不可能真正享有。正如美国经济学家斯蒂格利茨所指出的，美国民主的实质是"1% 所有，1% 统治，1% 享用"。更可笑的是，这样一套在西方国家无法实现的骗人"鬼把戏"，却成了他们推行价值观外交的"响亮口号"。司马昭之心，路人皆知。"普世价值"把矛头直指我国根本国家制度，企图扭转中国改革开放的方向，企图颠覆中国特色社会主义制度。事实上，只有社会主义和共产主义才能真正实现"自由""民主""平等""人权"等价值目标。马克思和恩格斯在《共产党宣言》中提出"自由人的联合体"这一共产主义社会的根本原则。他们指出："在那里，每个人的自由发展是一切人的自由发展的条件。"① 社会主义和共产主义最终要实现人的自由全面发展。"我们的目的是要建立社会主义制度，这种制度将给所有的人提供健康而有益的工作，给所有的人提供充裕的物质生活和闲暇时间，给所有的人提供真正的充分的自由。"② 人民对美好生活的向往，就是中国共产党的奋斗目标。具体而言，美好生活是指，更好的教育、更稳定的工作、更满意的收入、更可靠的社会保障、更高水平的医疗卫生服务、更舒适的居住条件、更优美的环境，孩子们能成长得更好、工作得更好、生活得更好。③

价值的普遍主义忽略了价值的普遍性与价值的主体性之间的差别。现实世界是属人的世界；人的实践是"主观见之于客观"的活动。人作为主体从自己的需要出发对客体进行改造，让客体的属性和功能满足自己的需要，由此构成人与世界之间的价值关系。在这种价值关系中，我们需要区分价值的普遍性与价值的主体性。有学者指出，价值的普遍性包括三种：第一种是普遍共享的客体，如土地、阳光、知识、科技等，"价值"和"价值物"（客体）是直接等同的；第二种是普遍追求的目标

---

① 《马克思恩格斯选集》第 1 卷，人民出版社，2012，第 422 页。
② 《马克思恩格斯全集》第 21 卷，人民出版社，1965，第 570 页。
③ 《习近平谈治国理政》，外文出版社，2014，第 4 页。

和结果，如安全、幸福、尊严、真善美等，表达了对人的本质、本性、需要和能力的理解和信念；第三种是普遍遵循的规则和规范，如尊重生命和人权、实行民主和法治、保护环境和生态等，把某些价值原则作为必须普遍遵守的行为准则。当这些普遍的价值（原则）具体化、现实化时，都会遭遇主体的重构与选择问题。在多元主体面前，价值的普遍性具体意味着什么，取决于具体的主体。与之对应，在第一种情况中"价值物"对于不同的主体来说价值是不同的。例如森林，对当地居民来说是资源价值，对伐木工人来说是经济价值，对旅行者来说是观赏价值，等等。在第二种情况中作为普遍追求的目标和结果并不意味着一定保证多元主体遵守方向一致的行为规则。例如幸福，它和个人的利益、欲望、兴趣、情绪甚至嗜好都直接相关，"仁者乐山，智者乐水"讲的就是这个道理。在第三种情况中共同的行为准则在实际操作过程中面临的分歧很大。例如保护环境，作为一级规则是没有争议的，落实到二级规则减少碳排放也大致能够形成共识，再到三级规则如各国具体承担多少减排任务时矛盾和分歧就产生了。简而言之，规则越往下越具体，价值的主体性表现就越突出。所谓"普世价值"，就是在国际大家庭中某一国家或某些国家企图把自己的特殊价值标准普遍化，故意取消价值主体的多元性，单方面为其他国家制定规则，既缺乏对他者的尊重，又违背包容多样的世界发展潮流。它们往往以"维护人类普遍价值"的名义，形成强迫性话语，企图以意识形态为突破口，推行颠覆别国的战略图谋，从而达到"不战而屈人之兵"的目的。

（二）反对"普世价值"是反对西方意识形态霸权

2015 年 9 月，习近平总书记在联合国大会发言中提出："和平、发展、公平、正义、民主、自由，是全人类的共同价值。"人类的共同需要、共同愿望表达为共同价值和价值共识。我们从来都不否认和反对价值的普遍性，并且主动追求和维护这些人类的共同价值。我们反对"普世价值"，显然不是反对作为人类思想成果的自由、民主、人权这些价值本身，我们反对的是美国及西方对这些价值的话语霸权和意识形态霸权。

价值观作为一种观念和社会意识，在本质上是由社会存在决定的。马克思主义唯物论原理认为，物质是第一性的，意识是第二性的，思维要和存在相符合，主观要和客观相符合，思想要和实际相符合，理论要和现实相符合，因此要坚持实事求是，一切从客观实际出发。因为经济社会发展阶段不同、历史传统不同、民族文化不同，同样是自由、民主、人权，所赋予的内涵不同，所表征的价值观和价值体系也不同。比如"人权"，美国及西方控制了世界价值观和意识形态话语霸权，用它们对人权的狭隘定义给其他国家"打分""评成绩"，居高临下，到处指指点点，同时对本国的人权状况选择性"失忆"。

习近平总书记指出，我们想问题、做决策、办事情，都不能忘记、忽视我国社会主义初级阶段的基本国情和基本特点，绝不能脱离中国具体实际而盲目照抄照搬。对待西方的理论、思想及资本主义发展的经验，要注意辨别、分析、研究，有选择地借鉴，取其精华、去其糟粕。关于人权问题，我国现在每年都发布"中国人权事业"白皮书，同时针对美国的"健忘症"发表《美国的人权纪录》及《美国侵犯人权事记》。2020年9月22日，国务院新闻办公室发表《为人民谋幸福：新中国人权事业发展70年》白皮书。"人民幸福生活是最大的人权。中国共产党从诞生那一天起，就把为人民谋幸福、为民族谋复兴、为人类谋发展作为奋斗目标。新中国成立以来，特别是中共十八大以来，在习近平新时代中国特色社会主义思想指引下，中国不断总结人类社会发展经验，在建设中国特色社会主义的伟大实践中，坚持把人权的普遍性原则与自身实际相结合，奉行以人民为中心的人权理念，始终把生存权、发展权作为首要的基本人权，协调增进全体人民的各项权利，努力促进人的全面发展。"① 人的权利内涵丰富，主要包括生存权、发展权、自由权、追求幸福的权利等，其中生存权、发展权是首要的基本人权。对于仍处于并将长期处于社会主义初级阶段的世界上最大的发展中国家而言，如何让更多的人摆脱贫困，改善生存条件，过上越来越好的生活，是头等大事。罗尔斯认为，社会的公平正义要体现在有利于最不利者。衡量社会进步的标志不在"高层"，而在"底层"，在于社会中下层民众的生存条件、生活水平是否得到改善和提高。2021年2月25日，习近平总书记在全国

① 《为人民谋幸福：新中国人权事业发展70年》，http://www.gov.cn/zhengce/2019 - 09/ 22/content_5432162.htm，最后访问日期：2021年3月2日。

脱贫攻坚总结表彰大会上庄严宣告，脱贫攻坚战取得了全面胜利，中国完成了消除绝对贫困的艰巨任务。这也意味着中国提前 10 年实现《联合国 2030 年可持续发展议程》减贫目标。中国的减贫行动让广大的发展中国家看到了希望，真正为人类社会进步做出了重大贡献。另外，中国人权事业发展不仅仅体现在减贫方面，我们加大了对妇女、儿童、老年人、残疾人、少数民族等特定群体的扶持力度，切实保障这些群体的社会保障权、健康权、受教育权等各项权利。我们还发布了《中国司法领域人权保障的新进展》白皮书，不断健全人权司法保障机制，进一步完善人权司法保障程序，努力提高人权司法保障执行力，保护被羁押人合法权利等。

与之相反，《2018 年美国的人权纪录》《2018 年美国侵犯人权事记》则显示，在美国，公民权利屡遭践踏、金钱政治大行其道、贫富分化日益严重、种族歧视变本加厉、儿童安全令人担忧、性别歧视触目惊心、移民悲剧不断上演、单边主义不得人心。① 2020 年以来，面对全球流行的新冠肺炎疫情，美国政府应对不力，造成人权灾难。"截至 2021 年 3 月 31 日，美国新冠肺炎累计确诊病例超过 3000 万例，死亡超过 50 万人。美国人口不足世界总人口的 5%，但截至 2021 年 2 月底，其新冠肺炎确诊病例数却超过全球总数的 25%，死亡病例数占全球总数的近20%。疫情中美国民众生命权状况之恶劣，在全世界都是罕见的。"② 美国的人权现状堪忧，根本就没有资格对其他国家指手画脚。很明显，在人权等问题上，美国所谓"普世价值"是双重标准的，只是他们大搞价值观外交、意识形态"和平演变"的幌子而已。

习近平总书记多次告诫，我们既不能走封闭僵化的老路，也不能走改旗易帜的邪路。"国内外各种敌对势力，总是企图让我们党改旗易帜、改名换姓，其要害就是企图让我们丢掉对马克思主义的信仰，丢掉对社会主义、共产主义的信念。而我们有些人甚至党内有的同志却没有看清这里面暗藏的玄机，认为西方'普世价值'经过了几百年，为什么不能认同？西方一些政治话语为什么不能借用？接受了我们也不会有什么大

---

① 参见《国务院新闻办公室发表〈2018 年美国的人权纪录〉〈2018 年美国侵犯人权事记〉》，http://www.gov.cn/xinwen/2019 – 03/14/content_5373680.htm，最后访问日期：2021 年 3 月 2 日。

② 李云龙：《触目惊心的美国人权纪录》，《人民日报》2021 年 4 月 7 日。

的损失，为什么非要拧着来？有的人奉西方理论、西方话语为金科玉律，不知不觉成了西方资本主义意识形态的吹鼓手。"① 应该看到，"普世价值"以消解社会主义、共产主义理想和确立资本主义不可超越为前提，实际上并不真正关心普通民众的价值权利获得，因为它本身无法真正实现自由、民主、人权这些价值目标。从实践上看，"普世价值"完全割裂中国改革开放中经济体制改革和政治体制改革间的内在联系，力图把中国的改革开放引导到"回归西方文明"的方向，把中国的政治体制改革引导到西方"民主化"的陷阱。② 看到中国特色社会主义事业稳步前进，它们清楚"普世价值"的虚假外衣不久将暴露在阳光之下，无处遁形，因此在黎明前，以"普世价值"为"旗帜"进行一波接一波的意识形态渗透和侵袭。这值得我们高度警惕。

（三）"普世价值"在西方国家并没有实现

"普世价值"是美国及西方对其他国家和地区发动的意识形态战争，通过这一话语，它们企图维护意识形态霸权，获取它们的价值利益。那么，"普世价值"在其本国的实际情况又是怎样的呢？前文引证过的《2018 年美国的人权纪录》已经揭示了美国的人权状况，可谓触目惊心。例如"种族歧视"中的"非洲裔经济状况"显示：在美国，"非洲裔家庭财富中位值是白人的十分之一。非洲裔的失业率长期维持在白人的 2 倍左右，贫困率是白人的 2.5 倍"。③ 再如"性别歧视"中的"性骚扰和性侵犯"问题显示：在美国，"根据在线调查，81% 的女性受访者表示在一生中经历过某种形式的性骚扰，51% 的女性受访者表示曾经遭到身体骚扰，27% 的女性受访者表示曾遭受性侵犯"。④ 这让善良的世界人民深感忧虑，不禁要问，被美国奉为圭臬、"教科书般"的"普世价值"到底去哪儿了？我们再来看"特朗普当选美国总统"这一事件前前后后

---

① 习近平：《在全国党校工作会议上的讲话》，《求是》2016 年第 9 期。
② 参见侯惠勤《我们为什么必须批判抵制"普世价值观"》，《马克思主义研究》2009 年第 3 期。
③ 《2018 年美国的人权纪录》，http://www.gov.cn/xinwen/2019 – 03/14/content_5373682.htm#1，最后访问日期：2021 年 3 月 2 日。
④ 《2018 年美国的人权纪录》，http://www.gov.cn/xinwen/2019 – 03/14/content_5373682.htm#1，最后访问日期：2021 年 3 月 2 日。

所折射的美国社会的撕裂和"普世价值"的虚伪性。

　　在美国大选前的"拉票"环节，各种民调显示，民主党候选人希拉里占据上风，并且美国的文化精英（如媒体、高校和文化工业等，他们直接影响着美国的意识形态）"一边倒"地支持民主党。一项调查显示自称为"民主党人"的记者和自称为"共和党人"的记者比例是4∶1，在华盛顿，给民主党投票的新闻记者占90%。美国高校的情况与媒体类似。一项调查显示，2014年所谓"自由派"的高校教师和"保守派"高校教师的比例大约是5∶1，而仅仅在大约25年前（1990年），这一比例还大约是2∶1。这正是共和党候选人特朗普大选获胜引发美国国内媒体和舆论一片哗然的重要原因。多种调查显示，特朗普的最大支持群体是"没有大学学历的白人"（尤其男性），也就是曾经的"中产阶级"，眼睁睁地看着自己的相对地位不断下滑，甚至有可能沦为"低收入阶层"的所谓"民粹派"。① 我们从大选结果和大选前后过程不难看出，美国社会的撕裂越来越严重，社会各阶层处于分裂当中。那么接下来的问题是，分裂背后有没有整合的基础？社会结构和层次多元的背后，是否有一个普遍性的利益诉求存在？简言之，多元背后是"一"还是"多"？任何价值观都有主体，即便遵循"普世价值"的逻辑也必须找到"普遍主体"。所谓"自由派"（支持希拉里）认为，多元政治的根据仍然是多，而不是一。所谓"民粹派"（支持特朗普）的激烈表现表明，"我"就是一。在美国，社会"最大公约数"难以形成，卢梭的"公意"是不存在的。社会各阶层的对立不可调和，决定了在价值诉求方面属于零和博弈。譬如关于"民主"，所谓"自由派"和所谓"民粹派"的认知完全不同。前者主张政治精英主义，要求政治权利的平等，但是不保障、不追求政治影响力的平等。后者则主张政治平民化，要彻底打倒精英主义。所以，"普世价值"在美国也只是一个虚假的意识形态"神话"。

　　观念不能独立存在，它依赖于观念的主体，价值观是有阶级性的。炮制和掌控"普世价值"的，是美国及西方的统治者，以大金融家、大企业主、大资本家等为代表的资产阶级。价值与社会制度是一体的，"普世价值"与资本主义制度密不可分。从人类社会历史看，政治解放的成

---

① 参见刘瑜《民粹与民主：论美国政治中的民粹主义》，《探索与争鸣》2016年第10期。

果是建立资产阶级国家。马克思认为，只有对政治解放本身进行批判，才是"当代的普遍问题"。"政治解放的限度一开始就表现在：即使人还没有真正摆脱某种限制，国家也可以摆脱这种限制，即使人还不是自由人，国家也可以成为自由国家。"① 资本主义意识形态从来不缺乏甜言蜜语，"自由、平等、博爱、民主、人权……"这些美好许诺随口就来。即便面对着成千上万的黑奴，也能"理直气壮"地说"我们是自由国家"；即便在伊拉克和叙利亚的空袭行动中炸死数千平民，也能"心安理得"地说"我们尊重人权珍爱生命"。"国家是以自己的方式废除了出身、等级、文化程度、职业的差别。尽管如此，国家还是让私有财产、文化程度、职业以它们固有的方式，即作为私有财产、作为文化程度、作为职业来发挥作用并表现出它们的特殊本质。"② 资产阶级国家可以大告天下，人人平等且自由，没有门第之见、没有等级差别、没有职业障碍，然而事实上，政治国家只有以这些不平等不自由为前提和基础才能实现资产阶级的利益，完成它自己的规定性。资产阶级国家建立在私有制和财产私人占有的基础上，实现的是市民社会成员的权利，而不是全体民众的权利。

在资本主义社会，占统治地位的意识形态及其价值观念（如"普世价值"）只是维护资产阶级利益的工具。政治解放"解放"的是资本，并且唯资本马首是瞻。在资产阶级国家，一切以资本为中心，划分为资本的拥有者、资本的亲近者、资本的被统治者、资本的抛弃者、资本的对立者。皮凯蒂在《21 世纪资本论》中得出一个重要结论：资本收益率（特别是金融资本的收益率）远远超过经济增长率，资本得到的越来越多，贫富差距越来越大。由此他明确指出："认为现代经济增长的本质特征或者市场经济法则能够确保降低财富不平等并实现社会和谐稳定是一种幻想。"③ 正如马克思所讲，是市民社会决定国家，而不是国家决定市民社会；同理，是资本决定意识形态，而不是意识形态决定资本。我们不能抽象地谈论"自由、民主、人权"，而要从现实的人及其历史发展出发，从实现"自由、民主、人权"的现实基础和条件出发，真正呈现

① 《马克思恩格斯全集》第 3 卷，人民出版社，2002，第 170 页。
② 《马克思恩格斯全集》第 3 卷，人民出版社，2002，第 172 页。
③ 〔法〕托马斯·皮凯蒂：《21 世纪资本论》，巴曙松等译，中信出版社，2014，第 386 页。

这些价值概念的具体内涵。资本的逻辑决定人与人之间的差距会越来越大，撕裂的美国社会和混乱的美国大选是最真实最新鲜的征兆。资本主义社会固有的内在矛盾决定西方所谓"普世价值"不存在。

二　对美国梦的反思与超越

中国和美国分别作为最大的发展中国家和最大的发达国家、最重要的东方国家和最重要的西方国家、最具影响的社会主义国家和最具影响的资本主义国家，在社会价值观和历史文化领域各具特点、极具代表性，并且随着中国政治经济社会文化快速发展、崛起，这两种文明形态的交流、碰撞会更加激烈。文明形态的核心是价值观，弄清楚美国梦的概念内涵及其历史逻辑，从而抓住中国梦和美国梦的根本性差异，对弘扬中国精神、抵御西方错误价值观、实现中国梦，具有重要意义。

（一）美国梦的内涵及其历史考察

"美国梦"的提出比"中国梦"在时间上要早，可以追溯到美国的诞生。然而作为一个明确概念，它又很难获得一个极为权威或者精准的定义。一般认为，美国梦有广义和狭义之分，广义上指美国的自由、民主、平等、人权；狭义上指一种相信只要在美国经过努力不懈的奋斗就能获得更好生活的理想，亦即人们必须通过自己的勤奋工作、勇气、创意和决心迈向繁荣，不用依赖于特定的社会阶级和他人的援助。自 1607 年英国移民在北美建立第一个殖民地开始，美国便承载着人们"阿尔杰式的发迹梦"（Alger's myth），即冒险者通过心狠手辣、巧取豪夺而发迹，其核心是个人主义的极端张扬。美国的"先父"们，如富兰克林、杰弗逊等、卡内基等人，则用他们自己的人生传奇作为美国梦最有力的注脚，将"阿尔杰式的发迹梦"道德化，带有浓重的实用主义、功利主义色彩，使人们相信能够通过物质和道德的共同进步实现现世的完善和幸福。

文学是时代精神的敏感神经。20 世纪著名作家菲茨杰拉德被称为美国"爵士时代"的代言人，他的作品以及他自身的经历都是美国梦最真实的写照。第一次世界大战爆发，菲茨杰拉德应征入伍，他没有被派往欧洲战场，而是在美国南部的蒙哥马利市近郊受训。其间，他认识了一位名叫姬尔达的富家小姐。他们很快坠入爱河，但当姬尔达知道菲茨杰拉德无法让她过上舒适豪华的生活时，她拒绝了菲茨杰拉德的求婚。这对菲茨杰拉德打击很大。一战结束后，菲茨杰拉德去往纽约，埋头创作小说，决心挣大钱，赢回姬尔达。1920 年他的长篇小说《人间天堂》出版，并且大获成功，一举成名。菲茨杰拉德便和姬尔达火速成婚。婚后，他们的生活正如《人间天堂》小说中描写的，放荡不羁，纸醉金迷，狂纵享乐。为了维持巨大的开销，菲茨杰拉德必须写作挣钱。1925 年《了不起的盖茨比》出版，这本篇幅不长的小说给他带来了更高的赞誉，然而在收入方面却没有什么起色。1930 年，姬尔达患上精神病，昂贵的医疗费使菲茨杰拉德不堪重负，他借酒浇愁，嗜酒成性。1940 年菲茨杰拉德去世时年仅 44 岁。《了不起的盖茨比》（姚乃强翻译的版本）的译者前言中对此有非常详细的叙述，认为《了不起的盖茨比》只是 "爵士时代" 的一个画面或插曲，物欲横流、享乐至上，社会和道德被金钱腐蚀，一个被美国梦激励的青年最终走向了美国梦的破灭。"所谓的 '美国梦' 是一种信念，也是一种欲望，一种梦幻，认为在这块充满机会和财富的土地上，人们只要遵循一组明确的行为准则去生活，就有理由实现物质的成功。"[①] 美国梦就像是市面上流行的 "个人成功学"。

美国梦对现代西方有着深刻而广泛的历史性影响。从个人精神上升为国家意志，美国梦与 1776 年《独立宣言》关系密切。美国学者普遍认为，《独立宣言》是美国梦的根基，自由女神像是美国梦的象征。事实上，美国梦和《独立宣言》不仅是美国意识形态的核心与缩影，而且影响了整个现代西方世界。其中，一个重要的依据和表现是美国的《独立宣言》在思想观念和政治理念上决定了法国的《人权与公民权利宣言》。德国公法学家耶里内克认为："法国大革命的权利宣言绝大部分都是从美国各种各样的 '权利宣言' 里抄过来的。法国《人权宣言》（即《人权与公民权利宣言》——笔者注）的各种草案，无论是在请愿书中提出的，还是在国民议会上提出的 21 条草案，只不过多多少少在简洁的程度上或者

---

① 〔美〕菲茨杰拉德：《了不起的盖茨比》，姚乃强译，人民文学出版社，2004，第 4 页。

涵盖范围上，在表述的精巧或笨拙上与它们的美国原型有点差异而已。"①

所谓"普世价值"以美国式的"自由、民主、人权"为主要内容，其重要的和直接的学理依据就是《独立宣言》。"我们认为这些真理是不言而喻的：人人生而平等，造物主赋予他们若干不可剥夺的权利，其中包括生命权、自由权和追求幸福的权利。"生命权、自由权和追求幸福的权利被定义为美国人的基本特性，是以美国为首的西方推行价值观外交的基本内容。自20世纪以来，唯一的连续的超级大国是美国。美国所创造的资本主义文明成为美国梦的最有力证明，尽管它在最初的积累阶段并不光彩，在整个过程中一直被资本裹挟，资产阶级的"善"正是对全世界的"恶"。赵汀阳认为，美国梦的精神原则是自由主义、个人主义、平民主义、实用主义、竞争主义和征服主义，一般被理解为最大化的个人自由、最先进的物质进步和最丰富尤其是最平等的成功机会。这曾经在一定时期被认为是全球公众共同的梦想；然而，整个世界现在已经没有能力承担如此昂贵的梦想。② 不是什么别的东西，而是资本主义的生活方式，正在毁灭我们的星球。更重要的是，这种看似"平等"、看似"自由"、看似"民主"、看似"为每个人利益而努力"的美国梦，由于先天的禀赋不同、发展的基础不同、所处的阶段不同，只会造成人与人之间、国家与国家之间更严重的两极分化，说到底依然只是维护和成就极少数国家利益（例如美国利益优先论），而能够真正享有这些利益的又只是其中的极少部分人。美国梦的奇妙之处在于，每个人都以为会成为"那样的"人，而结果都走向了"那样的"背面。

（二）中国梦对美国梦的批判性超越

中国梦是指"国家富强、民族振兴、人民幸福"，是国家、民族的梦，也是每个人的梦，要满足人民对美好生活的需要；美国梦是指相信通过奋斗能够实现个人的成功，特别是物质上的成功，实现个人的自由和权利。中国梦和美国梦，从概念表述上都是要实现个人的权利和梦想，

① 〔德〕耶里内克：《〈人权与公民权利宣言〉：现代宪法史论》，李锦辉译，商务印书馆，2012，第9页。
② 转引自吴海云《"美国梦"究竟指什么？》，https://cul.qq.com/a/20150925/024427.htm，最后访问日期：2021年3月5日。

然而两者存在根本性区别，概言之，中国梦的哲学基础是集体主义价值观，美国梦的哲学基础是个人主义价值观。

东方和西方的历史文化传统存在重要区别，这涵养了两种不同的价值观。梁漱溟在《东西方文化及其哲学》中认为，文化是"那一民族生活的样法"，生活是"没尽的意欲（will）"，并且提出"文化三路向说"：西方文化以意欲向前为根本精神，产生"赛恩斯"与"德谟克拉西"；中国文化以意欲调和持中为根本精神，产生儒家文明；印度文化以意欲反身向后为根本精神，唯独盛行的只有宗教之一物。他认为，"人类文化要有一根本变革：由第一条路向改变为第二条路向，亦即由西方态度改变为中国态度"。建立在人际情感关系基础上的东方文明要胜过建立在个人主义竞争基础上的西方物质文明。对于东西方历史文化的比较，陈独秀也认为："西洋民族以个人为本位，东洋民族以家族为本位"，"西洋民族以战争为本位，东洋民族以安息为本位"，"西洋民族以法治为本位，以实利为本位；东洋民族以感情为本位，以虚文为本位"。① 西方社会及其传统是原子个人式的，所谓陌生人社会；东方社会及其传统是宗法伦理式的，所谓熟人社会。前者以个人、个体为本位，后者以集体、群体为本位，一个突出表现是，在东方文明体系中个人为集体、国家、民族的利益即便牺牲生命也是值得的，并且是值得鼓励的，国家利益高于个人利益。1991 年新加坡内阁向国会提交了一份关于"共同价值观"的白皮书，将亚洲价值观（东亚价值观）表述为五大原则：（1）国家至上，社会为先；（2）家庭为根，社会为本；（3）关怀扶持，同舟共济；（4）求同存异，协商共识；（5）种族和谐，宗教宽容。李光耀先生曾概括为一句话："社会第一、个人第二。"② 对于以儒学为核心的东亚价值观和东方文明，我们每个人都身处其中，感受是直接的、深刻的。

对整个西方世界来说，奠定其近现代文化特质的是基督教传统，在经历 1000 多年的基督教教化后，西方社会已经形成了原子个人。再往前追溯，人类的早期文明，例如原始宗教、自然神崇拜等，由于人相对于

① 徐洪兴主编《二十世纪哲学经典文本——中国哲学卷》，复旦大学出版社，1999，第 178 ~ 180 页。
② 孙伟平：《价值差异与社会和谐——全球化与东亚价值观》，湖南师范大学出版社，2008，第 80 ~ 81 页。

神秘莫测的自然是渺小的，"抱团取暖"这种最基本的方式可谓世界通用。在古希腊文明的城邦，人们把城邦看作一切价值的基础，城邦利益高于个人利益，人只有在城邦中才能实现其价值。当基督教进入西方人的生活中，这一切就开始发生变化了。"中世纪是基督教的世界，而基督教是具有强烈个人主义色彩的宗教。"① 人是上帝创造的，所有人不分性别、民族、等级都是上帝的子民。作为上帝的子民，每个人直接面对上帝，对上帝负责。人是有罪的，人生在世是为了原罪，求得救赎。在中世纪，个人的救赎需要经过教会；宗教改革后，"唯信得救"成为普遍意识，从而解除了教会的"强制"，救赎问题就成为纯粹的个人问题了。作为政治理念和政治原则，"天赋人权"在启蒙运动时期首先由格劳秀斯和斯宾诺莎提出，人的权利是上天（上帝）赋予的，因而是自然权利。在社会中，通过契约人们让渡一部分自然权利以便使自然权利更好地实现。基于个人权利和个人主义，西方自由主义兴起。霍布斯开启了自由的个人原则。决定人的一切行为的最根本原因是自我保存，因此自然法首先是自我保存的正当（right），自由乃是"外界障碍不存在的状态"，用人的权利（rights）取代自然法。洛克把个人主义提升为近代政治正义的原则，财产权是最重要的自由权利，政府的目的是保护私有财产。霍布斯和洛克从特殊性出发，走了一条关于自由的经验性路径，个人高于国家，国家是实现个人权利和利益的工具。我们再来重温美国《独立宣言》："我们认为这些真理是不言而喻的：人人生而平等，造物主赋予他们若干不可剥夺的权利，其中包括生命权、自由权和追求幸福的权利。"每个人的生命、自由和追求幸福的权利是"造物主"（上帝）赋予的，神圣不可侵犯。这条真理"不言而喻"，乃是一切"真理的真理"。"天赋人权"观念和个人主义精神从"无形"到"有形"，具体化、现实化为政治制度、法律制度。现今，美元上一直印着这句话"IN GOD WE TRUST"（我们信仰上帝）。

现代社会及现代性一直存在社会性与个体性两种维度。在二者之间，中国梦的逻辑是以社会性为大前提的；美国梦的逻辑是以个体性为大前提的。那么，哪种方式更能抓住人之根本呢？对于任何有意识的生命体

---

① 储智勇：《近代个人主义的兴起及其品性》，《浙江社会科学》2008 年第 8 期。

来说，都是对象性存在。人的存在同样如此，只有在对象化中才能确认自身。所以马克思在最普遍的意义上认为，"宗教是还没有获得自身或已经再度丧失自身的人的自我意识和自我感觉"，"废除作为人民的虚幻幸福的宗教，就是要求人民的现实幸福"。① 宗教并不神秘，它是人的一面镜子；造物主是个"空"，它是人们悬设的关于尘世一切美好和希望的形而上学和终极根据。人在对象化的过程中，必然形成社会，因此对象化必然导致社会化。那么接下来是问题的重点，在社会化的整体语境中如何摆置一个个独立的个体。在自由主义和个人主义看来，集体是没有自由和权利的，只有从个人的自由和权利出发，并使之成为社会的唯一普遍原则，才能避免走向极权政治，换言之，个人的梦想必然淹没在国家和民族的梦想当中。基于个人主义传统的自由无法克服公共善和私人利益之间的矛盾。例如，我们当然认可自由是一种美好的、珍贵的善品，但是如果这种善品只是由一部分人享有，那么它还是原来的自由吗？在这个逻辑中，自由主义的"自由"（无论消极自由还是积极自由）和它自身是根本矛盾的。从根本上说，自由、平等、民主、正义等一切善品都是不能单方面私人化的，必须以社会总体性为前提。简言之，有自由之社会，才有自由之个人。

在社会总体性原则下，个人的自由或者个人的行动是否意味着"无能为力"？恰恰相反，现代西方文明的许多合理内涵是需要吸收和借鉴的。黑格尔的《法哲学原理》从所有权开始，认为"人为了作为理念而存在，必须给它的自由以外部的领域"。人的自由意志如果不现实化，那就是完全抽象的，因此"所有权所以合乎理性不在于满足需要，而在于扬弃人格的纯粹主观性"。进而，他更加明确地指出："从自由的角度看，财产是自由最初的定在，它本身是本质的目的。"② 合理合法地追求物质财富，不仅不会降低自由的"成色"，还是对人的自由的充实和发展。"贫穷不是社会主义"，共产主义是"建立在个人全面发展和他们共同的、社会的生产能力成为从属于他们的社会财富这一基础上的自由个性"③ 阶段。那么，我们为何又要进行以资本批判为核心的资本主义批

---

① 《马克思恩格斯选集》第 1 卷，人民出版社，2012，第 1、2 页。
② 〔德〕黑格尔：《法哲学原理》，张企泰、范扬译，商务印书馆，1961，第 50、54 页。
③ 《马克思恩格斯全集》第 30 卷，人民出版社，1995，第 107 ~ 108 页。

判呢？回答这个问题的关键是厘清两对常常混淆的概念：财产权与所有制、财产与资本。恩格斯在《共产党宣言》1888 年英文版中对"资产者和无产者"加了一个注："资产阶级是指占有社会生产资料并使用雇佣劳动的现代资本家阶级。无产阶级是指没有自己的生产资料，因而不得不靠出卖劳动力来维持生活的现代雇佣工人阶级。"① 财产和财产权解决的是生活资料领域的问题，资本和所有制涉及的是生产资料领域的问题。

诚然，西方发达资本主义国家创造了巨大的社会财富，但这仍然无法掩盖其内在固有矛盾，即资本逻辑下的生产性矛盾。中国梦和美国梦的最根本区别是现实基础不同，这也是中国梦对美国梦构成超越性向度的根本所在。《21 世纪资本论》的作者皮凯蒂也承认："中国是一个极大的特例，因为眼下在中国，公有资本似乎占国民资本的一半左右（据估算约占1/3—1/2）。如果公有资本能够保证更均等地分配资本所创造的财富及其赋予的经济权力，这样高的公有资本比例可以促进中国模式的构想——结构上更加平等、面对私人利益更加注重保护公共福利的模式。"②

皮凯蒂所言公有制本就是国有资本，它是中国特色社会主义制度和道路之为"社会主义"的根本现实基础。回顾新中国成立 70 年来，特别是改革开放 40 多年来的历程，国有资本在稳定中国特色社会主义发展方向中起到决定性作用，在社会主义市场经济发展中发挥着从参与者到引导者的重要作用。同时，公有制和国有资本在发展中也面临很多困难，然而，这究竟是一个制度性问题还是治理性问题？2019 年 4 月，国家出台了《改革国有资本授权经营体制方案》，遵守市场经济的经营理念，借鉴现代企业的管理方式，把国有资本做强做优做大，不断增强国有经济活力、控制力、影响力和抗风险能力。国有资本是社会主义制度条件下驾驭资本的具体形式，不仅能激励和发挥资本的文明面，而且能克服资本之"恶"，因此中国特色社会主义具有超越西方文明形态的根本性优势。

三　凝聚当代中国价值共识

主体意识是价值观的核心，价值观念是作为主体的人从自己的利益

---

① 《马克思恩格斯选集》第 1 卷，人民出版社，2012，第 400 页。
② 〔法〕托马斯·皮凯蒂：《21 世纪资本论》，巴曙松等译，中信出版社，2014，第 7 页。

和需要出发对客体的功能和意义进行评价的一种观念。随着改革开放的不断深入，人们的价值主体意识逐步觉醒，各层次价值主体的主体地位逐步确立，并呈现从单一主体向多层次主体转变的趋势。价值主体的多样化和多层次化，主体要实现的利益和需要的多样化和差异化，主体实现价值关系的多样化和动态化，决定了社会价值理想和价值标准的多样化、差异化和个性化。那么，多样化的社会价值观与社会核心价值观共识相矛盾吗？答案是"不矛盾"。两者是辩证统一的，原因在于无论是社会主义市场经济，还是社会主义民主政治，社会主义文化建设、社会建设、生态文明建设等，在根本出发点和落脚点上都是"以人民为中心"的，在哲学层面都是以唯物史观、群众史观为基础的。历史观是世界观的核心，是价值观的决定性前提。群众观点是唯物史观的根本观点，坚持人民主体地位才能凝聚全国各民族人民共同认同的价值观"最大公约数"。

价值共识的前提是价值主体能够达成共识，这又基于能够形成和保证共同的价值利益。邓小平指出："社会主义的目的就是要全国人民共同富裕，不是两极分化。"[①] 因为历史条件和现实环境的制约，我国的社会主义现代化建设起步比西方要晚很多，并且西方发达资本主义利用先发优势处处阻碍中国发展。如果从 1640 年英国资产阶级革命算起，资本主义已经走过了 370 多年的发展历程，在时间跨度上中国的社会主义还只是一个"新生儿"。所以邓小平还强调："按照历史唯物主义的观点来讲，正确的政治领导的成果，归根结底要表现在社会生产力的发展上，人民物质文化生活的改善上。……我们一定要根据现在的有利条件加速发展生产力，使人民的物质生活好一些，使人民的文化生活、精神面貌好一些。"[②] "贫穷不是社会主义"，我们要坚持以经济建设为中心，大力发展社会生产力，从而不断满足人民日益增长的物质文化需要。党的十八届五中全会提出"五大发展理念"，其中"共享"是中国特色社会主义的本质要求。一切从人民的利益出发，牢记全心全意为人民服务的宗旨，把人民群众是否满意作为衡量一切工作得失的根本标准，这是广泛凝聚社会价值共识的根本出路。

---

① 《邓小平文选》第 3 卷，人民出版社，1993，第 110～111 页。
② 《邓小平文选》第 2 卷，人民出版社，1994，第 128 页。

　　构建当代中国新价值秩序，恰恰体现了我们对人类共同价值的捍卫和追求。价值当然具有普遍性，这是人类构筑意义世界、社会秩序、行为规范的基础。也正因此，它不是某一国家或某些国家妄自尊大、横行霸道，强行为他者制定标准的"借口"；对于此，全世界人民绝不会答应。宇宙只有一个地球，人类共有一个家园。和平与发展是当今时代的主题，自由、民主、公平、正义都是各国人民孜孜以求的价值目标。社会主义核心价值观的基本内容是"富强、民主、文明、和谐"，"自由、平等、公正、法治"，"爱国、敬业、诚信、友善"。这既集中反映了马克思主义的价值本色和社会主义的根本属性，又充分呈现了中华优秀传统文化和人类文明优秀成果。社会主义核心价值观既与当代中国现实相契合，又与世界文明潮流相一致。中国的发展离不开世界的支持，同时也给世界带来新机遇，欢迎各国搭乘中国发展的"顺风车"。中国特色社会主义为人类文明进步探索出一条光明大道，当代中国新价值秩序不仅是人类共同价值的"实践者"，而且是人类共同价值的"引领者"。

　　坚持人民的主体地位、维护人民的主体权利，从根本上超越资产阶级自私、狭隘的阶级意识，多元多变的社会价值观也就并非不可通约。在资本主义社会，"金钱确定人的价值：这个人值一万英镑，就是说，他拥有这样一笔钱。谁有钱，谁就'值得尊重'，就属于'上等人'，就'有势力'，而他所做的，在他那个圈子里就是举足轻重的"①。谁拥有的资本越多，就越能行使支配别人活动和支配社会财富的权力。资产者和无产者、资本家和工人、资产阶级和无产阶级之间的利益冲突和矛盾在根源上无法消除。在社会主义社会，人民群众内部没有阶级的差别，多样化、差异化的社会价值观反而为价值共识提供了更加丰富的内容和更加广阔的空间。尽管我国现阶段也存在发展不平衡、贫富差距等问题，但是价值主体的根本利益和需要是一致的。社会主义市场经济既激发资本活力，又防止"泛资本化"，是"有效市场"和"有为政府"的有机统一。

　　随着全球化、信息化的日益发展，人与人之间的社会化联系越来越密切，在相互关系中利益的共同点和协作的必要性越来越凸显，"人类命

---

　　① 《马克思恩格斯文集》第1卷，人民出版社，2009，第477页。

运共同体"意识越发强烈，价值的普遍性在个别性、特殊性中也体现得越发明显。面对全球大流行的新冠肺炎疫情，正如习近平总书记指出的，疫情没有国界，世界各国是休戚与共的命运共同体。我们要树立人类命运共同体意识，坚持生命至上、人民至上，共同为赢得这场全人类抗疫斗争的伟大胜利而努力。当代中国新价值秩序反映的是人民的价值诉求，符合人类解放的价值旨趣，必将能够接受时代和实践的检验。

在社会主义初级阶段，凝聚社会价值共识，追求价值观"最大公约数"，在行动和目标上绝非消灭一切价值矛盾、差异和冲突。"抽象、同质的大一统"恰恰是"普世价值"的内在逻辑。坚持人民主体、以人民为中心，从实践上要求把"尊重差异，包容多样"和"弘扬主旋律""凝聚共识"结合起来，坚决抵制"普世价值"等错误社会价值思潮，从而在社会主义现代化建设中逐步建立价值观自信，广泛形成价值共识，用以社会主义核心价值观为主体内容的当代中国新价值秩序引领时代发展。

参考文献

著　作

《马克思恩格斯选集》第 1~4 卷，人民出版社，2012。

《马克思恩格斯文集》第 1~10 卷，人民出版社，2009。

《马克思恩格斯全集》第 1 卷，人民出版社，1956。

《马克思恩格斯全集》第 3 卷，人民出版社，2002。

《马克思恩格斯全集》第 30 卷，人民出版社，1995。

马克思：《1844 年经济学哲学手稿》，人民出版社，2000。

马克思：《资本论》第 1、3 卷，人民出版社，2004。

《列宁选集》第 2 卷，人民出版社，1995。

《毛泽东选集》第 1~4 卷，人民出版社，1991。

《毛泽东文集》第 2 卷，人民出版社，1999。

《邓小平文选》第 1、2 卷，人民出版社，1994。

《邓小平文选》第 3 卷，人民出版社，1993。

《江泽民文选》第 2、3 卷，人民出版社，2006。

胡锦涛：《坚定不移沿着中国特色社会主义道路前进　为全面建成小康社会而奋斗——在中国共产党第十八次全国代表大会上的报告》，人民出版社，2012。

习近平：《决胜全面建成小康社会　夺取新时代中国特色社会主义伟大胜利——在中国共产党第十九次全国代表大会上的报告》，人民出版社，2017。

习近平：《在庆祝中国共产党成立 95 周年大会上的讲话》，人民出版社，2016。

《习近平谈治国理政》，外文出版社，2014。

《习近平谈治国理政》第二卷，外文出版社，2017。

习近平：《之江新语》，浙江人民出版社，2007。

习近平：《摆脱贫困》，福建人民出版社，1992。

《习近平总书记系列重要讲话读本》，学习出版社、人民出版社，2014。

《习近平总书记系列重要讲话读本（2016年版）》，学习出版社、人民出版社，2016。

《习近平总书记重要讲话文章选编》，党建读物出版社、中央文献出版社，2016。

《习近平新时代中国特色社会主义思想学习纲要》，学习出版社、人民出版社，2019。

中共中央党校党史教研室编《中共党史参考资料（八）生产资料所有制的社会主义改造和国民经济第一个五年计划时期》，人民出版社，1980。

《中国共产党中央委员会关于建国以来党的若干历史问题的决议》，人民出版社，1981。

《十五大以来重要文献选编》（上），人民出版社，2000。

《十六大以来重要文献选编》（上），中央文献出版社，2005。

《十六大以来重要文献选编》（下），中央文献出版社，2008。

《十七大以来重要文献选编》（上），中央文献出版社，2009。

《关于培育和践行社会主义核心价值观的意见》，人民出版社，2013。

《中共中央关于全面深化改革若干重大问题的决定》，人民出版社，2013。

《中国共产党第十八届中央委员会第四次全体会议公报》，人民出版社，2014。

《中国共产党第十八届中央委员会第五次全体会议文件汇编》，人民出版社，2015。

《中国共产党第十九届中央委员会第四次全体会议公报》，人民出版社，2019。

《中国共产党第十九届中央委员会第五次全体会议文件汇编》，人民出版社，2020。

《中华人民共和国宪法（最新修正版）》，法律出版社，2018。

中华人民共和国国务院新闻办公室：《中国的减贫行动与人权进步》，人民出版社，2016。

包刚升：《民主崩溃的政治学》，商务印书馆，2014。

〔德〕彼得·科斯洛夫斯基：《后现代文化——技术发展的社会文化后

果》，毛怡红译，中央编译出版社，2006。

〔美〕伯尔曼：《法律与宗教》，梁志平译，中国政法大学出版社，2003。

陈中立等：《思维方式与社会发展》，社会科学文献出版社，2001。

〔美〕菲茨杰拉德：《了不起的盖茨比》，姚乃强译，人民文学出版社，
　　2004。

冯棠、张丽：《〈旧制度与大革命〉导读》，商务印书馆，2013。

〔法〕伏尔泰：《巴黎高等法院史》，吴模信译，商务印书馆，2015。

〔法〕伏尔泰：《论宽容》，蔡鸿滨译，花城出版社，2007。

〔德〕哈贝马斯：《在事实与规范之间：关于法律和民主法治国的商谈理
　　论》，童世骏译，三联书店，2003。

〔英〕哈耶克：《自由宪章》，杨玉生、冯兴元、陈茅等译，中国社会科
　　学出版社，1999。

《海德格尔选集》（下），孙周兴选编，上海三联书店，1996。

何勤华：《法与宗教的历史变迁》，法律出版社，2011。

〔德〕黑格尔：《法哲学原理》，张企泰、范扬译，商务印书馆，1961。

〔德〕黑格尔：《小逻辑》，贺麟译，商务印书馆，1980。

〔美〕霍尔姆斯·罗尔斯顿：《环境伦理学：大自然的价值以及人对大自
　　然的义务》，杨通进译，中国社会科学出版社，2000。

〔捷〕卡莱尔·科西克：《具体的辩证法——关于人与世界问题的研究》，
　　傅小平译，社会科学文献出版社，1989。

〔德〕康德：《道德形而上学奠基》，杨云飞译，人民出版社，2013。

〔德〕康德：《历史理性批判文集》，何兆武译，商务印书馆，1990。

〔意〕拉吉罗：《欧洲自由主义史》，杨军译，吉林人民出版社，2001。

李建华等：《社会主义核心价值观构建与践行研究》，人民出版社，2017。

《李景源自选集》，学习出版社，2013。

李景源、孙伟平、刘举科主编《中国生态城市建设发展报告（2012）》，
　　社会科学文献出版社，2012。

李慎明、张宇燕主编《全球政治与安全报告（2013）》，社会科学文献出
　　版社，2013。

李泽厚：《中国古代思想史论》，天津社会科学院出版社，2004。

梁启超：《中国历史研究法》，中华书局，2009。

〔法〕卢梭：《论人类不平等的起源》，高修娟译，上海三联书店，2014。

〔法〕卢梭：《社会契约论》，何兆武译，商务印书馆，1979。

〔美〕罗伯森：《全球化：社会理论和全球文化》，梁光严译，上海人民出版社，2000。

〔美〕罗尔斯：《正义论》，何怀宏等译，中国社会科学出版社，1988。

〔美〕罗尔斯：《政治自由主义》，万俊人译，译林出版社，2000。

〔英〕洛克：《论宗教宽容》，吴云贵译，商务印书馆，1982。

〔英〕洛克：《政府论》下篇，叶启芳、瞿菊农译，商务印书馆，1964。

绿色工作室编著《绿色消费》，民族出版社，1998。

〔法〕孟德斯鸠：《论法的精神》，许明龙译，商务印书馆，2012。

〔美〕诺姆·乔姆斯基：《失败的国家——滥用权力和践踏民主》，白璐译，上海译文出版社，2009。

〔法〕皮埃尔·勒鲁：《论平等》，王允道译，商务印书馆，2007。

瞿同祖：《中国法律与中国社会》，商务印书馆，2010。

宋颖：《美国国际形象建构：美国之音新闻报道》，世界知识出版社，2012。

孙伟平：《价值差异与社会和谐——全球化与东亚价值观》，湖南师范大学出版社，2008。

孙伟平、刘举科主编《中国生态城市建设发展报告（2013）》，社会科学文献出版社，2013。

孙正聿：《理想信念的理论支撑》，吉林人民出版社，2014。

孙正聿等：《马克思主义基础理论研究》，北京师范大学出版社，2011。

孙中山：《三民主义》，中国戏剧出版社，1999。

汤一介：《儒学十论及外五篇》，北京大学出版社，2009。

〔英〕汤因比：《历史研究》上册，郭小凌等译，上海人民出版社，2010。

〔法〕托克维尔：《旧制度与大革命》，高望译，中华书局，2014。

〔法〕托克维尔：《论美国的民主》上卷，董果良译，商务印书馆，1989。

〔法〕托马斯·皮凯蒂：《21世纪资本论》，巴曙松等译，中信出版社，2014。

王洛林、张宇燕主编《世界经济黄皮书：2013年世界经济形势分析与预测》，社会科学文献出版社，2013。

王伟光：《利益论》，中国社会科学出版社，2010。

〔德〕韦尔默：《后形而上学现代性》，应奇、罗亚玲编译，上海译文出版社，2007。

夏兴有主编《中国道路的文化基因》，广西人民出版社，2017。

〔英〕亚当·斯密：《道德情操论》，蒋自强、钦北愚等译，商务印书馆，1997。

〔英〕亚当·斯密：《国民财富的性质和原因的研究》下册，郭大力、王亚南译，商务印书馆，2008。

〔古希腊〕亚里士多德：《尼各马科伦理学》，苗力田译，中国人民大学出版社，2003。

〔古希腊〕亚里士多德：《形而上学》，吴寿彭译，商务印书馆，1959。

〔古希腊〕亚里士多德：《政治学》，吴寿彭译，商务印书馆，1983。

杨云飞：《美国学校价值观教育研究》，科学出版社，2016。

〔德〕耶里内克：《〈人权与公民权利宣言〉：现代宪法史论》，李锦辉译，商务印书馆，2012。

〔美〕约翰·贝拉米·福斯特：《生态危机与资本主义》，耿建新、宋兴无译，上海译文出版社，2006。

翟峥：《现代美国白宫政治传播体系（1897—2009）》，世界知识出版社，2012。

〔英〕詹姆斯·格里芬：《论人权》，徐向东、刘明译，译林出版社，2015。

张宇燕主编《习近平新时代中国特色社会主义外交思想研究》，中国社会科学出版社，2019。

周文华：《美国核心价值观建设及启示》，知识产权出版社，2014。

Hayward, Tim, *Political Theory and Ecological Values*, UK: Polity Press, 1998.

Raths, L., M. Harmin, and S. Simon, *Values and Teaching*, New York: John Wiley Press, 1978.

Saad-Filho, Alfredo, *The Value of Marx: Political Economy for Contemporary Capitalism*, London and New York: Routledge, 2002.

论　文

习近平：《深入学习中国特色社会主义理论体系　努力掌握马克思主义立场观点方法》，《求是》2010年第7期。

习近平：《切实把思想统一到党的十八届三中全会精神上来》，《求是》2014年第1期。

习近平：《在全国党校工作会议上的讲话》，《求是》2016年第9期。

〔英〕鲍勃·杰普索：《治理的兴起及其失败的风险：以经济发展为例的论述》，漆蕪译，《国际社会科学杂志》（中文版）1999年第1期。

陈来：《论中华民族爱国主义的精神》，《哲学研究》2019年第10期。

储智勇：《近代个人主义的兴起及其品性》，《浙江社会科学》2008年第8期。

韩水法：《正义、基本善品与公共理性》，《"公共性与公共领域"国际学术研讨会论文集》（2014）。

侯惠勤：《"普世价值"的理论误区和制度陷阱》，《求是》2017年第1期。

侯惠勤：《我们为什么必须批判抵制"普世价值观"》，《马克思主义研究》2009年第3期。

纪占武：《技术演化论视野下的技术生态化》，《科技视界》2011年第9期。

赖章盛、张宇丰：《生态文明与现代生产方式的生态化转型》，《法制与社会》2009年第9期。

李德顺：《从人类中心到"环境价值"》，《哲学研究》1998年第2期。

李德顺：《职业与职业道德》，《中国职业技术教育》1997年第3期。

李景林：《忠恕之道不可作积极表述论》，《清华大学学报》（哲学社会科学版）2003年第3期。

李林：《全面推进依法治国努力建设法治中国》，《北京联合大学学报》（人文社会科学版）2013年第3期。

刘怫翔、张欣：《可持续发展与技术生态化》，《科学技术与辩证法》1999年第1期。

刘湘溶、张润泽：《略论思维方式生态化转向的四个维度》，《当代世界与社会主义》2011年第3期。

刘瑜：《民粹与民主：论美国政治中的民粹主义》，《探索与争鸣》2016年第10期。

任晓伟：《从"国家消亡"论到"社会主义国家"观念——20世纪前半期马克思主义国家理论的变迁》，《长安大学学报》（社会科学版）2013

年第 3 期。

舒远招:《何谓思维方式生态化? ——对思维方式生态化含义的具体理解》,《湖湘论坛》2010 年第 3 期。

孙伟平、温泉:《公职人员伦理道德与行为规范研究》,《价值论与伦理学研究》2015 年第 1 期。

孙正聿:《共产党人的世界观和方法论》,《求是》2015 年第 8 期。

王福民:《论唯物史观的日常生活转向》,《学术研究》2011 年第 5 期。

王海冬:《法国的文化政策及对中国的历史启示》,《上海财经大学学报》(哲学社会科学版) 2011 年第 5 期。

王退见:《论生态化社会主义价值观》,《哲学研究》2012 年第 7 期。

魏辅文、娄治平:《中国野生动物保护研究现状》,《中国科学院院刊》2010 年第 6 期。

吴晓明:《社会现实的发现:黑格尔与马克思》,《马克思主义与现实》2008 年第 2 期。

吴忠民:《论机会平等》,《江海学刊》2001 年第 1 期。

姚大志:《罗尔斯:从自由到平等》,《开放时代》2003 年第 1 期。

姚大志:《自由主义的两个教条——评罗尔斯与诺奇克的争论》,《哲学研究》1996 年第 6 期。

张洪高:《关心德育模式与体谅德育模式之比较》,《基础教育参考》2003 年第 11 期。

张术环、王环:《生态生产力——社会和谐发展的动力》,《河北学刊》2005 年第 4 期。

张文武、梁琦:《劳动地理集中、产业空间与地区收入差距》,《经济学》2011 年第 2 期。

赵磊:《冷战后美国维和政策的演变及特征》,《美国研究》2011 年第 4 期。

周凯:《核心价值观的缺失与构建传播——中国文化产业发展反思与对西方文化产业的借鉴》,《东岳论丛》2012 年第 9 期。

索　引

后　记

　　《新价值秩序研究》是国家社会科学基金后期资助项目"构建当代中国新价值秩序研究"（编号 19FZXB101）的结项成果。本书也是对我近些年关注、研究价值观问题的阶段性总结。

　　价值观研究是中国社会科学院哲学研究所马克思主义哲学学科的一个重要研究方向。自 2012 年 6 月入所做博士后、2014 年 7 月留所工作，我开始比较系统地研究价值观问题。人们常说，哲学是时代精神的精华。对此，我想很多时候是一知半解的，或者说是人云亦云的。然而只要真正接触价值观问题，我们就很难不跟时代精神发生密切联系。当今时代，风云激荡，国际形势和具体国情错综复杂，反映在社会价值观上呈现"多元，多变，核心价值观建设亟待加强"的特点。中国特色社会主义进入新时代，在社会意识和价值观层面呼唤一种符合新时代发展的新价值秩序。这种强烈的问题意识和时代感，促使我展开当代中国新价值秩序研究，以求在价值观领域做出新的探索。

　　立足当代中国的新价值秩序研究，对学理性和现实性的要求都很高。这里涉及一系列重要的理论问题：如何理解新时代与新价值秩序的关系及内在性要求，如何从整体性上理解社会主义核心价值观，如何理解新价值秩序与社会主义核心价值观的关系，如何在一个思想敞开的视域中看待社会主义核心价值观与其他先进价值理念的关系，为什么要以及如何构建当代中国新价值秩序，等等。我们说，文化自信是更基础、更广泛、更深厚的自信。而文化的根本是核心价值观，文化自信的核心是价值观自信，价值观自信的前提是有一套完整、科学、先进的新价值秩序。当代中国新价值秩序在本质上是社会主义的，这既是凝聚社会价值共识的基础，又是追求价值观"最大公约数"的目的。

　　刚刚过去的 2020 年，极不平凡。新冠肺炎疫情席卷全球，中国和西方在抗击疫情中截然不同的两种表现，在深层次反映的是两种不同文明价值观的差异。中国从全面建成小康社会，向全面建设社会主义现代化国家迈进，制度的优越性必然要反映在价值理念的先进性上。如何在价值观层面准确把握新时代中国特色社会主义实践？很明显，这是构建当代中国新价值秩序的题中之义，然而我深知力有不逮。坦诚地说，我只是以"无知无畏"的态度奔向了一个最深奥最广阔的研究领域，对于拙作，恳请学界同人、读者多多包涵、指正。

感谢我的导师孙正聿先生、李景源先生，做人为学其道一也。感谢孙伟平老师，在价值观研究方面给予具体指导。感谢王立胜老师、张志强老师，无论项目结项还是成果出版，都给予很大程度的关心，甚至是"督促"。感谢冯颜利、单继刚、毕芙蓉、崔唯航、邵文辉、田岩、王奎、孔祥润、庄忠正、臧峰宇、刘志洪、梁艳玲、宋月华、孙美子、汤井东、周业兵、陈界亭等老师，给予本书写作和出版的帮助。感谢袁卫华老师，长期支持并为本书出版付出大量辛劳。感谢尹江燕博士、宋姝瑶硕士，为本书写作提供帮助。感谢全国哲学社会科学工作办公室，感谢项目评审专家和成果鉴定专家，提出了非常中肯的意见和建议。感谢我的爱人文辉女士，一直默默支持我的工作，并在去年平安夜带来了可爱的小天使。本书献给小天使周渔儿。

图书在版编目（CIP）数据

新价值秩序研究 / 周丹著. -- 北京：社会科学文
献出版社，2021.4（2024.5 重印）
国家社科基金后期资助项目
ISBN 978 - 7 - 5201 - 8132 - 7

Ⅰ.①新…　Ⅱ.①周…　Ⅲ.①社会主义核心价值观 -
研究 - 中国　Ⅳ.①D616

中国版本图书馆 CIP 数据核字（2021）第 050463 号

国家社科基金后期资助项目
新价值秩序研究

著　　者 / 周　丹

出 版 人 / 冀祥德
组稿编辑 / 宋月华
责任编辑 / 袁卫华　罗卫平
责任印制 / 王京美

出　　版 / 社会科学文献出版社·人文分社（010）59367215
　　　　　　地址：北京市北三环中路甲 29 号院华龙大厦　邮编：100029
　　　　　　网址：www. ssap. com. cn
发　　行 / 社会科学文献出版社（010）59367028
印　　装 / 唐山玺诚印务有限公司

规　　格 / 开　本：787mm × 1092mm　1/16
　　　　　　印　张：18.75　字　数：295 千字
版　　次 / 2021 年 4 月第 1 版　2024 年 5 月第 2 次印刷
书　　号 / ISBN 978 - 7 - 5201 - 8132 - 7
定　　价 / 148.00 元

读者服务电话：4008918866